墨人 著

本全集保留作者手批手稿

墨人博士作品全集【全60冊】

第三十冊 春梅小史

文史哲出版社印行

國家圖書館出版品預行編目資料

墨人博士作品全集 / 墨人著 -- 初版 -- 臺北
市:文史哲, 民 100.12
頁： 公分
ISBN 978-957-549-987-7 (全套 60 冊：平裝)

1.現代文學 2. 中國文學 3.別集

848.6 100022602

墨人博士作品全集【全60冊】

第三十冊 春 梅 小 史

著　者：墨　人
出版者：文史哲出版社
http://www.lapen.com.tw
登記證字號：行政院新聞局版臺業字五三三七號
發行人：彭正雄
發行所：文史哲出版社
印刷者：文史哲出版社
臺北市羅斯福路一段七十二巷四號
郵政劃撥帳號：一六一八〇一七五
電話886-2-23511028・傳真886-2-23965656
【全60冊】定價新臺幣 36,800 元
中華民國一百年（2011）十二月初版

ISBN 978-957-549-987-7 08992

墨人博士著作品全集 總目

一、散文類

二、長篇小說

三、中短篇小說散文合集

四、詩詞及論評

附：外篇

墨人的一部文學千秋史

張萬熙先生，筆名墨人，江西九江人，民國九年生。爲一位享譽國內外名小說家、詩人、學者。歷任軍、公、教職。六十五歲始自從國民大會簡任一級加年功俸的資料組長兼圖書館長公職崗位退休，但已是中國文壇上一位閃亮的巨星。出版有：《全唐詩尋幽探微》、《紅樓夢的寫作技巧》、大長篇小說《紅塵》、《白雪青山》、《春梅小史》；詩集：《哀祖國》；散文集：《小園昨夜又東風》。民國五十年、五十一年連續以短篇小說，兩次入選維也納納富出版公司出版的《世界最佳小說選集》。七十歲時自東吳大學中文系教席二度退休，仍著述不輟，爲國寶級文學家。墨人博士在臺勤於創作六十多年（在大陸時期已創作十年），並以其精通儒、釋、道之學養，綜理戎機、參贊政務、作育英才，更以其對傳統文學的精湛造詣，與對新文藝的創作，在國際上贏得無數營譽，如：美國世界大學榮譽文學博士、美國馬奎士國際大學榮譽文學博士、美國艾因斯坦國際學院榮譽人文學博士、英國劍橋國際傳記中心副總裁、英國莎士比亞詩、小說與人文學獎得主，現在出版《全集》中。

壹、家世・堂號

張萬熙先生，江西省德化人（今九江），先祖玉公，明末時以提督將軍身份鎮守雁門關，蒙古騎兵入侵，戰死於東昌，後封為「河間王」。其子輔公，進士出身，歷任文官。後亦奉召領兵「三定交趾」，因戰功而封為「定興王」。其子貞公亦有兵權，因受奸人陷害，自蘇州嘉定（即今上海市一區），謫居潯陽（今江西九江）。祖宗牌位對聯為：嘉定源流遠，潯陽歲月長；右書「清河郡」、左寫「百忍堂」。

貳、來臺灣的過程

民國三十八年，時局甚亂，張萬熙先生攜家帶眷，在兵荒馬亂人心惶惶時，張先生從湖南長沙火車站，先將一千多度的近視眼弱妻，與四個七歲以下子女，從車窗口塞進車廂，自己則擠在廁所內動彈不得，千辛萬苦的從湖南長沙搭火車南下廣州，從廣州登商輪來臺。七月三日抵基隆，由同學顧天一先生，接到臺北縣永和鎮鄉下暫住。

參、在臺灣一甲子奮鬥的過程

一、初到臺灣的生活

家小安頓妥後，張萬熙先生先到臺北萬華，一家新創刊的《經濟快報》擔任主編，但因財務不濟，四個月不到便草草結束。幸而另謀新職，舉家遷往左營擔任海軍總司令辦公室秘書，負責紀錄整理所有軍務會報紀錄。

民國四十六年，張先生自左營來臺北任職國防部史政局編纂《北伐戰史》（歷時五年多浩大工程，編成綠布面精裝本、封面燙金字《北伐戰史》叢書），完成後在「八二三」炮戰前夕又調任國防部總政治部，主管陸、海、空、聯勤文宣業務，四十七歲自軍中正式退役後轉任文官，在臺北市中山堂的國民大會研究世界各國憲法政治，主編的十六開巨型的《憲政思想》，首開政治學術化先例。

張先生從左營遷到臺北大直海軍眷舍，只是由克難的甘蔗板隔間眷舍改爲磚牆眷舍，大小一般，但邊間有一片不小的空地，子女也大了，不能再擠在一間房屋內，因此，張先生加蓋了三間竹屋安頓他們。但眷舍右上方山上是一大片白色天主教公墓，在心理上有一種「與鬼爲鄰」的感覺。張夫人有一千多度的近視眼，她看不清楚，子女看見嘴裡不講，心裡都不舒服。張先生自軍中假退役後，只拿八成俸。

張先生因爲有稿費、版稅，還有些積蓄，除在左營被姓譚的同學騙走二百銀元外，剩下的積蓄還可以做點別的事。因爲住左營時在銀行裡存了不少舊臺幣，那時左營中學附近的土地只要三塊多錢一坪，張先生可以買一萬多坪。但那時政府的口號是「一年準備，兩年反攻，三年掃蕩，五年成功。」張先生信以爲真，三十歲左右的人還是「少不更事」，平時又忙著上班、寫作，實在不懂政治、經濟大事，以爲政府和「最高領袖」不會騙人，五年以內真的可以回大陸，張先生又有「戰士授田證」。沒想到一改用新臺幣，張先生就損失一半存款，呼天不應。但天理不容，姓譚的同學不但無后，也死了三十多年，更沒沒無料。張先生作人、看人的準則是：無論幹什麼都是「誠信」第一，因果比法律更公平、更準。欺人不可欺心，否則自食其果。

二、退休後的寫作生活

張先生自軍職退休後，四十七歲轉任台北市中山堂國大會主編十六開六本研究各國憲法政治的《憲政思潮》十八年，時任簡任一級資料組長兼圖書館長。並在東吳大學兼任副教授二十年、香港廣大學院指導教授、講座教授、指導論文寫作、不必上課。六十四歲時即請求自公職提前退休，以業務重要不准，但取得國民大會秘書長（北京朝陽大學法律系畢業）何宜武先生的首肯，六十五歲依法退休。當時國民大會、立法院、監察院簡任一級主管多延至七十歲退休，因所主管業務富有政治性，與單純的行政工作不同，六十五歲時張先生雖達法定退休年齡，還是延長了四個月才正式退休，何秘書長宜武大惑不解地問張先生：「別人請求延長退休而不可得，你為什麼反而要求退休？」張先生答以「專心寫作」，何秘書長才坦然不疑。退休後日夜寫作，因胸有成竹，很快完成了一百九十多萬字的大長篇小說《紅塵》，在鼎盛時期的《臺灣新生報》連載四年多，開中國新聞史中報紙連載最大長篇小說先河。但報社還不敢出版，經讀者熱烈反映，才出版前三大冊。當年十二月即獲行政院新聞局「著作金鼎獎」與嘉新文化基金會「優良著作獎」，亦無前例。《台灣新生報》又出九十三章至一百二十二章，只好名為《續集》。墨人在書前題五言律詩一首：

浩劫未埋身，揮淚寫紅塵，非名非利客，孰晉孰秦人？
毀譽何清問？吉凶自有因。天心應可測，憂道不憂貧。

二〇〇四年初，巴黎 youfeng 書局出版豪華典雅的法文本《紅塵》，亦開「五四」以來中文作家大長篇小說進入西方文學世界重鎮先河。時爲巴黎舉辦「中國文化年」期間，兩岸作家多由政府資助出席，張先生未獲任何資助，亦未出席，但法文本《紅塵》卻在會場展出，實爲一大諷刺。張先生一生「只問耕耘，不問收穫」的寫作態度，七十多年來始終如一，不受任何外在因素影響。

肆、特殊事蹟與貢獻

一、《紅塵》出版與中法文學交流

《紅塵》寫作時間跨度長達一世紀，由清朝末年的北京龍氏家族的翰林第開始，寫到八國聯軍、滿清覆亡、民國初建、八年抗日、國共分治下的大陸與臺灣，續談臺灣的建設發展、開放大陸探親等政策。空間廣度更遍及大陸、臺灣、日本、緬甸、印度，是一部中外罕見的當代文學鉅著。墨人五十七歲時應邀出席在西方文藝復興聖地佛羅倫斯所舉辦的首屆國際文藝交流大會，會後環遊地球一周。七十歲時應邀訪問中國大陸四十天，次年即出版《大陸文學之旅》。《紅塵》一書最早於臺灣新生報連載四年多，並由該報連出三版，臺灣新生報易主後，之後將版權交由昭明出版社出版定本。由於本書以百年來外患內亂的血淚史爲背景，寫出中國人在歷史劇變下所顯露的生命態度、文化認知、人性的進取與沉淪，引起中外許多讀者極大共鳴與回響。

旅法學者王家煜博士是法國研究中國思想的權威，曾參與中國古典文學的法文百科全書翻譯工作，他認爲深入的文化交流仍必須透過文學，而其關鍵就在於翻譯工作。從五四運動以來，中西文化交流一直是西書中譯的單向發展。直到九十年代文建會提出「中書外譯」計畫，當然臺灣作家才逐漸被介紹到西方，如此文學鉅著的翻譯，算是一個開始。

王家煜在巴黎大學任教中國上古思想史，他指出《紅塵》一書中所引用的詩詞以及蘊含中國思想的博大精深，是翻譯過程中最費工夫的部分。爲此，他遍尋參考資料，並與學者、詩人討論，歷時十年終於完成《紅塵》的翻譯工作，本書得以出版，感到無比的欣慰。他笑著說，這可說是「十年寒窗」。

《紅塵》法文譯本分上下兩大冊，已由法國最重要的中法文書局「友豐書店」出版。友豐負責人潘立輝謙沖寡言，三十年多來，因對中法文化交流有重大貢獻而獲得法國授予文化「騎士勳章」的榮譽。他於五年前開始成立出版部，成爲歐洲政一家以出版中國圖書法文譯著爲主業的華人出版社。

潘立輝表示，王家煜先生的法文譯筆典雅、優美而流暢，使他收到「紅塵」譯稿時，愛得不忍釋手，他以一星期的時間一口氣看完，經常讀到凌晨四點。他表示出版此書不惜成本，不太可能賺錢，卻感到十分驕傲，因爲本書能讓不懂中文的旅法華人子弟，更瞭解自己文化根源的可貴之處，同時，本書的寫作技巧必對法國文壇有極大影響。

二、不擅作生意

張先生在六十五歲退休之前，完全是公餘寫作，在軍人、公務員生活中，張先生遭遇的挫折不少。軍職方面，張先生只升到中校就不做了，因爲過去稱張先生爲前輩、老長官的人都成爲張先生的上司，張先生怎麼能做？因爲張先生的現職是軍聞社資料室主任，（他在南京時即任國防部新創立的「軍事新聞總社」實際編輯主任，因言守元先生是軍權六期老大哥，未學新聞）不在編輯之列，但張先生以不求官，只求假退役，不擋人官路，這才退了下來。那時養來亨雞風氣盛行，在南京軍聞總社任外勤記者的姚秉凡先生頭腦靈活，他即時養來亨雞，張先生也「東施效顰」，結果將過去稿費積蓄全都賠光。

三、家庭生活與運動養生

張先生大兒子考取中國廣播公司編譯，結婚生子，二十七年後才退休，長孫取得美國南加州大學電機碩士學位，之後即在美國任電機工程師。五個子女均各婚嫁，小兒子以獎學金取得美國華盛頓大學化學工程博士，媳爲伊利諾理工學院材料科學碩士，兩孫亦已大學畢業就業，落地生根。

張先生兩老活到九十一、九十二歲還能照顧自己。（近年已一印尼傭女「外勞」代做家事）張先生，一伏案寫作四、五小時都不休息，與臺大外交系畢業還翰長子兩人都信佛，六十五歲退休後即吃全素。低血壓十多年來都在五十五至五十九之間，高血壓則在一百一十左右，走路「行如風」，年輕人很多都跟不上張先生，比起初來臺灣時毫不遜色，這和張先生運動有關。因爲張先生住大直後山海軍眷舍八年，諸事不順，公家宿舍小，又當西曬，張先生靠稿費維持七口之家和五個子女的教育費。三伏天右手墊塡著毛巾，背後電扇長吹，三年下來，得了風濕病，手都舉不起來，花了不少錢都未治好。後來章斗航教授告訴張先生，圓山飯店前五百完人塚廣場上，有一位山西省主席閻錫山的保鑣王延年先生在教太極拳，勸張先生天一亮就趕到那裡學拳，一定可以治好。張先生一向從善如流，第二天清早就向王延年先生報名請教，王先生有教無類，收張先生這個年已四十的學生，王先生先不教拳，只教基本軟身功攀腿，卻受益非淺。

四、耿直的公務員性格

張先生任職時向來是「不在其位，不謀其政」。後來升簡任一級組長，有一位「地下律師」的專員，平時鑽研六法全書，混吃混喝，與西門町混混都有來往，他的前任爲大畫家齊白石女婿，平日公私不分，是非不明，借錢不還，沒有口德，人緣太差，又常約那位「地下律師」專員到家中打牌。那專員平日不簽到，甚至將簽到簿撕毀他都不哼一聲，因爲爲他多報年齡，屆齡退休時想更改年齡，但是得罪人太多，金錢方面更不清楚，所以不准再改年齡，組長由張先生繼任。

張先生第一次主持組務會報時，那位地下律師就在會報中攻擊圖書科長，張先生立即申斥，並宣佈記過。簽報上去處長都不敢得罪那地下律師，又說這是小事，想馬虎過去，張先生以秘書處名譽紀律爲重，非記過不可，讓他報法院告張先生好了。何宜武祕書長是學法的，他看了張先生簽呈同意記過，那位地下律師「專員」不但不敢告，只暗中找一位不明事理的國大「代表」來找張先生的麻煩。因事先有人告訴他，張先生完全不理那位代表，他站在張先生辦公室門口不敢進來，幾分鐘後悄然而退。人不怕鬼，鬼就怕人。諺魂：「一正壓三邪」，這是經驗之談。直到張先生退休，那位專員都不敢惹事生非，西門町流氓也沒有找張先生的麻煩，當年的代表十之八九已上「西天」，張先生活到九十二歲還走路「行如風」，一坐到書桌，能連續寫作四、五小時而不倦，不然張先生怎麼能在兩岸出版約三千萬字的作品？

（原載《紮根台灣六十年》，台北市渤海堂文化公司出版）

墨人博士作品全集

文學是千秋慧業
秦皇漢武今何在
李白杜甫仍風流

全集共分四大類
一、散文類 二、小說類
三、文學理論類
四、新詩古典詩詞類

我出生於一個「萬般皆下品，惟有讀書高」的傳統文化家庭，且深受佛家思想影響，因祖母信佛，兩個姑母先後出家，大姑母是帶著賠嫁的錢購買依山傍水風景很好，上名山廬山的必經之地的「天后宮」出家的，小姑母的廟則在鬧中取靜的市區。我是父母求神拜佛後出生的男子，並寄名佛下，乳名聖保，上有二姊下有一妹都夭折了，在那個重男輕女的時代！我自然水漲船高了。我記得四、五歲時一位面目清秀，三十來歲文質彬彬的李瞎子替我算命，母親問李瞎子，我的命根穩不穩？能不能養大成人？李瞎子說我十歲行運，幼年難免多病，可以養大成人，但是會遠走高飛。母親聽了憂喜交集，在那個時代不但妻以夫貴。也以子貴，有兒子在身邊就多了一層保障。母親的心理壓力很大，李瞎子的「遠走高飛」那句話可不是一句好話。

到現在八十多年了，我還記得十分清楚。母親暗自憂心。何況科舉已經廢了，不必「進京趕考」，更不會「當兵吃糧」，安安穩穩作個太平紳士或是教書先生不是很好嗎？我們張家又是大族，人多勢眾，不會受人欺侮，何況二伯父的話此法律更有權威，人人敬仰，去外地「打流」又有什麼好處？因此我剛滿六歲就正式拜孔夫子入學啓蒙，從《三字經》、《百家姓》、《千字文》、《千家詩》、《論語》、《大學》、《中庸》……《孟子》、《詩經》、《左傳》讀完了都要整本背，在十幾位學生中，也只有我一人能背，我背書如唱歌，窗外還有人偷聽，他們實在缺少娛樂。除了我父親下雨天會吹吹笛子、簫，消遣之外，沒有別的娛樂，我自幼歡喜絲竹之音，但是很少聽到。讀書的人也只有我們三房、二房兩兄弟，二伯父在城裡當紳士，偶爾下鄉排難解紛，他是一族之長，更受人尊敬，因爲他大公無私，又有一百八十公分左右的身高，眉眼自有威嚴，能言善道，他的話比法律更有效力，加之民性純樸，真是「夜不閉戶，道不失遺」。只有「夏都」廬山才有這麼好的治安。我十二歲前就讀完了四書、詩經、左傳、千家詩。我最喜歡的是《千家詩》和《詩經》。

關關雎鳩，在河之洲，
窈窕淑女，君子好逑。

我覺得這種詩和講話差不多，可是更有韻味。我就喜歡這個調調。《千家詩》我也喜歡，我背得更熟。開頭那首七言絕句詩就很好懂：

雲淡風清近午天，傍花隨柳過前川。
時人不識余心樂，將謂偷閒學少年。

老師不會作詩，也不講解，只教學生背，我覺得這種詩和講話差不多，但是更有韻味。我也了解大意，我以讀書爲樂，不以爲苦。這時老師方教我四聲平仄，他所知也止於此。

我也喜歡《詩經》，這是中國最古老的詩歌文學，是集中國北方詩歌的大成。可惜三千多首被孔子刪得只剩三百首。孔子的目的是：「詩三百，一言以蔽之，曰思無邪。」孔老夫子將《詩經》當作教條。詩是人的思想情感的自然流露，是最可以表現人性的。先民質樸，孔子既然知道「食色性也」，對先民的集體創作的詩歌就不必要求太嚴，以免喪失許多文學遺產和地域特性。楚辭和詩經不同，就是地域特性和風俗民情的不同。文學藝術不是求其同，而是求其異。這樣才會多彩多姿。文學不應成爲政治工具，但可以移風易俗，亦可淨化人心。我十二歲以前所受的基礎教育，獲益良多，但也出現了一大危機，沒有老師能再教下玄。幸而有一位年近二十歲的姓王的學生在廬山一未立案的國學院求學，他問我想不想去？我自然想去，但廬山夏涼，冬天太冷，父親知道我的心意，並不反對，他對新式的人手是刀尺的教育沒有興趣，我便在飄雪的寒冬同姓王的爬上廬山，我生在平原，這是第一次爬上高山。

在廬山我有幸遇到一位湖南岳陽籍的閻毅字任之的好老師，他只有三十二歲，飽讀詩書，與民國初期的江西大詩人散原老人唱和，他的王字也寫的好。有一天他要六七十位年齡大小不一的學生各寫一首絕句給他看，我寫了一首五絕交上去，廬山松樹不少，我生在平原是看不到松樹的，我是即景生情，信手寫來，想不到閻老師特別將我從大教室調到他的書房去，在他右邊靠牆壁另加一桌一椅，教我讀書寫字，並且將我的名字「熹」改爲「熙」，視我如子。原來是他很欣賞我那首五絕中的「疏松月影亂」這一句。我只有十二歲，不懂人情世故，也不了解他的深意。時任漢口市長張群的侄子張繼文還小我一歲，卻是個天不怕、地不怕的小太保，江西省主席熊式輝的兩個小舅子大我幾歲，閻老師的侄子卻高齡二十八歲。學歷也很懸殊，有上過大學的、高中的，多是對國學有興趣，支持學校的袞袞諸公也都是有心人士，新式學校教育日漸西化，國粹將難傳承，所以創辦了這樣一個尚未立案的國學院，也未大張旗鼓正式掛牌招生，但聞風而至的要人子弟不少，校方也本著「有教無類」的原則施教，閻老師也是義務施教，他與隱居廬山的要人嚴立三先生也有交往。（抗日戰爭一開始嚴立三即出山任湖北省主席，諸閻老師任省政府秘書，此是後話。）同學中權貴子弟亦多，我雖不是當代權貴子弟，但九江先組玉公以提督將軍身分抵抗蒙古騎兵入侵雁門關戰死東昌（雁門關內北京以西縣名，一九九〇年我應邀訪問大陸四十天時去過。）而封河間王；其子輔公。以進士身分出仕，後亦應昭領兵三定交趾而封定興王；其子貞公亦有兵權，因受政客讒害而自嘉定謫居潯陽。大詩人白居易亦曾謫爲江州司馬，我另一筆名即用江州司馬。我是黃帝第五子揮的後裔，他因善造弓箭而賜姓張。遠祖張良是推薦韓信爲劉邦擊敗楚霸王項羽的漢初三傑之首。他有知人之明，深知劉邦可以共患難，不能共安樂，所以悄然引退，作逍遙遊，不像韓信爲劉邦拼命打天下，立下汗馬功勞，雖封三齊王卻死於未央宮呂后之手。這就是不知進退的後果。我很敬佩張良這位遠祖，抗日戰爭初期（一九三八）我爲不作「亡國奴」，即輾轉赴臨時首都武昌以優異成績考取軍校，一位落榜的姓熊的同學帶我們過江去漢口。中共未公開招生的「抗日大學」（當時國共合作抗日，中共在漢口以「抗大」名義吸收人才。）辦事處參觀，接待我們的是一位讀完大學二年級才貌雙全，口才奇佳的女生獨對我說負責保送我免試進「抗大」一期，因未提其他同學，我不去。一年後我又在軍校提前一個月畢業，因我又考取陪都重慶中央政府培養高級軍政幹部的中央訓練團，而特設的新聞「新聞研究班」第一期，與我同期的有爲新詩奉獻心力的覃子豪兄（可惜五十二歲早逝）和中央社東京分社主任兼國際記者協會主席的李嘉兄。他在我訪問東京時曾與我合影留念，並親贈我精裝《日本專欄》三本。他七十歲時過世，這兩張照片我都編入「全集」一百九十多萬字的空前大長篇小說（紅塵）照片類中。而今在台同學只有兩位了。

民國二十八年（一九三九）九月我以軍官、記者雙重身分，奉派到第三戰區最前線的第三十二集團軍上官雲相總部所在地，唐宋八大家之一，又是大政治家王安石，尊稱王荆公的家鄉臨川，（屬撫州市）作軍事記者，時年十九歲，因第一篇戰地特寫《臨川新貌》經第三戰區長官都主辦的行銷甚廣的《前線日報》發表，隨即由淪陷區上海市美國人經營的《大美晚報》轉載，而轉爲文學創作，因我已意識到新聞性的作品易成「明日黃花」，文學創作則可大可久，我爲了寫大長篇《紅塵》、六十四歲時就請求提前退休，學法出身的秘書長何宜武先生大惑不解，他對我說：

「別人想幹你這個工作我都不給他，你爲什麼要退？」我幹了十幾年他只知道我是個奉公守法的張萬熙，不知道我是「作家」墨人，有一次國立師範大學校長劉真先生告訴他張萬熙就是墨人，劉校長看了我在當時的「中國時報」發表的幾篇有關中國文化的理論文章，他希望我繼續寫。劉校長真是有心人。沒想到他在何宜武秘書長面前過獎，使我不能提前退休，要我幹到六十五歲多四個月才退了下來。現在事隔二十多年我才提這件事。鼎盛時期的（台灣新生報）連載四年多的拙作《紅塵》出版前三冊時就同時獲得新聞局著作金鼎獎和嘉新文化基金會「優良著作獎」，劉真校長也是嘉新文化基金會的評審委員之一，他一定也是投贊成票的。「世有伯樂而後有千里馬」。我九十二歲了，現在經濟雖不景氣，但我還是重讀重校了拙作「全集」我一向只問耕耘，不問收穫，我歷任軍、公、教三種性質不同的職務，經過重重考核關卡，寫作七十三年，經過編者的考核更多，我自己從來不辦出版社。我重視分工合作。我頭腦清醒，是非分明，歷史人物中我更敬佩遠祖張良，不是劉邦。張良的進退自如我更歎服。在政治角力場中要保持頭腦清醒，人性尊嚴並非易事。我們張姓歷代名人甚多，我對遠祖張良的進退自如尤爲歎服，因此我將民國四十年在台灣出生的幼子依譜序取名選良。他早年留美取得化學工程博士學位，雖有獎學金，但生活仍然艱苦，美國地方大，出入非有汽車不可，這就不是獎學金所能應付的，我不能不額外支持，他取得化學工程博士學位與取得材料科學碩士學位的媳婦蔡傳惠雙雙回台北探親，且各有所成，幼子曾研究生產了飛機太空船用的抗高溫的纖維，媳婦則是一家公司的經理，下屬多是白人，兩孫亦各有專長，在台北出生的長孫是美國南加州大學的電機碩士，在經濟不景氣中亦獲任工程師，我不要第三代走這條文學小徑，是現實客觀環境的教訓，我何必讓第三代跟我一樣忍受生活的煎熬，這會使有文學良心的人精神崩潰的。我因經常運動，又吃全素二十多年，九十二歲還能連寫四、五小時而不倦。我寫作了七十多年，也苦中有樂，但心臟強，又無高血壓，一是得天獨厚，二是生活自我節制，我到現在血壓還是60－**110**之間，沒有變動，寫作也少戴老花眼鏡，走路仍然「行如風」，十分輕快，我在國民大會主編《憲政思潮》十八年，看到不少在大陸選出來的老代表，走路兩腳在地上蹉跎，這就來日不多了。個人的健康與否看他走路就可以判斷，作家寫作如在八十歲以後還不戴老花眼鏡，沒有高血壓，長命百歲絕無問題。如再能看輕名利，不在意得失，自然是仙翁了。健康長壽對任何人都很重要，對詩人作家更重要。

一九九〇年我七十歲應邀訪問大陸四十天作「文學之旅」時，首站北京，我先看望已九十高齡的老前輩散文作家，大家閨秀型的風範，平易近人，不慍不火的冰心，她也「勞改」過，但仍心平氣和。本來我也想看看老舍，但老舍已投湖而死，他的公子舒乙是中國現代文學館的副館長，他也出面接待我，還送了我一本他編寫的《老舍之死》，隨後又出席了北京詩人作家與我的座談會，參加七十賤辰的慶生宴，彈指之間卻已二十多年了。我訪問大陸四十天，次年即由台北「文史哲出版社」出版照片文字俱備的四二五頁的《大陸文學之旅》。不虛此行。大陸文友看了這本書的無不驚異，他們想不到我七十一高齡還有這樣的快筆，而又公正詳實。他們不知我行前的準備工作花了多少時間，也不知道我一開筆就很快。

我拜會的第二位是跌斷了右臂的詩人艾青，他住協和醫院，我們一見如故，他是浙江金華人，卻體格高大，性情直爽如燕趙之士，完全不像南方金華人。我們一見面他就緊握著我的手不放，侃侃而談，我不知道他編《詩刊》時選過我的新詩。在此之前我交往過的詩人作家不少，沒有像他如此豪放真誠，我告別時他突然放聲大哭，陪我去看他的北京新華社社長族侄張選國先生，陪我四十天作《大陸文學之旅》的廣州電視台深圳站站長高麗華女士，文字攝影記者譚海屏先生等多人，不但我爲艾青感傷，陪同我去看艾青的人也心有戚戚焉，所幸他去世後安葬在八寶山中共要人公墓，他是大陸唯一的詩人作家有此殊榮。台灣單身詩人同上校軍文黃仲琮先生，死後屍臭才有人知道，他小我二歲，如我不生前買好八坪墓地，連子女也只好將我兩老草草火化，這是與我共患難一生的老伴死也不甘心的，抗日戰爭時她父親就是我單獨送上江西南城北門外義山土葬的。這是中國人「入土爲安」的共識。也許有讀者會問這和文學創作有什麼關係？但文學創作不是單純的文字工作，而是作者整個文化觀、文學觀，人生觀的具體表現，不可分離。詩人作家不能「瞎子摸象」，還要有「舉一反三」的能力。我做人很低調。寫作也不唱高調，但也會作不平之鳴、仗義直言。我不鄉愿，我重視一步一個腳印，「打高空」可以譁眾邀寵於一時，但「旁觀者清」，讀者中藏龍臥虎，那些不輕易表態的多是高人。高人一旦直言不隱，會使洋洋自得者現出原形。作品一旦公諸於世，一切後果都要由作者自己負責，這也是天經地義的事。

我寫作七十多年無功無祿，我因熬夜寫作頭暈住馬偕醫院一個星期也沒有人知道，更不像大陸的當代作家、詩人是有給制，有同教授的待過，而稿費、版稅都歸作者所有。依據民國九十八年一月十日「中國時報」A十四版「二〇〇八年中國作家富豪榜單」二十五名收入人民幣的數字統計，第一高的郭敬明一年是一千三百萬人民幣，第二名鄭淵潔是一千一百萬人民幣，第三名楊紅櫻是九百八十萬人民幣。最少的第二十五名的李西閩也有一百萬人民幣，以人民幣與台幣最近的匯率近一比四・五而言，現在大陸作家一年的收入就如此之多，是我一九九〇年應邀訪問大陸四十天作文學之旅時所未想像到的，而現在的台灣作家與我年紀相近的二十年前即已停筆，原因之一是發表出版兩難，二是年齡太大了。民國九十八年（二〇〇九）以前就有張漱菡（本名欣禾）、尹雪曼、劉枋、王書川、艾雯、嚴友梅六位去世，嚴友梅還小我四、五歲，小我兩歲的小說家楊念慈則行動不便，鬍鬚相當長，可以賣老了。我托天佑，又自我節制，二十多年來吃全素，又未停止運動，也未停筆，最近在台北榮民總醫院驗血檢查，健康正常。我也有我的養生之道，每天吃枸杞子明目，吃南瓜子抑制攝護腺肥大，多走路、少坐車，伏案寫作四、五小時而不疲倦，此非一日之功。

民國九十八（二〇〇九）己丑，是我來台六十周年，這六十年來只搬過兩次家，第一次從左營搬到台北大直海軍眷舍，在那一大片天主教白色公墓之下，我原先不重視風水，也無錢自購住宅，想不到鄰居的子女有得神經病的，有在金門車禍死亡的，大人有坐牢的，有槍斃的，也有得神經病的，我退役養雞也賠光了過去稿費的積蓄，讀台大外文系的大兒子也生病，我則諸事不順，直到搬到大屯山下坐北朝南的兩層樓的獨門獨院自宅後，自然諸事順遂，我退休後更能安心寫作，遠離台北市區，真是「市遠無兼味，地僻客來稀。」同里鄰的多是市井小民，但治安很好，誰也不知道我是爬格子的，連警察先生也不光顧舍下，除了近十年常有人打電話來騙我，幸未上大當外，我安心過自己的生活。當年「移民潮」去不了美國的也會去加拿大，我是「美國人」的祖父，我不移民美國，更別說去加拿大了。娑婆世界無常，早年即移民美國的琦君（本名潘希真）、彭歌，最後還是回到台灣來了，這不能說台灣是「天堂」，以我的體驗而言是台北市氣候宜人，夏天三十四度以上的日子少，冬天十度以下的日子也很少，老年人更不能適應零度以下的氣溫，我只有冬天上大屯山、七星山頂才能見雪。有高血壓、心臟病的老人更不能適應。我不想做美國公民，做台灣平民六十多年，也沒有自卑感。

娑婆世界是一個無常的世界，天有不測風雲，人有旦夕禍福，老子早說過：「福兮禍所倚，禍兮福所伏。」禍福無門，唯人自招。我一生不起歪念，更不損人利己，與人爲善。雖常吃暗虧，只當作上了一課。這個花花世界是我學不完的大教室，萬丈紅塵其中也有黑洞，我心存善念，更不造文字孽，不投機取巧，不違背良知，蒼天自有公斷，我本著文學良心寫作，盡其在我而已，讀者是最好的裁判。

民國一〇〇年（二〇一一）辛卯七月二十九日下午六時二十三分於紅塵寄廬

1951 年墨人 31 歲與夫人曾麗春女士（30 歲）結婚十周年紀念合影於左營

墨人博士七十壽辰與夫人曾麗春女士合影。此照為大翻譯家、文學理論家黃文範先生所攝，並在照片背後題「南山北海惟仁者壽」。

民國二十九年（1940）作者
墨人在江西南城戎裝照。

1939 年墨人即自戰時陪都四川
重慶奉派至江西臨川王安石家
鄉，第三戰區前線任軍事記者創
辦軍報，提供抗日官兵精神食
糧。時年 19 歲。

2010 年「五四」作者墨人 91 歲在花蓮和南寺家人合影

2003 年 8 月 26 日作者墨人（中）在含鄱口觀山景點與作者長女韻華、長子選翰、三女韻湘、二女韻真合影。

2005 年 2 月作者次子選良（右一）回台北與父（右二）及作者夫人（中）三女韻湘（左二）二女韻真（左一）合影。

作者墨人在書房留影，時年八十五歲。

《墨人博士大長篇小說〈紅塵〉法文譯本封面照片》

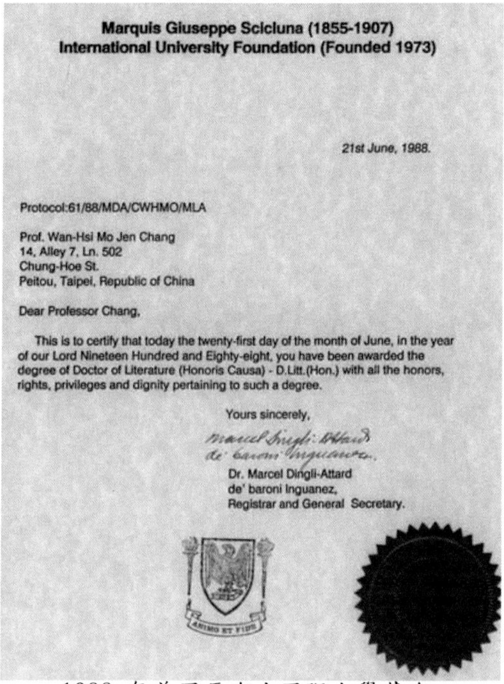

Marquis Giuseppe Scicluna (1855-1907)
International University Foundation (Founded 1973)

21st June, 1988.

Protocol:61/88/MDA/CWHMO/MLA

Prof. Wan-Hsi Mo Jen Chang
14, Alley 7, Ln. 502
Chung-Hoe St.
Peitou, Taipei, Republic of China

Dear Professor Chang,

This is to certify that today the twenty-first day of the month of June, in the year of our Lord Nineteen Hundred and Eighty-eight, you have been awarded the degree of Doctor of Literature (Honoris Causa) - D.Litt.(Hon.) with all the honors, rights, privileges and dignity pertaining to such a degree.

Yours sincerely,

Dr. Marcel Dingli-Attard
de' baroni Inguanez,
Registrar and General Secretary.

1988 年美國馬奎士國際大學基金會，授予張萬熙墨人教授榮譽文學博士學位證書。

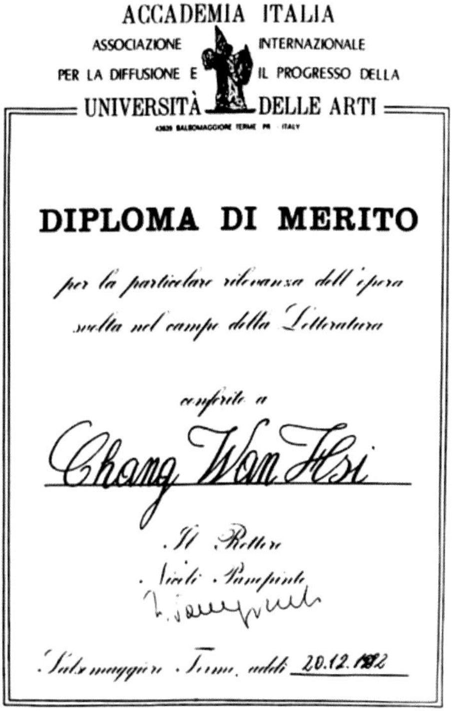

ACCADEMIA ITALIA
ASSOCIAZIONE INTERNAZIONALE
PER LA DIFFUSIONE E IL PROGRESSO DELLA
UNIVERSITÀ DELLE ARTI
43039 SALSOMAGGIORE TERME PR - ITALY

DIPLOMA DI MERITO

per la particolare rilevanza dell'opera svolta nel campo della Letteratura

conferito a

Chang Wan Hsi

Il Rettore
Nicola Rampinta

Salsomaggiore Terme, addì 20.12.1982

義大利出版英、法、德、義四種文字的「國際文學史」的 ACCADEMIA ITALIA, 1982 年授予墨人的文學功績證書。

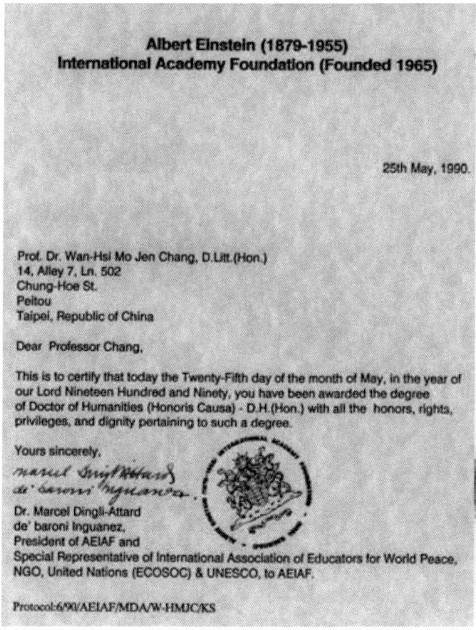

Albert Einstein (1879-1955)
International Academy Foundation (Founded 1965)

25th May, 1990.

Prof. Dr. Wan-Hsi Mo Jen Chang, D.Litt.(Hon.)
14, Alley 7, Ln. 502
Chung-Hoe St.
Peitou
Taipei, Republic of China

Dear Professor Chang,

This is to certify that today the Twenty-Fifth day of the month of May, in the year of our Lord Nineteen Hundred and Ninety, you have been awarded the degree of Doctor of Humanities (Honoris Causa) - D.H.(Hon.) with all the honors, rights, privileges, and dignity pertaining to such a degree.

Yours sincerely,

Dr. Marcel Dingli-Attard
de' baroni Inguanez,
President of AEIAF and
Special Representative of International Association of Educators for World Peace, NGO, United Nations (ECOSOC) & UNESCO, to AEIAF.

Protocol:6/90/AEIAF/MDA/W-HMJC/KS

1990 年美國愛因斯坦國際學院基金會授予張萬熙墨人教授榮譽人文學（含哲學文學藝術語言四種）博士學位

WORLD UNIVERSITY ROUNDTABLE
In Corporate Affiliation with the World University
Greetings
In recognition of Distinguished Achievement within the principles and purposes of the World University development, the Trustees of the Corporation, upon the nomination of the Secretariat, confer doctoral membership and this honorary award upon
Chang Wan-Hsi (Mo Jen)
The Cultural Doctorate in Literature
with all rights and privileges there to pertaining.

Witness our hand and seal at the International Secretariat Regional Campus, Benson, Arizona April 17, 1989

President of the Board of Trustees
Secretary of the Board of Trustees

1989 年美國世界大學授予張萬熙墨人榮譽文學博士學位，文化大學創辦人張其昀（曉峰）先生亦獲此榮譽。

THIS PICTORIAL TESTIMONIAL OF ACHIEVEMENT AND DISTINCTION proclaims throughout the world that

DR. CHANG WAN-HSI (MO JEN)

is the recipient of the above-mentioned Honour, granted by the Board of Editors of the

2000 OUTSTANDING SCHOLARS OF THE 20TH CENTURY

meeting in Cambridge, England, on the date set out below, AND that the Board also resolves that a portrait photograph of

DR. CHANG WAN-HSI (MO JEN)

be attached to this Testimonial as verification of the Honour bestowed.

2000 OUTSTANDING SCHOLARS OF THE 20TH CENTURY

First Edition

Signed and sealed on the 14th December 1999

Authorized Officer

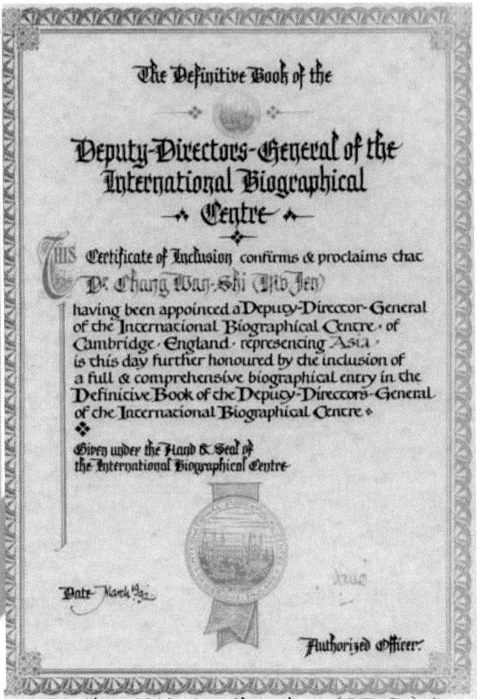
The Definitive Book of the Deputy-Directors-General of the International Biographical Centre

This Certificate of Inclusion confirms & proclaims that Dr Chang Wan-Shi (Mo Jen) having been appointed a Deputy-Director-General of the International Biographical Centre of Cambridge England representing Asia is this day further honoured by the inclusion of a full & comprehensive biographical entry in the Definitive Book of the Deputy-Directors-General of the International Biographical Centre.

Given under the Hand & Seal of the International Biographical Centre

Date March 1992

Authorized Officer

1999 年 10 月張萬熙墨人博士榮登英國劍橋國際傳記中心《二十世二千位傑出學者》第一版證書。

1992 英國劍橋國際傳記中心（I.B.C.）任張萬熙墨人博士為代表亞洲的副總裁。

THE INTERNATIONAL SHAKESPEARE AWARD FOR LITERARY ACHIEVEMENT

This Illuminated Certificate of Merit commemorates and celebrates the life and work of

Dr. Chang Wan-Hsi (Mo Jen) DDG

and is therefore a rightful recipient of the Shakespeare Award for Literary Achievement and as such stands testament to the efforts made by said individual in the arena of

Poetry, Novels and the Humanities

Witnessed on the date set out below by the Officers of the International Biographical Centre at its Headquarters in Cambridge, England and signed by the Director General and Editor-In-Chief.

16th March 2009

Director General　Editor-In-Chief

International Biographical Centre Cambridge CB2 3QP England
Telephone: +44 (0) 1353 646600 Facsimile: +44 (0) 1353 646601

IBC

REF: LAA/MED/MW-13640

13 November 2002

Dr Chang Wan-Hsi (Mo Jen) DDG
14 Alley 7, Lane 502
Chung Ho Street
Peitou
Taipei
Taiwan

Dear Dr Chang

Please find enclosed the Medal in respect of the **Lifetime Achievement Award** which I hope meets with your approval.

Yours sincerely

MICHELLE WHITEHALL
Personal Assistant to the Director General

Enc

2009 年 3 月 16 日英國劍橋國傳記中心總裁與總編輯聯合授予張萬熙墨人博士國際莎士比亞文學成就獎。

英國劍橋國傳記中心（I.B.C.）2002 年頒發詩人作家張萬熙（墨人）博士終身成就獎，英文信及金牌正反面照片墨人早年即被 I.B.C.推選為副總裁。

春梅小史 目次

附錄

《春梅小史》定本自序

《春梅小史》是民國五十四年(一九六五)在臺北《公論報・副刊》連載的長篇小說，連載完畢後即由高雄長城出版社於同年十月出版。

我有兩個長篇是應讀者要求寫的，一是在《高雄新聞報・西子灣副刊》連載的《紫燕》，民國六十八年(一九七九)，由臺中市學人文化公司出版時易名《心猿》，書出後不久，該公司就倒了。但女主角是一位小學教員，一直到現在每年都寄賀年片給我。《春梅小史》則早於《紫燕》十四年，是我早期的長篇小說，是一位住在臺北市延平北路的女讀者看了我另一長篇小說《白雪青山》之後寫了一封兩、三千字的長信給我，訴說她的身世和不幸的遭遇。她在愛情婚姻方面更是受盡折磨，不大相信世界上有《白雪青山》中那樣高尚又忠於愛情的男人，希望將她的故事寫出來。她已經痛不欲生，我除了立即回了她一封信鼓勵她愛惜生命之外，就是寫這個長篇，我定名為《春梅小史》。恰巧《公論報》副刊主編向我約稿，同時孟瑤也有一個連載。那時我還偶爾用毛筆，《春梅小史》四個字還是我親筆寫的，那四個字也是我自認為還有一點幼年時的「功力」，現在的毛筆字更不能見人了。這是一部邊寫邊連載的小說，一連載完畢又接著出版，十分順利。（但是書中的女主角一直未和我見過面，以後亦無片紙隻字來往，不像「紫燕」帶著兒子看過我，我知道她後來很安定幸福。對「陳春梅」我卻有些擔心。）

當初我對這個長篇並不怎麼重視，因為這也不是我自己選擇的題材，按照自己的理想構思出來的作品和《白雪青山》中的男女主角那種高級知識分子，又深受中國傳統文化薰陶，有高尚情操和隱士性格的讀書人大不相同。所以民國六十一年（一九七二）臺灣中華書局出版我五本《墨人自選集》時，其中有《白雪青山》、《靈姑》、《江水悠悠》、《鳳凰谷》四個長篇。除了《鳳凰谷》是《新生報・副刊》剛連載完畢尚未出版外，其他三本都是出版多年而後再版的。想不到姜貴頗為欣賞這本拙作，他問我為甚麼不將《春梅小史》選進去？我不好怎麼回答他。因為那時我對寫作已經灰心，出了《自選集》之後打算停筆。

他雖是一位真正夠格的小說家，內行也多推崇他的《旋風》，但知道《今檮杌傳》的人卻很少。當年沒有一家出版社肯出版，他祇好借債印了五百本送人，我也收到一本。後來一經胡適稱讚，纔由明華出版社易名《旋風》出版，這就身價百倍了。可是後經美國某華人教授的研究生翻譯之後，他認為「太糟」！很生氣。而且他不止一次對我說很後悔寫了《旋風》這本書。他根本不想當作家，他長輩是作生意的，他也情願作生意，他是窮得沒有辦法纔寫小說的，所以他有時預支了稿費也遲遲不動筆。他相當重視物質生活，當作家是不能滿足他的。他自臺南遷到臺北長住博愛路「成功湖」旅社之後，因為與我辦公地點中山堂近在咫尺，我們幾乎每天都要見面，不是他到中山堂國民大會圖書館和我聊天，就是我中午休息時或抽空去「成功湖」和他閒聊。因為我們兩人都沒有其他的談話對手，而我們兩人是無所不談，那時戒嚴，談話還怕「牆有縫，壁有耳」，我們兩人談話都可以推心置腹，他不怕我打小報告，我也無密可告。談到肚子餓了，我們就去小館子吃碗牛肉麵。另外就是一道跑命相館，他是閒著無聊，我那時也未研究命學。我們這樣相處大約有十來年時間，直到他遷去臺中纔少來往。

姜貴和我都是屬猴的，但他長我十二歲。他的人生經驗豐富，人情世故之深，作家之中無出其右，他有作小說家的充足本錢，無論九流三教人物，他都瞭解，尤其是寫壞人更入木三分。他最走運時是在上海湯恩伯總部任上校祕書，對十里洋場的上海社會眾生相相當瞭解，臺北這個社會自然不能和上海比。他之欣賞拙作《春梅小史》，可能和他的閱歷、生活經驗有關。因為以前我從未寫過都市黑暗面的基層社會小說。那和《白雪青山》、《靈姑》、《江水悠悠》、《鳳凰谷》是完全不同的，也許他也有「新鮮感」。~~至於我和姜貴是怎麼認識來往的，我有一篇〈細說姜貴〉的散文，我已編入散文代表作《寒窗獨坐》書中（亦將由臺北「昭明出版社」出版）讀者可以參考。~~

姜貴是庚申年去世的，我曾去臺中祭弔，~~到現在已廿年了~~。我的《春梅小史》初版到現在已經四十五年了，北京文聯出版公司一九九二年出大陸版也已經八年了。想起姜貴的話，當時我沒有明確回答，現在隔了這麼多年，姜貴屍骨早寒，我幸而度過重重難關，又未與姜貴在九泉之下相見，不得不拿出大陸版的《春梅小史》（臺灣版我一本都沒有）重新閱讀，我竟不能否定姜貴的看法。但是《春梅小史》與《靈姑》之間，我很難取捨，因為《靈姑》是我自己選擇的題材，自己構想的作品。

經過幾天冷靜的思考，最後纔決定選《春梅小史》（[illegible]），因為這是日據時代末期、光復初期的臺灣基層社會、養女命運的縮影。除了女主角陳春梅之外，我還刻意創造了一位人情世故練達，冰雪聰明，明辨是非善惡，能替他人設想而又能自我犧牲奉獻、自我調侃的酒女許秋月，是《紅塵》中古美雲一流人物。其他人物亦無一個閒人，都有關鍵作用。故事環節也扣得很緊。一封兩、三千字平鋪直敘並不十分通暢的信，我發展成為二十七萬多字的長篇，現在看來也不是簡單的事。

而且那時我一家七口，擠在不到十六坪的大直眷舍，房屋又當西曬，寫作時揮汗如雨，要用毛巾墊在手肘下寫作，背後用電扇不停地吹，多年下來吹成風濕病，左臂抬不起來，左手發麻，中西醫都治不好。後來經章斗航教授推薦天不亮就去圓山向王延年先生學太極拳，每天清早出一身大汗，歷時三個月自然好了。但學太極拳期間，在圓山警察派出所前卻出過一次大車禍，那天上午八點左右交通尖鋒時刻，士林、大直、臺北來往的大小車子在中山橋頭交錯，我騎著拼裝的二手貨腳踏車，從五百完人塚下來，剎車突然失靈，直向再春游泳池方向衝下，跳車也來不及，我以為死定了，但我一想平生不作虧心事，不該這樣橫死，反而鎮定下來，兩手握緊把手，腳踩踏板，不慌不亂，結果一輛從臺北開來的計程車，加速超過開往士林的公車，向我橫撞過來，恰巧撞著我左腳踩的踏板，將我彈出三、四丈以外，我成了空中飛人，落在現在高架橋的防土牆邊的安全地帶，而車子前後輪則跌得扁扁的，那時我有七十五公斤的體重，腳掌震痛，眼冒金星，警察和計程車司機都怔住了，我卻站著不動，警察問我傷得怎樣？我看看祇有右手虎口擦破了皮，兩腳掌有點痛，警察將我和計程車司機帶到派出所，要作筆錄，問司機該怎麼辦？司機有點慌，我連忙說不要緊，請司機將我和腳踏車送到大直修車行就行了。因為我實在揹不到大直，司機連忙答應，警察也不作筆錄。我更慶幸逃過這次大劫。事後我寫了一篇〈空中飛人〉的散文在《中華日報・副刊》發表，後來編入一本書中，現在卻一時找不到那篇文章，幸好我還沒死。

那幾年我真是拚命寫作，但我沒有叫一聲苦。這次重看《春梅小史》，我也不知道我怎麼能寫出這本書？但我不能不欽佩姜貴的眼光，便將它列為第五本長篇代表作。昭明出版社雖然沒有限制我，但我不能不自我限制。以後如有緣出全集時，那是紀念性質，就不必如此精挑細選了。

寫作不是一種輕鬆的工作，我自動從軍聞社退下來的那七、八年時間，為了七口之家，不計利害，無怨無悔地寫。現在已經八十八歲，沒有生活壓力，更在無怨無悔地寫。我常自嘲我來到這個娑婆世界是還文字債的。債沒有還清，我是死不了的。我也許是欠了《春梅小史》那位寫信的女讀者的前生債，我纔寫成《春梅小史》。我深深祝福那位女讀者長命百歲，後福無窮。她比我年輕很多，現在大概還在花甲以內呢！社會在變，天也會變，過了雨天有晴天。人也一樣，當年吃地瓜度日的人，今天有不少連白米飯都不想吃。當年我想吃雞鴨魚肉卻吃不起，我也活得心安理得。今天吃得起，我反而吃蕎麥、地瓜葉、豆渣……就是不吃雞鴨魚肉。我還是活得自在，體還很健康。人祇要自我心理調適，世界上便沒有甚麼大不了的事兒。「富貴於我如浮雲」，讀者諸君以為如何？做人心安理得最重要。《春梅小史》裏的酒女許秋月，我倒是很敬重她的。

民國己卯（一九九九）十一月十九日凌晨四時五分於紅塵寄廬

民國庚辰（二〇〇〇）四月二十五日最後校正

民國丁亥（二〇〇七）五月初四下午一時重校

《春梅小史》北京文聯版自序

我有兩個長篇都是應女主角的要求寫的。

《春梅小史》是一九五五年在臺北市《公論報》連載完畢後，即由高雄市長城出版社出版，到現在已經五十四年了。

這本書是根據一位素昧平生的女讀者寫給我的一封信寫的。她是拙作《白雪青山》的忠實讀者，我很同情她的身世遭遇。她是日據時代的養女，公公還是當時的要人。

像這類的長篇我都寫得很快，兩個月就脫稿。那時我纔四十出頭，又退休在家，雖不作遊民，但已無業可就。因為那時正興所謂「青年才俊」，我既不才，也不英俊。當時剛過四十，大老倌們就嫌我老，現在四十、五十還是「青年才俊」，還正當令。

我求職到處碰壁之後，便下定決心，埋頭寫作。那時我五個子女都在大學、中學求學，如果筆下不快，就過不了那個難關。即以在《臺灣新生報》連載出版的手稿一百二十萬字的長篇《紅塵》來說，我從動筆寫作到完成，也不過一年半時間，但連構思、準備的時間在內，卻長達十四年。《紅塵》續集原預定一年完成，半年就寫完了，但也是準備的時間久，一動筆就快。《紅

（[illegible]）

我另一個長篇《心猿》，更是應一位中南部讀者、小學女老師的要求寫的。我答應之後，她便將她的日記寄來供我參考。我也很快寫完了，在高雄《臺灣新聞報》連載時題目是《紫燕》，等她結婚後我纔出書，而且易名《心猿》。現在她早有歸宿，每年還寄賀年片給我。[illegible]出版這本書，我要恢復《紫燕》原名。

當然這兩本書的女主角的姓名都是假的。

一九七二年臺北市中華書局開風氣之先，出版了五大本《墨人自選集》，其中有《白雪青山》、《靈姑》、《江水悠悠》、《鳳凰谷》四個長篇，當時我沒有將《春梅小史》選進去，認為它不是時代的主流。小說家姜貴兄卻很欣賞這本書，他認為應該選進去。

現在兩岸已開始文學交流，但交流的還是支流，甚至是微不足道的支流，主流還沒有會合。如果要想兩岸文學壯大起來，變成中華民族的主流文學，還需要擴大胸襟，放開眼界。凡是植根於中華民族固有的優良文化、文學傳統而又能推陳出新的文學創作，應該格外重視，突破一些不必要的障礙，讓全中國人都能讀到。文學是全民族的精神財富，扼殺了十分可惜。在文學上，我是最反對抱著金飯碗討飯的，好在大陸上還少有這種敗家子的乞兒相。不過我們還是應該站在中華民族的土壤上盡量發展中國文學。祇有中華民族的當代文學真正壯大起來，纔有免疫能力。請問全世界有哪一個國家的文學能取代唐詩？取代宋詞？取代《紅樓夢》？取代《儒林外史》？連《查泰萊夫人的情人》也不能取代《金瓶梅》！具有五千年歷史文化的堂堂中國人，應該自負。

祇怕我們抱著舊的金飯碗討飯，又不能及時鑄造新的金飯碗以適應潮流。

《春梅小史》是日本人侵據臺灣五十年後的社會形態、現象，祇是一條溪，亦非主流。作為一位小說作家，我必須深入瞭解人性，而又準確地表現出來。這也是我從事小說創作的一大原因。

但是大陸讀者卻可以藉這本拙作瞭解當時的臺灣社會情形。至於文學創作的價值判斷，還是請高明的讀者自己裁量，不宜由我來講。

壬申年（一九九二）三月十二日於臺北市大屯山下，時年七十有三
庚辰年（二〇〇〇）四月二十五日最後校正，時年八十
丁亥年二〇〇七正月初四日下午重校

楔 子

陳春梅提著黑皮包，面容慘淡地走進悅賓旅社。旅社的女服務生看她穿著整潔漂亮的洋裝，人也長得眉清目秀，雪白的瓜子臉，一副聰明相，連忙上前迎著她，笑盈盈地問：

「請問妳要樓上的房間還是樓下的房間？」

陳春梅打量了一眼，樓下比較雜亂，光線也不大好，便輕輕地回答：

「樓上。」

女服務生是位二十七、八歲的少婦，比陳春梅大，伶俐世故。她笑容可掬地領先上樓，走到樓上她又回過頭來問陳春梅：

「請問妳要單人房間還是雙人房間？」

陳春梅爬了十幾級樓梯，有點喘氣，臉色更白，她停了一會兒才回答那女的：

「單人的。」

女服務生推開了幾個單人空房間，帶她看看，她選擇了一間光線明亮，又很僻靜的房間。女服務生又問她：

「請問妳是住夜還是休息？」

她祇是想找個安靜的地方寫封長信，訴訴自己的身世和痛苦，沒有打算在旅館裏住，因此她隨口回答：

「休息。」

女服務生望著她風流地一笑，笑得她摸不著頭腦。女服務生又輕輕地說：

「妳男朋友甚麼時候來？」

「我沒有男朋友。」她生氣地搖搖頭。

女服務生笑容滿面地重新打量了她一眼，裝作十分同情地說：

「我們女人都有一本難念的經，旅館就是給大家方便的地方。我們這裏非常保險，妳不必擔心，休息也用不著登記。我的嘴緊，不會走漏一點風聲。」

陳春梅也打量女服務生一眼，知道她不是故意輕薄，便和顏悅色地對她說：

「對不起，請妳倒杯茶來，別的事不用勞心。」

女服務生點點頭，走下樓去。沒有多久，泡了一壺茶來。陳春梅說了聲「多謝」，女服務生笑盈盈地走了出去。

陳春梅把房門關上，背靠著門站了一會兒。她的身體顯得很虛弱，加之心亂如麻，特別需要有個倚靠。

房間裏有一張彈簧床，床前有兩個單人沙發，沙發中間夾著一張茶几，床對面是一架咖啡色的保麗板面的衣櫥。

她慢慢走向沙發，向衣櫥上的大穿衣鏡瞥了一眼，她發現她的臉色是這麼蒼白，輕輕歎口氣，頹廢地坐在沙發上。

最後她在床上拿起黑皮包，從皮包裏取出一支原子筆，一疊西式信紙，一個大信封。準備寫信給那位作家。

她望著面前的一疊西式信紙有點發呆，她覺得這疊信紙也寫不完她心中想說的話。

她又開始回想她的身世，她也不知道這是第幾十次、幾百次了？但她必須再想一遍，希望一點一滴都告訴那位作家，看看他能替自己出點甚麼主意？不然她祇好自殺了！

第一章 昧良心賣兄欺嫂
護姓名喪命破家

兩個日本警察，突然來到陳福田家裏，不問青紅皂白，先把陳福田雙手銬住，陳福田的老婆凌緞、大女兒秋蓮、兒子西德、小女兒春梅，都嚇得哭了起來。日本警察怒吼一聲，他們又嚇得一齊住嘴，雅雀無聲。

日本警察帶著陳福田的胞弟陳福生，在房子裏到處搜索，翻箱倒篋，灶裏的灰也掏了出來，缸裏的米也倒掉，廁所裏的魚鱗板也撬開看看，沒有發現甚麼，才在陳福田的屁股上踢了一腳，叫他開路。

陳福田望了老婆、女兒一眼，又望望弟弟陳福生，突然朝他臉上唾了一口。日本警察劈劈啪啪地打了陳福田幾個嘴巴，打得鼻子牙齒出血，糊了一嘴，還一點一滴地落下來，落在胸前，落在地上。

陳福田的老婆、女兒又哇的一聲哭了出來。日本警察咆哮著把陳福田帶走，老婆、女兒哭成一團，小女兒春梅在地上打滾。

陳福生悄悄地離開，凌緞突然止住哭，把他叫住：

「三叔，我問你一句話。」

陳福生停住腳步，回頭望望她，冷峻地問：

「甚麼事？」

「你阿兄犯了甚麼罪？」

「破壞皇民運動，反對效忠。」

「三叔，你怎麼知道？」

「阿嫂，牆有縫，壁有耳。阿兄自己不肯改日本姓名，還要我和別人不改，又勸別人不要當皇軍，現在南洋的仗打得正緊，日本人要我們效忠天皇，他唱反腔，人人都知道，我怎麼不知道？」陳福生回答。

凌緞一愣，孩子們也不敢哭，春梅從地上爬起來，拉著母親的衣角，睜著大眼睛望望母親又望望陳福生。

陳福生厭惡地望了他們一眼，拔起腳來就走，凌緞趕上一步，懇求地說：

「三叔，看在同胞手足分上，你想想法子搭救阿兄一下？」

「老虎口裏拖豬，有那麼容易？」陳福生鼻子裏哼了一聲。

「三叔，你總不能見死不救？」凌緞流著眼淚說。

「阿嫂，好漢作事好漢當，我又沒有皇親國戚，日本人反臉無情，我怎麼救得了阿兄？」陳福生冷淡地回答：「剛才他唾我一口，我不記仇，就很對得起他了。」

陳福生一說完話就跨出大門。凌緞又趕上一步說：

「三叔，就算果真有那回事，那又是誰告的密？」

「阿嫂，妳何必打破砂鍋問到底？」陳福生回頭輕視地瞥了凌緞一眼：「難道妳還想報仇？」

凌緞望望三個幼小的兒女，倒抽一口冷氣，又哭了起來。

陳福生走後，他們娘兒們又抱頭抱腦地哭了一陣。凌緞越想越懷疑，為甚麼福生隨著日本警察進來？日本警察要他陪著搜索？丈夫臨走時曾朝他臉上唾一口，難道會是他告的密？同胞手足會做這種事？

陳福田被捕之後，直接解到臺北，她想看他一眼也辦不到。有一天她帶著小女兒春梅和衣服食物去探望丈夫，被日本警察、狼狗趕了出來。她們母女兩人被狼狗駭得跌了一跤，日本警察反而哈哈大笑。她日夜以淚洗面，像熱鍋上的螞蟻，東奔西走，託人幫忙，但是沒有誰敢沾惹這件事，也沒有誰有這個力量。有一天她去請一位正直的老年人作保，那老年人坦白告訴她：

「解鈴還是繫鈴人，妳最好去請陳福生作保。」

「阿伯，難道真是他告的密？」她怔了一會兒，才問那個老年人。

「我快要進棺材了，還和妳說假話？」老年人回答。

「阿伯，難怪我要他作保他不肯保。」凌緞哭著說。

「他不肯保，我們怎麼敢保？」老年人說。「你們雞窩裏起火，怎麼找外人救？」

凌緞非常傷心，氣憤，但是不敢馬上和陳福生理論，她怕火上加油。

一天下午，凌緞的兒子陳西德和陳福生的大兒子虎仔吵架，虎仔罵陳西德：

「你神氣個屁，你爸要坐穿牢底！」

「我爸是好人，馬上要出來，你知道個屁！」陳西德也罵虎仔。

「我爸說的，你爸是個大壞人，是我爸告他的。」

陳西德聽說是他父親陳福生告的，馬上衝上去抓他。但是陳西德打不過虎仔，反而被虎仔打出了鼻血，他哭著跑回家，一五一十地告訴母親凌緞，凌緞實在忍不住，這才去和陳福生理論：

「三叔，你告了阿兄的密，你虎仔又打我西德，這真是嫂嫂做鞋，嬸嬸有樣，怎麼一點也不顧手足之情？」

「阿嫂，妳真是婦道人家，怎麼黑白講？」

「三叔，我一點也不黑白講，是你虎仔親口講的。」

「妳撿著封皮就是信，孩子的話也能當真？」陳福生冷笑一聲。

「三叔，若要人不知，除非己莫為。你不要以為我不知道，我是裝糊塗，不願意傷了彼此的和氣，早幾天就有人告訴我了，他們都是七老八十的，難道他們也黑白講？」

陳福生上下打量了嫂嫂一眼，看她忠厚斯文，清清瘦瘦，彷彿噓口氣都可以把她吹倒，三個孩子最大的女兒也不過十二歲，西德纔十歲，春梅五歲，他臉上的橫肉跳動了一下，滿不在乎地說：

「阿嫂，妳既然知道了，我也打開天窗說亮話：是我告的密，妳打算怎樣？」

凌緞氣得臉色鐵青，身子顫抖，過了半天才說：

「三叔，鷺鷥不吃鷺鷥肉，你為甚麼要做這種昧良心的事？」

「阿嫂，人不為己，天誅地滅。我的性命要緊，知情不報，我也活不成？」

「你不告密，日本人怎麼知道？」

「哼！孫悟空還翻得過如來佛的手掌心？想和日本人作對，哪一個不是坐牢槍斃？」

「三叔，你好狠心！」凌緞哭了起來：「送了你阿兄一條命，也坑了我們一家人！」

陳福生不作聲，陳福生的老婆做好做歹地把她送了回來。

她看見三個幼小無知的孩子更加傷心，又摟著他們哭起來。

一個月後，她突然接到一罈骨灰，她當場暈了過去。甦醒過來時那送骨灰的日本警察已經走了，祇有三個孩子圍著她哭，驚恐哀傷地望著那罈父親的骨灰。

陳福生卻悄悄地將哥哥的一筆現款完全吞沒。

第二章　雪娥情深收養女　春梅弱小寄姑媽

陳福田本來不是個財主，這一來更是人亡家破，寡婦幼子，開門七件事都發生問題。而太平洋戰爭又一天一天逼近臺灣，美國飛機幾乎天天都來轟炸，桃園雖然是個普通城市，也人心惶惶。

陳福生完全不問他們的事，凌緞也不找他幫忙，他們兩家就這樣斷絕了來往，連最小的春梅也不到叔叔家去。

真是牆倒眾人推，陳福田在生時還有不少朋友親戚來往。他一死那些人都不上門，生怕穿簑衣打火，惹禍上身。凌緞去找他們，也避不見面，即使在路上碰見了，也裝作非常忙碌，三句話沒有談完，調頭就走。凌緞衹好把眼淚往肚裏流，回來還不敢對孩子們講。

大女兒秋蓮和兒子西德，在學校常常被別的孩子欺侮、奚落，不是衣服撕破了就是書撕掉幾頁，西德臉上往往被塗上黑墨水，哭著回來。小春梅和鄰居們的孩子玩，也常常挨罵挨揍，比她大的孩子甚至抓住她的頭髮，按在地上要她喝尿，或是唾她一臉口水。有些野男孩子看她長得漂亮，還用下流的話輕薄她，她不大懂，反而睜著眼睛望著他們笑，讓他們在臉上捏捏，身上摸摸，忍不住癢時又吃吃地笑，捏痛了才哭著回家。

唯一對凌緞母子們好意照顧的是陳福田的妹妹雪娥，但她的家境並不好，有點力不從心。她沒有生育，抱養了一個兒子、一個女兒，養子狗仔已經十三歲，養女菊妹十二歲，她很喜歡春梅，看嫂嫂負擔不了三個子女的生活、學費，便主動提議收養春梅。

凌緞也最疼愛春梅，丈夫死後不能再生，春梅成了斷腸兒，因此更加疼愛她。她聽了妹妹的提議，不禁眼圈一紅，不知怎樣回答才好？她把春梅抱起來，強作歡笑地問她：

「春梅，妳到阿姑家去好不好？」

春梅望望姑姑，笑著搖搖頭。

「姑姑家有糖吃，去不去？」雪娥問她。

她聽說有糖吃，有點心動，望望姑姑又望望母親，亮晶晶的眼睛轉來轉去，小嘴咬著食指，在流口水。她姑姑看了好笑，連忙出去買了一小紙袋糖果回來交給她，塞了一粒在她嘴裏，她把糖嚼得咯咯響，咧著嘴笑。

雪娥從凌緞手上把她抱過來，笑著對凌緞說：

「阿嫂，我看春梅願意跟著我，就怕你捨不得？」

「阿姑，如果春梅願意跟妳，那是從糠籮裏跳進米籮裏，反正妳不是外人，捨不得我也祇好捨。」凌緞黯然地回答。

「阿嫂，明年我就送她上學，最少要讓她小學畢業，我不識字，吃了多少虧，不能讓她再做亮眼睛瞎子。」雪娥說。

「阿姑，秋蓮、西德小學一畢業，我就要他們作事。春梅要是在我身邊，上小學恐怕都成問題？」凌緞望著春梅說：「我看她比阿兄、阿姐聰明，妳要是能讓她多讀幾年書，她阿爸在地下也會感激你。」

凌緞說著說著哭了起來。因為陳福田也特別疼愛春梅，他曾經說過最少要讓她中學畢業。

「阿嫂，妳放心，狗仔已經小學畢業，菊妹正讀六年級，春梅是血親，妳生的還不是和我生的一樣？我一定盡力讓她讀書。」雪娥安慰凌緞，拍拍春梅。

春梅吃糖果吃得很快，她不是含在嘴裏，而是像吃豆子般嚼碎。雪娥怕她吃完了糖抱她不走，想提早一點動身，她住在鄉下，有不少路。

凌緞含著眼淚替她收拾換洗的衣服，打了一個小包，交給雪娥。雪娥抱著她就走，凌緞忍著眼淚送到大門口，剛一停住，春梅就吵著要下來，雪娥邊走邊哄，春梅看越走越遠，突然哇的一聲哭了出來，把糖果摔在地上，拚命掙扎。雪娥抱她不住，祇好回來。一交還凌緞，她就不哭，而且跑過去把糖果撿回來，又望著姑姑笑。

「阿嫂，我看霸王上弓不行，我們得想個法子？」雪娥望望春梅說。

「阿姑，今天免了，讓她在我身邊多留幾天，改天我再送她過去。」凌緞說。

於是姑嫂兩人咬著耳朵商定了一陣，約定了一個日子，雪娥最後笑著說：

「阿嫂，人親不如嘴親，那天我多準備點好吃的東西，先甜甜她的嘴，再甜她的心。」

雪娥走後，凌緞心裏矛盾得很，她實在捨不得春梅；但是時局一天緊張一天，城裏一片蕭條，街上冷冷清清，有錢的人都下鄉躲避，她寡婦幼子，謀生實在太不容易。戰爭又不知道哪天結束，日子是一天難過一天，萬一一個炸彈落在頭上，可能全家完蛋。飛機不會在鄉下丟炸彈，把春梅送到姑姑家裏去，反而安全得多。這樣一想，她也心安多了。

約定的那天，她對春梅說到姑姑家裏去吃拜拜，春梅知道拜拜代表雞鴨魚肉和一切好菜，父親死後她就沒有吃過好菜，也很少吃白米飯，總是一半蕃薯、一半糙米。因此她聽了非常高興，乖乖地和母親一道去姑姑家。

她第一次下鄉，看見田裏山上一片青蔥，不肯讓母親抱，自己在路上跑跑跳跳，像快樂的麻雀，嘴裏還唧唧喳喳叫。

凌緞看了，一陣喜悅，一陣辛酸，不覺眼圈一紅，恰巧被春梅發覺，她歪著小腦袋，像隻呆頭鵝，半天纔說：

「阿母，鄉下真好玩，妳怎麼哭臉？」

「寶，鄉下的灰砂多，我眼睛進了砂子。」凌緞故意揉揉眼睛。

「阿母，我給妳吹。」春梅跑到母親面前，把母親往下拉，凌緞蹲了下來。

凌緞以前眼睛進了砂子，也是要她吹，她像過去一樣，翻開母親的眼皮，尖著小嘴，斜著向旁邊吹。吹了兩下，凌緞表示好了，她又一個人在前面蹦蹦跳跳，嘴裏哼哼唱唱，真像個小天使。

雪娥和她丈夫林大牛，看見她們母女兩人到來，趕到曬場外邊來接。林大牛看見春梅聰明活潑，長得秀氣，心裏也十分高興。春梅看見了雪娥，也親熱地叫了一聲「阿姑」。

雪娥把她抱回家，拿蕃石榴和煮熟的苞穀給她吃，她很歡喜吃這兩種東西，以前她父親也常買給她吃。

兩位養兄、養姐，和她自己的兄姊差不多大，他們對於春梅這位新來的養妹，有點妒忌，也有點喜歡。他們帶她到屋前、屋後玩，她覺得鄉下比城裏寬敞得多，一眼可以望很遠，不像城裏那樣眉毛眼睛擠在一堆。

吃飯時的菜也比自己家裏好得多，雪娥為她們母女兩人殺了一隻雞，買了一條魚，此外還弄了魚丸雞蛋，這都是她歡喜吃的菜。

她吃飽以後，雪娥弄了半茶杯甜酒釀給她喝，她歡喜甜食，完全喝光。

凌緞把她抱在懷裏，她的小臉在漸漸發紅，彷彿淡紅的玫瑰，嬌嫩欲滴，醉態可掬，不時發笑，終於靠在母親懷裏睡著了。

凌緞把她放在雪娥的床上，把自己的臉貼著她的臉，親了一會兒，纔悄悄地抽身。

「阿姑，我把春梅交給妳了，希望你當作自己生的一樣。」凌緞含著眼淚說。

她又匆匆地趕回家去照顧兩個大的兒女，一路走一路哭。春梅在醺醺熟睡中，作了姑姑的養女。

第三章 養兄姐百般凌虐 小春梅無奈回家

雪娥夫婦為了帶馴春梅，處處依順她，特別優待，狗仔和菊妹看在眼裏，心裏不免妒忌。

春梅六歲時開始上學。這時日本人已經投降，遣送回國。她一上學就學國語，念國音字母。她很聰明，發音清脆準確，功課比別人好，老師非常喜歡她。

狗仔和菊妹小學畢業後就在家裏做事。他們以前學的是日文日語，不認識國音字母，本國字認識的也不多，有時還得問她。林大牛一個大字不識，祇會講客家話、閩南話，而他在外面接洽事情，有些地方得講國語，他不會講，又不認識字，覺得非常不方便，晚上無事，也要春梅教他幾句普通國語。

春梅一天天長大，字認得很多，國語講得非常流利好聽，人也出落得更好看。她穿的雖然是菊妹的舊衣服，但比菊妹漂亮十倍，菊妹和她站在一塊，顯得更醜。菊妹是個扁圓臉，像個南瓜，彷彿鼻子是濕麵團捏的，而誰又故意在那上面按了一下，因此整個鼻樑塌陷進去，祇突出一點準頭和兩個朝天鼻孔，再配上一張突出的翹嘴巴，說多難看就多難看。

真是醜人單作怪，她常常背著養父母折磨春梅，而且挑撥狗仔打罵，狗仔是個渾人，非常聽菊妹的話，把打春梅當作一種消遣。春梅比他們兩人小得多，既不敢回手，也不敢告訴姑姑和姑父。

九歲那年，有一天林大牛夫婦因事去臺北，春梅放學回家，菊妹搜查她的書包，發現一顆太妃糖，妒性大發。拿著一顆太妃糖彷彿拿到一個大賊贓。

「小賤人，妳這顆糖是哪裏來的？」菊妹扭著春梅的耳朵審問。

「阿姐，是同學給我的。」春梅痛得皺眉歪臉地回答。

「同學給妳的？」菊妹鼻子裏冷哼一聲：「我讀書時怎麼沒有同學給我？」

春梅不知道為甚麼別人不給她，一時回答不出來。狗仔卻傻里傻氣地說：

「她比妳漂亮嘛，自然有那些小王八蛋孝敬她。」

這句話好像火上加油，菊妹劈劈啪啪地打了春梅幾個耳光，春梅身體晃了幾晃，哇的一聲哭了出來，又連忙閉緊嘴巴，雙手捂著火辣辣的臉，膽怯地站在桌子旁邊。菊妹指著她的鼻尖大罵：

「小賤人！小狐狸精！妳這麼一點點大就會迷人，將來長到我這樣大那還得了？妳不要迷盡老老少少的男人？」

「阿姐，不是男同學給我的，是女同學給我的。」春梅輕輕申辯。

「女同學給妳的？」菊妹冷眼打量她，突然提高聲音說：「女同學怎麼不給我？」

「阿姐，我怎麼知道？」春梅嚶嚶地哭泣。

「妳這個小狐狸精，妳一定有甚麼迷人的法寶？」菊妹又揪住春梅的耳朵，把春梅拖了出來，用力一推，春梅跌坐在地上，她指著春梅罵：「連阿爸、阿母也被妳迷住了！自從妳進門以後，我們就被打進了冷宮，全是妳一個人的世界！」

「對，阿爸、阿母不像以前那樣喜歡我們了！」狗仔拍著手附和。

「阿姐，阿爸、阿母待我們一樣。你們穿的比我好，我全是穿你們的舊衣服，我也沒有和你們比。」春梅哭著回答。

「進廁所也有個先來後到，妳敢和我們比？」菊妹得意地說：「妳不要以為阿母是妳妳姑，牛皮紙多包一層，小狐狸精，老實告訴妳，我們腳底下的地一樣平，妳別想矮子爬樓梯，步步高陞。」

春梅不完全瞭解她話裏的意思，怔怔地望著她，不敢作聲。菊妹向她大吼一聲：

「給我跪好，別坐在地上享福！」

春梅怕挨打，祇好兩腿跪在地上。

菊妹把那顆太妃糖，塞給狗仔，一半討好一半命令地說：

「阿兄，這顆糖我孝敬你，你把她的衣服剝下來！」

狗仔把糖往嘴裏一塞，真的動手剝春梅的衣服。

春梅已經懂得羞恥，掙扎著不讓他剝，他像提小雞樣把她提起來。菊妹拿了一根竹枝在手上，她看春梅掙扎，在春梅身上抽了一下，春梅痛得尖叫，菊妹指著她說：

「妳自己脫！」

竹枝打在身上刺骨錐心，春梅怕打，祇好自己脫光。

狗仔看她一身細皮白肉，哈哈傻笑。

「阿兄，這真是個小狐狸精，將來會迷死人。」菊妹用竹枝指著春梅光光的瑟縮的身體說。

「不知道將來好給誰？」狗仔嚼著太妃糖，像嚼檳榔，傻里瓜氣地說。

「我不許她迷人，我要把她的臉弄破！」菊妹說。

「不行，她臉上掛了招牌，阿爸、阿母不會依你。說不定將來會把她送到酒家茶室作搖錢樹的。」狗仔忽然聰明起來，想到那個歪路上去了。

「臉上不能掛彩，我讓她在身上留點記號。」菊妹說著就走過去揪春梅的胸口。

春梅痛得大哭大叫，菊妹要狗仔蒙住春梅的嘴巴，在春梅上身下身亂揪亂擰，春梅哭不出聲音，祇是拚命掙扎，菊妹又用竹枝重重地抽了幾下才住手。

狗仔把春梅放開，春梅大聲哭了出來，菊妹把竹枝一揚，她又嚇得閉緊嘴巴，抽抽噎噎。她胸前和下身青一塊，紫一塊，還有一條條的雞爪般的傷痕。

狗仔看了有點過意不去，笑著對菊妹說：

「妳叫她把衣服穿上吧！現在青一塊，紫一塊，沒有甚麼好看的。」

「哼！你有點心痛是不是？」菊妹馬上白他一眼：「我看再過幾年小狐狸精也會把你迷住！」

「阿菊，妳怎麼一句砂糖一句狗屎？」狗仔嘻嘻一笑：「我們是兄妹呀！」

「呸！」菊妹啐了狗仔一口：「她和你屁的兄妹！你別葫蘆藤扯上絲瓜架，你們不是一個種，算得甚麼兄妹？」

「那我們兩人算甚麼？」狗仔渾氣地問她。

「隨你怎麼算？過幾年再說。」菊妹瞟了狗仔一眼。

狗仔咧著嘴傻笑，提起春梅的書包亂翻，那顆太妃糖吃甜了嘴，他希望還能找出一顆。他把書統統拿出來，一片糖紙也沒有，隨手把書包往地上一摜，望著春梅說：

「下次要同學多給妳幾顆太妃糖，帶回來孝敬我。」

春梅連忙點頭。狗仔又對她說：

「妳自己把衣服穿上，光著屁股多難看？」

春梅膽怯地望望菊妹，不敢穿衣。狗仔不覺得自己臉上沒有光彩，反而向菊妹一笑：

「算我放屁，妳是太上皇，妳叫她穿上吧！」

菊妹得意地一笑，塌鼻子扁臉反而變成了哭形。她指著春梅說：

「以後你每天要孝敬我三顆糖，不然少不了一頓打。」

春梅點點頭，她才叫春梅把衣服穿上，又威嚇地說：

「今天的事不能對阿爸、阿母講，小心我剝妳的皮！」

春梅不敢吭聲，拉起黑裙子擦擦眼淚。

晚上，春梅洗澡換衣服時，雪娥突然發現她身上的傷痕，問她是怎麼回事？她不敢講。

「沒有出息，挨了打還不敢作聲。」雪娥生氣地說：「妳不講我明天去問妳老師？」

春梅叫她不要去問老師，她靈機一動，轉身就走：

「我去問菊妹！」

春梅連忙把她拉住，跪在地上說：

「阿母，不要問阿姐，她更會打我。」

雪娥把她拉起來，仔細盤問，春梅才把經過的情形說出來。雪娥要打菊妹，春梅哭著說：

「阿母，妳打她，她更打我，還是我倒霉。」

本來春梅跟菊妹睡在一塊，雪娥知道這種情形之後，要春梅跟自己睡，自己也盡量少離開家裏。

春梅在學校裏每天都向那位家中開雜貨店的同學要幾顆糖回來，悄悄地孝敬菊妹和狗仔，這才有個把月沒有挨打。

但是那位同學不能長期供應春梅，菊妹有幾天沒有得到糖果，恨得牙癢癢的。乘林大牛夫婦下田時，抓住春梅的頭髮，打了幾個耳光，指著春梅的鼻尖大罵：

「小狐狸精！好久沒有打妳，妳骨頭又作癢了？你越來越不把我放在眼裏，連糖也不孝敬我了？」

「阿姐，不是我不孝敬妳，是同學不肯給。」春梅哭喪著臉回答。

「不肯給妳不會偷？」菊妹說。

「阿姐，偷東西會記過，會開除！」

「妳怕記過，怕開除，就不怕打？」菊妹又在春梅的臉上啪的一掌。

「阿姐，求求妳別打我，明天我再向她要。」春梅哭著說。

「明天妳再不拿來，我又要剝了衣服抽妳！」菊妹用食指在春梅腦殼上一戳，春梅倒退兩步，才站穩。

第二天上學，春梅紅著臉向那個叫小蘭的女同學說：

「小蘭，請妳再給我幾顆糖好不好？」

小蘭打量她一眼，有點不高興，半天才說：

「春梅，妳真貪心不足，我家又不開糖廠，也是花錢買的，怎麼能老是給妳？」

春梅聽她這樣說，耳根脖子都紅了，淚水在眼眶裏打轉，小蘭看了有點同情，笑著問她：

「春梅，妳怎麼這樣好吃？」

「小蘭，我不好吃，妳給我的糖我一粒也沒有吃。」春梅擦著眼淚回答。

「鬼話？」小蘭天真地一笑：「妳不吃還捨得給別人吃？」

「真的，我都孝敬了阿兄、阿姐。」

「妳為甚麼孝敬他們？」

「他們打我。」

「哪有這樣的阿兄、阿姐？」小蘭歪著頭打量春梅，有點不相信。「我阿兄、阿姐有東西還留給我吃哩！」

「小蘭，我沒有妳的命好。」春梅說著哭泣起來。

小蘭有點著慌，連忙問她是怎麼回事？春梅祇好直說。小蘭聽了很不服氣，天真地說：

「我要我阿兄、阿姐去打那兩個壞東西，我阿兄的力氣很大。」

「不行，」春梅搖搖頭：「他們幫不了我的忙，反而會使我的皮肉吃苦。」

「難道妳讓他們長久欺下去？」

「等我小學畢業以後，我會逃回生母家去，我可以當下女。」春梅回答。

小蘭從書包裏抓出幾顆咖啡糖，放在掌心數數，一共五顆。她又低頭向書包裏看了幾眼，失望地對春梅說：

「怎麼辦？祇有五粒糖，他們兩人分不勻。」

「我統統交給菊妹，讓他們自己去分。」春梅說。

「妳自己吃一粒，他們不就分勻了？」小蘭說著把一顆糖往春梅嘴裏一塞，春梅連忙吐在手上，看看沒有糖紙，糖已經黏了口水，不知道如何是好？

「妳為甚麼不吃？」小蘭奇怪地問她。

「他們的胃口越吃越大，這幾粒糖他們一定嫌少，我吃了一粒那就更少了。」春梅說。

「管他的！妳把這粒吃下去再講。」小蘭又把糖塞進春梅嘴裏。「明天我再多送幾粒。」

春梅才破涕為笑，把糖嚼碎，嚼得咯咯響。

由於小蘭繼續給糖，春梅有好多天沒有挨打。可是有一天上學時她在路上看見小蘭一面走一面擦眼淚，她連忙趕上去問：

「小蘭，妳怎麼的？」

小蘭馬上回過頭來，紅著眼睛抱怨地說：

「還不是為了妳？」

春梅有點摸不著頭腦，怔怔地望著她，然後抱歉地說：

「小蘭，我甚麼事對不起妳？妳直說好了。」

小蘭把左手向春梅面前一伸，手掌紅腫，春梅輕輕地問：

「小蘭，誰打了妳？」

「阿爸。」

「是不是因為拿了糖？」

「剛才我在瓶子裏拿糖，被阿爸看見，打了我一頓手心。」小蘭哭著說。「打得好痛！」

春梅非常抱歉，又沒有甚麼好辦法表達自己的心意，她把手向小蘭一伸：

「小蘭，請妳打我幾下，我不該連累妳。」

「那有甚麼鬼用？」小蘭嗤的一笑：「我已經挨過打了！」

春梅自己也好笑。她為了表示歉意，把小蘭的書包拿過來，一直背到學校。

這天回家時，菊妹和狗仔又像往日一樣把她叫到房裏伸手向她要糖。她把小蘭挨打的事告訴他們，他們不信，菊妹還罵她：

「小狐狸精，妳的花樣多得很，我才不信妳的鬼話！一定是妳在路上吃了，妳張開嘴讓我聞聞？」

春梅乖乖地張開嘴，菊妹聞了一會兒，沒有糖味，便向春梅嘴裏吐了一口痰，春梅哇哇作嘔，狗仔幸災樂禍地傻笑，菊妹卻指著春梅的鼻尖說：

「明天再打空手，小心我撕爛妳那個賤東西！」

春梅聽她這樣說心裏非常害怕，菊妹是說到做到，上次她就受了傷，難過了好幾天。

第二天上學時，她第一件事就是問小蘭有沒有帶糖果來？小蘭搖搖頭，她倒抽一口冷氣。

下午大家背著書包快快樂樂蹦蹦跳跳地跑回家，她一個人躲在教室裏不敢回去。她的便當盒子是空的，肚子很餓，她伏在課桌上流淚，不敢哭出聲音，也不敢開燈。

課室裏蚊蟲很多，嗡嗡不停，在她光光的臂膀上、腿子上狠命地叮進去，她趕不了那麼多，皮膚上腫起一個個小疱。老鼠像在上操，吱吱叫，滿教室奔跑，在地上找花生米果皮吃。她肚子裏也在咕咕叫，但是沒有東西吃。她彷彿聞到飯香，聞到那個外省人的腳踏車後面熱氣騰騰的饅頭的香味。她心裏好像有蟲子在爬，肚子裏好像有火在燒，十分難受；她以前沒有嚐過這種滋味。

但是她不敢回去，她怕菊妹。

她突然想起生母和哥哥、姐姐，她有好久沒有看見他們，不知道他們怎樣？姑姑一直避免提起他們，如果他們沒有餓死，她跑回去他們總會收留？

「天一亮，我就跑回生母家去。」最後她這樣決定。

這彷彿是個仙丹妙藥，她肚子不像先前那麼飢餓，心裏也輕鬆許多，她伏在桌上迷迷糊糊地睡著了。

突然，她覺得她的身體好像大浪頭上的小船，顛顛簸簸。她聽見姑姑叫她的聲音，她睜開眼睛一看，課室的電燈已經打開，姑姑和姑父站在她的面前，她向姑姑身上一撲，叫了一聲「阿母」，哇的一聲哭了出來。

雪娥和林大牛把她帶回家，一路走一路問，她祇好把自己所受的折磨說出來。雪娥和林大牛都很生氣，一回家雪娥就抓著菊妹打了幾個嘴巴，林大牛也打了狗仔一頓。

這以後他們兩人有好久都不敢打春梅，可是心裏恨得癢癢的，總是鼓著眼睛看她。

春梅越長越美，功課也非常好，總是頭二名。小學畢業以後，雪娥又讓她上中學。實行三七五以後，她的家境一天天好起來，供春梅讀書沒有問題。

可是在春梅十四歲那年，初二還沒有念完，雪娥害了一場大病死了。

林大牛和春梅非常悲傷，菊妹和狗仔都暗自高興。

一天春梅放學回家，無意中撞見菊妹和狗仔在廚房裏抱頭摟頸，她心裏一驚，怔在那裏。狗仔羞紅了臉，想奪門逃跑，菊妹卻大聲罵他：

「沒有出息的東西，你還不打這個小狐狸精？她專門和我們作對！」

狗仔惱羞成怒，真的扯住春梅的頭髮，打了幾個耳光，然後一掌把她推倒，菊妹趕過來騎在她的身上，在她臉上嘴上，劈劈啪啪地一陣猛打，打得她嘴巴鼻子出血，又把她的胸襟扯開，在她胸口咬了一口，隨後雙手抓住她的頭髮，按在地上，大聲喝罵：

「小狐狸精！哪裏不好埋妳，妳要到廚房裏來找死？妳存心和我們作對是不是？」

「阿姐，我不知道，我實在不知道你們會做這種事。」春梅哭著說。

「小狐狸精！做這種事還要先報告妳是不是？」菊妹一面擰春梅的嘴，一面罵：「妳是甚麼東西？也來干涉我們？」

狗仔看看春梅滿嘴鮮血，心裏有點不忍，悄悄地溜了出去。

「阿姐，我不是干涉你們，我是無心碰上的。」春梅哭著討饒：「請妳原諒我這一次。」

「小狐狸精！識相點，不許走漏一點風聲！」菊妹用食指在她頭上戳了幾下。

「隨便你們怎麼搞，我不管這些閒事。」春梅說。

菊妹從她身上跳了起來，雙手叉腰地看著她。

春梅跑回自己的房間痛哭，她不想和菊妹作對，把他們的醜事掀出去，她祇想忍氣吞聲讀到初中畢業，以後再想辦法。

可是菊妹卻存心整她。

春梅上學要帶便當，菊妹接替雪娥料理家務，她總是給春梅剩飯剩菜，而且不讓便當盒盛滿。十四歲的女孩子正是發育的時候，飯量很大，春梅肚子老是唱空城計。有時菊妹故意把飯煮少，讓春梅無飯可帶。春梅也祇好含著眼淚餓著肚子上學。

女大十八變，菊妹越變越醜，南瓜臉越長越扁，鼻樑越長越塌，身子越長越橫，兩條腿又短又粗，活像個矮腳虎。

春梅向上長，她向橫長，她看春梅長得像一朵迎春花兒一樣，心裏又妒又恨，真想潑春梅一臉硝強水。但是她又怕警察，怕坐牢。

有一天她想出一個辦法整春梅。

她讓春梅把飯盒添好，趁春梅收拾書包時連忙把飯菜倒出來，換上泥土，照樣把飯盒繫好。春梅做夢也沒有想到她有這一著，抓起飯盒往書包裏一塞，匆匆地上學去。

中午伙夫把蒸好的便當抬出來，她也像別人一樣高高興興地取出自己的便當盒回到課堂。別人打開時是白米飯，飯上不是魚就是肉。她打開一看，卻是一盒泥土，她怔了一下，隨即啊的一聲哭了出來。同學們都圍過來看，她羞憤得簡直想鑽地洞，立刻提起書包跑回去。

「阿姐，妳壞良心，妳怎麼把我的飯菜換成泥土，要我在同學面前丟人？」她一進門就衝著菊妹問。她從來不敢和菊妹頂嘴，這次實在氣極了。

「哼！不然人家還以為妳是千金小姐哩！」菊妹鼻子裏哼了一聲，幸災樂禍地回答。

「人怕爛心，樹怕爛根，妳做這種壞事，不得好報！」

「再壞也是養女，還不是和妳一樣？」菊妹輕鬆地回答。

「妳會打進阿鼻地獄！」春梅氣憤地罵她。

「小狐狸精，妳還想上天堂不成？」菊妹斜著眼睛打量春梅：「妳是甚麼好命？想我服侍妳？讓妳吃得白白胖胖的去勾引男人？呸！」

菊妹朝春梅臉上唾了一口，春梅氣極了，也朝她臉上唾了一口，菊妹趕過來打春梅，春梅還手，兩人拉拉扯扯，春梅比她高，祇知道拉住她的頭髮，她卻用力抓春梅的胸口，扯春梅的裙子、短褲。春梅怕丟醜，用力把她一推，連忙退到門外。

菊妹知道春梅不再是八、九歲時的小女孩，由她打罵，現在春梅的力氣已經不小，狗仔不在家，她一人制不住春梅，也不追趕，祇是站在堂屋裏指著春梅叫罵：

「小狐狸精，妳別做夢！想我弄給妳吃？我不在妳便當裏放巴拉松，就算對妳客氣了！」

春梅聽她這樣說，心裏真的害怕起來。要是她今天在便當裏放了巴拉松，自己不是白送了一條命？

春梅到田裏去找林大牛，把剛才的情形告訴他。林大牛歎了一口氣，望望春梅，他也怕鬧出人命。他知道菊妹說到做到，春梅心慈手軟，不是她的對手。他成天在田裏工作，不能在家裏照顧，菊妹要搗鬼，他真沒有法子。

他想來想去，祇好和凌緞商量，凌緞和他一道下鄉，又把春梅領回家來。

第四章　屋漏偏逢連夜雨　破船又遇打頭風

春梅的姐姐秋蓮已經出嫁，生了一個孩子，住在臺北。哥哥已經結婚，做了一個賣米粉的攤販。

她一進門，就看見打扮得花枝招展，臉上糊了一層厚厚的脂粉，眉毛看畫得漆黑，嘴唇塗得血紅，走路搖搖擺擺，水蛇腰，大胸脯，大屁股，一身妖媚的新嫂嫂鄭桃。

鄭桃看見她進來，用那對水汪汪的桃花眼溜了她幾下。凌緞替她們兩姑嫂介紹，春梅叫了她一聲「阿嫂」，她碎步跑了過來，握著春梅的手，裝腔作勢地說：

「啊喲！阿妹，我真沒有想到妳這麼美？人家說桃園出美人，我看是應在妳身上了。」

春梅不知道怎樣回答嫂嫂好。她討厭人家說她美，菊妹妒忌她，虐待她，不就是這些原因？嫂嫂一見面又說這種話，她簡直覺得不是好兆頭。

鄭桃以為她年輕害臊，並不在意，對她還是親熱得很。

左鄰右舍的女人孩子們，聽說春梅回來了，都來看她，她不再是五歲的小女孩，很多人都不認識她，她也不認識兒時的朋友，大家都變了很多。那時多半是赤腳光屁股的小黃毛，現在都是穿著整齊的少女；以前穿著木拖板的女人，現在多半穿皮鞋和塑膠拖鞋，身上也整齊多了。連街上也熱鬧好多，到處是人。

吃過飯，春梅想去看看哥哥。陳西德每天清早出去，一直在街上做生意，不到晚上十二點不能回來。鄭桃正想上街遛遛，聽春梅說要去看丈夫，馬上自告奮勇地說：

「好，阿妹，我陪你去！」

鄭桃帶著春梅一道上街，她在路上左顧右盼，水蛇腰一扭一扭，大屁股一顛一顛，像大颱風掀起洶湧的波浪。她一身花枝招展，春梅一身舊學生服，兩人走在一塊有點不大相配。

陳西德在十字街口的騎樓下，擺著米粉攤，有一個人弓著右腿，腳踏在長板凳上低頭彎腰吃米粉，他在照顧客人。偶一抬頭，發現鄭桃和春梅遠遠走來，他就從心底笑開，他非常愛鄭桃，不僅是身材相貌，鄭桃的一舉一動他都喜歡，他不要她作事，讓她享福。

春梅送給姑姑扶養，起初他也見過兩次面，最近幾年一直沒有碰頭，但他認得出春梅，不過沒有想到她一下子長到這麼高，長得比姐姐秋蓮漂亮。

他低頭收錢時，鄭桃挽著春梅站在他的面前，他一抬頭就咧開嘴笑，兄妹兩人打了一個招呼，他請她們吃米粉，春梅剛吃過晚飯，三人就站在攤子旁邊談天。

他早聽說春梅受養兄、養姐折磨虐待，但不瞭解實際情形。他問春梅究竟是怎麼回事？春梅不願再提菊妹和狗仔兩人，一想到菊妹她就痛心。

「阿兄，祇當做了一場惡夢，免提。」她輕描淡寫地回答。

「春梅，妳倒宰相肚裏好撐船，阿母常常為妳落淚哩！」陳西德說。

「阿兄，祇怪我的命苦，要遭魔星。」春梅黯然地說。「我回家來多了一張嘴，你看我能不能幫你一點忙？」

「妳不想讀書？」陳西德看看她的學生制服問。

「阿兄，讀書要錢，那怎麼辦得到？」春梅打量攤子和鄭桃一眼。

「西德，女人祇要漂亮，何必讀那麼多書？」鄭桃接嘴，望了春梅一眼說：「阿妹是個金銀窯，大學畢業生也抵她不上。」

陳西德望了鄭桃一眼，順著她的意思咧嘴一笑。

春梅不好作聲，鄭桃突然向陳西德手一伸：

「拿點錢我帶阿妹去吃冰。」

陳西德連忙掏出一把又髒又爛的零票，準備給她，鄭桃眉頭一皺：

「拿張十塊的票子給我。」

陳西德在另一個褲子口袋掏出幾張五塊十塊的票子，挑了一張十塊的新票子給她。她高興地把春梅一拉，挽著春梅的膀子走了。

她帶著春梅走進一家「南風」冰果店，店裏三個十七、八歲的女孩子，一看見鄭桃就笑著打招呼，和她說說笑笑。她介紹春梅和她們認識，她們上上下下打量了春梅幾眼。鄭桃非常熟悉老練地在靠著窗子的一張小櫈子坐下。她問春梅吃甚麼？春梅不願意多花哥哥的錢，祇要了一杯檸檬，鄭桃要了一客西瓜。

那三個女孩子一面照顧生意，一面和鄭桃談笑，放蕩得很。春梅在淳樸的鄉村生活，剛剛脫離學校，看了不免有幾分震驚，她們便把話題轉到春梅身上來。

「我們都是醜八怪，你要是到我們冰果店來當招待，生意一定特別好。」一個叫做美英的女孩子說，同時指指鄭桃：「以前她在這裏，客人就像蒼蠅樣圍過來。」

春梅看看鄭桃，鄭桃非常得意，又以老資格的態度對美英她們說：

「男人都愛吃豆腐，妳們也應該釣釣魚。」

「我們沒有妳的本錢足，魚兒都不上鉤。」美英說：「妳要是再來當招待，以前的客人都會回來。」

「她現在當太太，享福！還肯出來服侍別人？」另一個女孩子說。

女店東從後面出來，鄭桃連忙起身招呼。富態的女店東看見她也笑著走了過來。鄭桃連忙介紹春梅和她認識，她打量了春梅一眼，問了幾句話，鄭桃乘機說：

「阿嬸，我妹妹在家沒有事，妳店裏如果要人幫忙，請妳栽培。」

「現在生意不好，遲點再看。」女店東望望春梅說：「如果要人，我一定請她。」

鄭桃說了兩聲「多謝」。春梅沒有作聲。

臨走時，鄭桃掏出十塊錢付賬，女店東不肯收，她又說了聲「多謝」，笑著往小皮包裏一塞。

「阿嫂，我不能做那種工作。」走出冰果店，春梅馬上對鄭桃說。

「冰果店的工作很輕鬆，吃人家的，乾拿。」鄭桃說。

「那種工作有點邪氣，我不合適。」春梅說。

「比茶室酒家正經多了！」鄭桃內行地說：「茶室酒家都有人幹，冰果店怎麼不能幹？」

「阿嫂，我情願幫阿兄做生意，當下女，我不想做那種事。」

「妳真是鄉下人！」鄭桃嗤的一笑：「當下女有甚麼出息？」

「阿嫂，女人還能做甚麼大事？」

「嗨！女人可以賺大錢！」鄭桃神氣地說：「妳先在冰果店見見世面，三、兩年後，再上臺北，保險妳洋房、汽車都有。」

春梅從來沒有想過洋房、汽車，現在她頭腦裏也沒有這些東西，她奇怪地望著鄭桃，鄭桃有點後悔地說：

「我真不該這麼早結婚，連冰果店的工作西德也不讓我幹，他生怕別人咬我一口。他自己賺那幾個小錢又養我不活。」

恰巧路邊有個賣鹽煮花生的，一股熱香味衝進鼻子，鄭桃連忙打開小錢包，買了五塊錢的花生，邊走邊吃，左顧右盼。看著別的女人穿得比自己時髦，漂亮，她會輕輕地罵一聲：「妖怪！」看見英俊的男人，便瞟他幾眼，要是那男的看她，她會低頭掩嘴一笑。

春梅沒有看見別的女人像嫂嫂這樣，她心裏有點奇怪、有點鄙視。

回家以後，春梅悶悶不樂，凌緞問她是甚麼原因？她不肯講。睡覺時，凌緞問她和嫂嫂到了些甚麼地方？她祇說到「南風」冰果店坐了一會兒，此外隻字不提。凌緞卻輕輕歎口氣，自言自語：

「我看西德要走一輩子背時運，遇上了這麼個好吃懶做、水性楊花的女人！」

「阿母，您已經知道？」春梅連忙問。

「我不聾，不瞎，她還瞞得住我的耳朵眼睛？」凌緞說。

「阿母，我看我在家裏的日子也不好過？」春梅擔心地說。

「本來我早想接妳回來，就是這件事使我很不稱心，所以讓妳多受了折磨。」

「阿母，希望我在家裏不惹您生氣纔好？」

「祇要妳哥哥不吃迷魂湯，認得妳是妹妹我是娘，屎我也會吃下去。」凌緞安慰女兒說。

第五章　鄭桃存心設陷阱
春梅無意入風塵

鄭桃像匹野馬，在家裏待不住，她既不幫助丈夫做生意，也不洗衣服弄飯。每天吃過飯就花枝招展地出去，丈夫不敢管她，凌綴的話她當作耳邊風，春梅是小姑知道自己的話更沒有力量，也不願講。

一天，她高興地從外面回來，告訴春梅說：

「春梅，『南風』冰果店要加入，阿嬸請妳去。吃她的，三百塊錢一個月。」

春梅半天沒有作聲，鄭桃有點不高興，上下打量她一眼，望著她的臉上說：

「怎麼，妳不想去？」

「阿嫂，妳早說了我不想幹那種事。」春梅回答。

「你要知道這是我的面子，你不想幹別人還找不到哩！」

「阿嫂，我不會服侍人，不會和男人打情罵俏。」春梅一想起美英她們和一些不三不四的男人的舉止，就像那次菊妹吐她一嘴痰那樣作嘔。

「妳聰明得很，那種事還不是一學就會？」鄭桃拍拍她的肩哈哈一笑。

「阿嫂，那種事我一輩子也學不會。」春梅用力搖頭。

「春梅，船到橋頭自然直，去了幾天就會。」

「阿嫂，多謝妳的好意，妳請她另外找人好了。」

「這怎麼成？」鄭桃把臉一拉：「我已經接了她的定錢。」

春梅聽了一怔，鄭桃這樣擺佈她，她心裏有點不痛快，因此反問她：

「阿嫂，妳怎麼不先問問我就接人家的定錢？」

「哼！」鄭桃冷笑一聲：「妳怎麼不先問問我就回家來？」

春梅倒退一步，眼圈一紅，滾出兩顆淚珠。她怕惹母親生氣，祇好答應。鄭桃馬上換了一副笑臉，摟著她說：

「還才是我的好妹妹！聽我的話，保險妳日後穿金戴銀，住洋房，坐汽車，比大姐強一百倍。」

春梅不想聽她的鬼話，逕自回到母親房裏，暗自落淚。

凌緞不在家，替別人洗衣服去了。中午她纔回家弄飯，鄭桃寧可上丈夫的攤子上去吃，絕不動手。凌緞不要春梅弄，她想讓春梅享幾年女兒福。

晚上，春梅告訴母親要去冰果店工作，凌緞聽了又驚又喜，連忙問她是誰介紹的？她說是鄭桃。凌緞一言不發，過了好久纔說：

「春梅，妳年輕，以後少聽她的鬼話，小心跟她走到歪路上去。」

「阿母，我去試試看，免得在家吃閒飯。」春梅說。

「是她要妳去？還是妳自己願意？」凌緞細心地問。

「是我自願。」春梅回答。

凌緞這才沒有再問，慈愛地囑咐女兒說：

「春梅，妳年輕，不知道外面的事，現在的人心壞得很，冰店茶室九流三教的人都去，妳要特別當心，不要招神惹鬼。」

「阿母，您放心，我會記住您的話。」

「我們家裏已經有了個妖孽，妳可不能再惹回一個瘟神。」凌緞又補上兩句。

「阿母，我會當心。」春梅輕輕地回答。

凌緞望望女兒輕輕歎口氣。她有太多的感傷，丈夫被自己的弟弟陷害之後，她受盡了別人的冷眼，欺凌，好不容易把兩個兒女養大，秋蓮出嫁後總算差強人意，想不到兒子偏偏鬼迷了心竅，娶了鄭桃這麼個媳婦。兒子不接受她的勸告，媳婦更是忤逆不孝，她已經受了不少氣。小女兒作了那麼多年的養女，受了不少折磨虐待，回家以後就不能再上學，日子也是尷尷尬尬，住不上十天，就得出去端盤子拿碟子，笑臉迎人，她對小女兒真有說不出來的內疚。母女兩人懷著兩樣的心情，黯然入夢。

春梅作了一夜的怪夢，她夢見菊妹在她飯裏放毒；夢見高樓大廈、花園洋房，來來往往的小汽車，自己坐在小汽車裏面，住在洋房裏面；夢見流氓忘在冰果店裏爭風吃醋，大打出手。零零碎碎，斷斷續續，直到天亮被母親叫醒為止。

陳西德天亮前就推著攤子出去，鄭桃愛睡懶覺，凌緞把早飯弄好以後她還沒有起床。凌緞要出去替別人洗衣服，不能等她，自己吃了先走。春梅也不便叫她，隨她去睡。

九點多鐘她纔起來，看看沒有甚麼菜，要春梅出去買燒餅油條，春梅和母親一道吃過早飯，她一個人獨自享受。

畫眉毛，塗脂粉、口紅，梳頭，換衣，費了半個多鐘頭。她看看春梅還是一身舊制服，在衣櫥裏挑了一件身腰小的花裙子交給春梅：

「妳換件衣服去，冰果店不是學校，衣服要花花綠綠，人也不能像個木頭。男人愛俏，女人臉上若是再帶三分笑，男人的鈔票就會像蝴蝶飛。」

春梅完全不懂這一套，睜大眼睛望著她。她替春梅梳梳頭髮，把春梅向後梳的學生頭，從旁邊分開，留一小撮頭髮披在額上。春梅不歡喜這個樣子，拂了上去，用髮夾夾好。

春梅自己換好裙裝，鄭桃把春梅拉在穿衣鏡前，站在春梅的後面，指著鏡子裏的春梅說：

「妳看，換了衣服妳不是更漂亮？現在真像個大人了！」鄭桃說著用手摸摸春梅的胸口，春梅臉一紅，鄭桃笑哈哈地說：「別害羞，這是我們女人的本錢，現在男人都爛心，專門偷看這個地方。再過一、兩年，妳就勝過我了，那時候妳可以住洋房，坐汽車。我的臉孔要是有妳的一半漂亮，妳哥哥就別想吃天鵝肉。」

春梅沒有接腔，在鏡子裏打量了鄭桃一眼：鄭桃兩顴和鼻樑上的雀斑，被脂粉蓋住了，這樣看來雖然算不上是個美人，但是不難看，那對水汪汪的眼睛，滾到眼角上看人，的確有股勾人心魂的力量。但她是女人，她不歡喜這種眼睛，她聽母親說這是偷人養漢的桃花眼。

鄭桃拿出口紅，想替春梅塗好，春梅搖搖頭說：

「阿嫂，多謝，我不擦口紅。」

「三分人才，七分打扮，擦了口紅，妳更漂亮。」鄭桃說。

「阿嫂，我是去做事，不是賣相，免了。」春梅說。

鄭桃聽了有點不高興，把口紅放進皮包，隨後又向春梅一笑：

「女人生成是花花草草，離不開胭脂水粉，總有一天妳自己要擦。」

姑嫂兩人一道出來，春梅把門鎖上。

女店東看鄭桃把春梅帶來，十分高興。上午客人不多，美英她們更圍著她唧唧喳喳，上下打量，鄭桃對她們說：

「春梅年輕不懂事，請妳們多多指教，免得得罪客人。」

「有妳這個好阿嫂，她準會徒弟勝過師傅。」美英笑著回答。

鄭桃把美英拉到後面唧噥了一陣才出來，笑著對春梅說：

「美英在這裏最久，她是阿姐，以後妳要特別聽她的話。」

說完她就像水蛇一樣，扭了出去，屁股像跳扭扭舞。

下午，冰果店的客人就多了起來，她也忙著端西瓜、木瓜、檸檬水、橘子水。這是最大的一家冰果店，在電影院隔壁，各色各樣的客人都有，每場電影開映以前，散場以後，生意更好。

有些年輕的男人，發現她是新來的，彷彿發現新大陸，彼此交頭接耳，不時瞟她幾眼，故意賴著不走。有的為了擺闊，吃完了一份要她再拿一份，藉故和她搭訕，逗她講話，逗她發笑，或是講些粗魯的討好的話。她不敢得罪客人，也很少接腔，往往東西送到，人就走開。

最後一場電影散場時，春梅還忙了一陣，快十二點才打烊，她開始抹桌子掃地。美英乘機對她說：

「春梅，今天已經有不少客人注意妳了，以後他們一定會時常來。妳應該多笑，不要繃著臉，和氣生財，頭家和我們都有好處。」

「美英姐，那些男人一臉的邪氣，我怕他們得寸進尺。」春梅回答。

「讓他們吃吃豆腐又有甚麼關係？」美英大方地一笑：「我們又沒有一點損失。」

「美英姐，我不想招神惹鬼。」

「男人是蒼蠅，女人是蜜，妳不惹他們，他們自己會圍過來。」

「我不給他們好臉色。」

「那妳不是自己搬石頭砸自己的腳？」美英打量春梅一眼，想想好笑。

「美英姐，說實話，我不想幹這種工作。」春梅坦白地說。

「妳又沒有中學畢業，大學畢業，像我們這些國校畢業生，不幹這種事，還能食人頭鐘酒，講人頭句話？」

「我情願做粗事。」

「妳這樣細皮白肉，做粗事那不是糟蹋材料？」美英哈哈一笑，又打量她一眼：「人往高處走，水往低處流，妳可以一步一步往上爬，一步登天也說不定，將來我還想叨妳的光呢！」

「美英姐，妳別取笑哇！」春梅望望美英，不知道她是惡意還是好意？「像我這樣的黃連命，還想作鳳凰？」

「春梅，女人和男人不同。」美英走近春梅輕輕地說：「男人再好的學問，再漂亮的面孔，沒有錢就不成！女人祇要生得漂亮，就可以一步登天。對面的紅豆西施，就嫁了一個大闊佬。」

春梅覺得美英的想法和嫂嫂差不多，不知道她的話是真是假？

「不過她比妳愛笑，笑得男人的骨頭都會發軟。」美英輕輕地說。

春梅也不禁噗哧一笑，美英雙手一拍：

「對了，對了！妳比她笑得更好，妳一天祇要笑三次，我們這個冰果店就會擠破屋子。」

「美英姐，妳把我當笑話講，我不來了。」

「春梅，我講的是真話，不是笑話。」美英拍拍她的肩膀：「我要是假意奉承，就是這個——」美英把左手小指頭一翹，右手食指在上面敲敲。

春梅把店裏打掃乾淨，走上街時快十二點。她拐到十字街口哥哥的攤位去看看，陳西德還沒有回家，有兩個人坐在長凳上吃米粉。

陳西德看她走來很高興，笑著問她：

「妳今天上班了？」

她點點頭，站在他旁邊。

兩個客人走後，陳西德又問她：

「妳餓不餓？要不要吃碗米粉？」

春梅吃過飯到現在有五、六個鐘頭，已經餓了。但她覺得哥哥做小生意賺錢不容易，嫂嫂又會花，她笑著搖搖頭，催他早點回去休息。

陳西德添了兩碗米粉出來，笑著對春梅說：

「我們吃了再走，這一小碗米粉祇夠塞牙齒，小點心，脹不壞人。」

平平的淺口小碗，十碗米粉也填不飽餓肚漢。陳西德三口兩口吃完了。春梅吃得也快。

「阿兄，你一天到底可以賺多少錢？」春梅放下碗筷問。

「不一定。」陳西德一面收拾東西一面回答：「好的時候六、七十，不好的時候三、四十。」

「那阿母可以不幫別人洗衣了？」

「鄭桃愛花錢，我每天賺的還是不夠用。」陳西德笑嘻嘻地說。

春梅看了哥哥一眼，不好再講，幫助他把攤子推走。攤子底下裝了兩個輪子，推著走很輕鬆。

街上行人稀少，店鋪已經關門。他們兩兄妹走到自己門口，凌緞趕來開門，鄭桃已經睡了，幾乎每天晚上如此。

凌緞看兒子、女兒長到這麼大，都能賺錢，滿心歡喜，忘記了整天的疲勞，忘記了十年的艱苦。

回到房裏，她細心探問女兒的工作情形，春梅簡單地告訴她，沒有提到嫂嫂和美英的那些話。

第六章　吃裏扒外桃花嫂
忍氣吞聲孝女心

鄭桃三天兩天要跑到「南風」冰果店玩玩，看看春梅的工作情形。春梅到工以後，冰果店的生意確實一天天興旺，女店東笑口常開，鄭桃心中也暗自高興。

一個月以後，春梅還沒有領到工錢，她心裏有點奇怪，又不好意思問女店東。有天晚上凌緞忽然問她：

「春梅，妳領到工錢沒有？」

她搖搖頭，凌緞對她說：

「過了好幾天了，妳問問阿嬸看？」

「阿母，人家不會少我的工錢，何必這麼急？」春梅說。

「我想替妳存點嫁妝錢，我答應了人家來一個兩百塊的會。」凌緞向她解釋。

「阿母，您留著用，不要談那些事。」

「妳已經十四、五了，再過兩、三年就可以出嫁。阿母沒有錢替妳陪嫁，自己賺點嫁妝吧，我怎麼能用妳的錢？」

「阿母，免談啦。」春梅有點害羞，她不想談這些事。

「春梅，出嫁不是甚麼醜事。女人到一百歲還是要嫁人的，別人到妳這種年紀，都在準備嫁妝了。」

春梅不再作聲，她知道母親的苦心，不料母親忽然提到出嫁，使她覺得自己一下子長大了，彷彿冬眠的蟲兒被春雷驚醒，感到幾分歡欣，幾分惶惑。想起白天那一對對盯著她的貪婪的眼睛，她有點害怕，也有點羞人答答。

第二天上班，她不好意思問女店東，悄悄地問美英領到工錢沒有？美英回答她：

「我們早就領了，怎麼妳還沒有領？」

「我初來，不懂規矩，不好意思問阿嬸要。」春梅說。

「妳去拿，領了錢可要請客？」美英敲竹槓地說。

春梅高高興興地走到後面來，女店東的房子是兩進，前面開冰果店，後面住家。

女店東問她有甚麼事？她吞吞吐吐說不出口，女店東和言悅色地對她說：

「妳不是來一天兩天，有甚麼事妳說吧？」

她的膽子這纔大了起來，笑瞇瞇地說：

「阿嬸，我來領工錢。」

「妳的工錢鄭桃早領去了。」女店東笑著回答。

春梅倒抽一口冷氣，身子冷了半截，又像做錯了甚麼事，向女店東低頭一鞠躬，說了聲：

「對不起！」連忙退了出來。

美英看看她的臉色有點不對，笑著問她：

「沒有領到？」

「我阿嫂早領去了！」

美英也微微一怔，春梅接著說：

「她領了也沒有關係，照理應該跟我講一聲，免得我再問阿嬸要，這多難為情？」

「奇怪，鄭桃也沒有跟我講！」美英自言自語。

春梅這一天的心情都不大好，她並不恨鄭桃，祇是覺得自己做錯了一件事，一看見女店東，心裏就不安。晚上和哥哥一道回來，她也很少講話。

「春梅，今天妳怎麼不高興？」陳西德問她。「是不是有人欺侮妳？」

「沒有。」春梅搖搖頭。

「要是有人欺侮妳，妳就告訴我。」陳西德說。

「阿兄，真要有人欺侮我，告訴妳又有甚麼用？」

「我會替妳出氣。」

春梅想起他小時被虎仔打出鼻血，哭著跑回家，又想到他對嫂嫂百依百順，再看看他單薄的身體，像唱歌仔戲的小生，除了臉孔還漂亮之外，看不出他是個打抱不平的人，不禁輕輕地歎口氣，不再作聲。

陳西德看妹妹不作聲，也不再充英雄，他一面推車子，一面唱起小調，尖聲尖氣，有點像女人，春梅聽了好笑。

「春梅，妳不要笑，」他轉面對妹妹說：「當初阿母要是讓我學歌仔戲，今天就賺大錢了。」

「阿兄，你學小生還是學花旦？」春梅笑著問他。

「隨便哪一樣都好，」他笑著回答：「就是老生、花臉不行。」

說完他又哼起歌仔戲。春梅看他那麼高興，不禁問他：

「阿兄，你今天賺了多少錢？」

「哇！八十多塊！」他得意地回答，隨後又有點洩氣，輕輕地說：「鄭桃拿去三十。」

春梅奇怪地望著他，他連忙囑咐妹妹：

「妳可不能告訴阿母！」

「阿兄，我不多嘴，不過你是一家之主！」

「春梅，我們家裏連妳在內，四個大人，我主得了誰？」他坦然一笑。

春梅不再接腔，她心裏說不出是甚麼味道。

又是淩緞替他們開門。春梅一進房，淩緞就急切地問：

「工錢領到沒有?」

春梅不知道怎樣回答才好?她看母親想錢想得這麼急，怕使她過於失望，摟著她輕輕地說：

「阿母，我講出來您可別生氣!」

凌緞怔怔地望著女兒，臉色灰白，自言自語地說：

「做下女也要給工錢，難道冰果店好意思要妳白幹?」

「阿母，您不要錯怪了人。」春梅輕輕地說，生怕鄭桃和哥哥聽見。

「春梅，到底有甚麼鬼?妳直說吧!不要和我兜圈子。」凌緞有點不耐煩。

「阿母，阿嫂早領去了。」春梅附著母親的耳朵說。

凌緞身子一仰，春梅連忙拉住。她臉色鐵青，身體發抖，過了半天滾出兩顆眼淚，咬著牙齒罵鄭桃：

「賤人!好歹的心!」

「阿母，讓她拿去用算了。」春梅安慰母親說：「好在不是外人。」

「我答應了人家的會錢，明天要給，怎麼能說話不算話?」凌緞焦急地說。

「阿母，您索性回了他，我不能吃白食，就是領到了工錢也不能來會。」春梅說。

「妳是吃人家的，我也在洗衣，我們都沒有吃白食，就是吃西德的也不為過，我養了他這麼大，他不能有了直抱的娘，就摔掉橫抱的娘?妳是他的同胞妹妹，又不是抱養的!」

「阿母，阿兄賺錢艱苦，我不想吃閒飯。」

「他自作孽，找了個無底洞，賺多少，花多少，天天過年三十，怪誰？她花了丈夫的不算，又來花妳的，妳辛苦了一個月，她一文也不給妳，好狠的心！」

春梅怕母親和嫂嫂吵架，一再勸慰，淩緞一肚子氣才慢慢平息下來。

清早起來，她照常上班，閉口不提工錢的事。鄭桃也隻字不提，彷彿沒有領那筆錢似的。

幾天後，她穿了一件高領高叉的新旗袍、新高跟鞋，打扮得像個酒女，搖搖擺擺來到冰果店，美英她們看她穿得這麼漂亮，嘖嘖地讚不絕口。她買了一支口紅、一個小皮包送春梅，春梅不要口紅，不好意思不接受小皮包。

「春梅，妳現在應當擦擦口紅了！妳看美英她們哪一個不打扮得漂漂亮亮的？祇有妳還是老樣子。」鄭桃望望春梅說：「人要跟著時代走，不要落在後面。」

「阿嫂，我們窮人怎麼能跟著富人跑？」春梅回答：「我一個月才三百塊錢，我不想打腫了臉充胖子。」

美英她們馬上奇怪地望望春梅，春梅不知道是怎麼回事？鄭桃連忙向美英她們遞了一個眼色，同時用別的話打岔。坐了一會兒她就風擺柳地走了，兩個吃西瓜的中年人，目不轉睛地望著她的背影，失了魂似的。

鄭桃走後不久，一位心直口快兒，十三點似的女孩子問春梅：

「我們的工錢都是四百塊，妳怎麼祇有三百？」

「我也不知道，是我嫂嫂說的。」春梅回答。

「不對，我們四個人完全一樣。」

春梅不作聲，她知道是怎麼回事，她心裏很難過，想不到嫂嫂存心利用她，玩弄她！

第二個月她又沒拿到工錢，她跟美英她們領錢時，女店東告訴她說：

「鄭桃前天就借去了。」

春梅聽了眼圈一紅，對女店東說：

「阿嬸，我自己倒不要錢用，我在這裏做了兩個月，多少也應該孝敬母親幾文？」

「春梅，清官難斷家務事，鄭桃說妳們家裏錢不夠用，她要錢買米，我怎麼能不給她？」女店東回答。

「阿嬸，下個月請妳留一半下來，我要交給母親。」

「好，有妳這句話，我就照辦。」女店東爽快地回答。

第二個月沒有拿到錢，凌緞非常生氣，春梅沒有把鄭桃瞞了一百塊錢的事告訴她，反而勸她不要計較。但是沒有用，凌緞還是質問鄭桃：

「春梅兩個月的工錢妳怎麼統統拿走？一個也不給她？」

「家裏錢不夠，我自然要領回來。」鄭桃清脆地回答。

「妳是買了柴還是買了米？」凌緞問。

「妳用不著過問，我有我的開支！」鄭桃白了凌緞一眼。

凌緞氣得臉色發青，身體發抖，指著鄭桃說：

「好哇！妳來了幾天？就爬到我頭上來了？春梅辛辛苦苦做了兩個月，完全替妳做牛做馬？」

「這個工作本來是我薦的，我用她兩個月的工錢也不犯法。」鄭桃理直氣壯地說。

「阿嫂，我沒有說妳不該用。」春梅接嘴：「妳祇要告訴我一聲，或是分一點給阿母就行。」

鄭桃打量春梅一眼，覺得她的話裏沒有刺，態度很溫和，以後用她的時間還多，馬上換個笑臉對她說：

「春梅，妳這倒像兩句好話，下個月起我分點給妳好了。這兩個月我手邊緊得很，我嫁過來幾個月，衣服沒有做一件，鞋子沒有買一雙，妳阿兄賺那幾個錢，修了大家的五臟廟，我還好意思向他要？」

「妳別瞞天過海，以為我不知道？」凌緞生氣地說：「以前他每月交給我一千五百塊，妳來以後他每月祇交七八百，妳沒有向他要，錢到哪去了？」

「妳問妳兒子好了，我怎麼知道？」鄭桃滿不在乎地回答。

春梅勸母親不要再講，凌緞對她說：

「她用妳哥哥那麼多錢，我一直裝聾作啞，她又把妳的工錢一口吞下，還要說風涼話，我不點破，她會以為我們娘兒倆是三八！」

「妳點破了又怎樣？分家好了！」鄭桃輕蔑地說：「兒子是妳的，丈夫是我的，看他是跟妳還是跟我？」

凌緞氣得發抖，一時說不出話來。春梅連忙把她拉走。

凌緞不要女兒再去冰果店工作。春梅覺得女店東對她不壞，店裏也正需要她，無緣無故不幹講不過去，她委婉地對母親說：

「阿母，我再試一個月看看。」

「這個月的工錢妳可不能再讓她拿去，我要替妳做兩件衣服。」凌緞一再叮囑女兒。

春梅照常上班，可是她遇上了麻煩。

一個頭髮蓄得很長，髮角蓋住耳朵，一身流氓相的青年看上了她。他經常泡在冰果店裏，找機會和春梅搭訕，厚著臉皮約春梅看電影、上館子，春梅一概不理，也不和他講話。可是他並不死心。

一天晚上，春梅下班回家，他突然從小巷子裏竄出來，攔住春梅，春梅駭了一跳。他嬉皮笑臉地對春梅說：

「走，我請妳吃餛飩麵。」

春梅不搭腔，奪路想走。他抓住春梅的手，不讓她走。春梅罵他，他仍然嬉皮笑臉，糾纏不放，反而猥褻地說：

「不要回家，我們住旅館好了。」

春梅駭得胸口蹦蹦跳，拚命掙扎，但是掙不脫身。突然她聽見有腳步聲傳來，大喊：「救命！」那個太保才撇開她躲進小巷，她拚命向她哥哥的攤位那邊奔跑。

受了這次驚駭，她纔決心不幹，滿了半個月就向女店東辭職。

「妳在這裏好好的，怎麼不幹？」女店東問她。

「阿嬸，這裏人太雜，我不能幹。」春梅回答。

「客人是衣食父母，我們不能選張三踢李四。」女店東說。

「阿嬸，有些客人，是專門來吃豆腐的。」

女店東哈哈一笑，胸口微微抖動。她非常大量地說：

「讓客人占點小便宜不要緊，男人就是那個樣子。」

「阿嬸，實在對不起，我不能再幹。」春梅堅決地說。

「妳是不是要我加錢？」女店東笑著問。

「阿嬸，絕不是這個意思。」春梅用力搖頭。

「春梅，妳到我店裏來了以後，生意是要好些，我早就有意思加妳的錢，」女店東向周圍打量了一眼，拍拍春梅的肩頭，壓低聲音對她說：「從下個月起，我單獨加妳五十塊錢好了，千萬不要做聲。」

春梅有點啼笑皆非，最後不得不說明那天晚上發生的事。那太保還是每天到冰果店來。

女店東也有點尷尬，她不敢得罪那些人，又不能保證春梅不出事。她輕輕地歎口氣，自言自語：

「吃眾人飯真難！小姐太醜客人不上門，小姐太漂亮又惹麻煩……」

她望望春梅，春梅堅決不幹，她祇好同意，但是沒有下文。

停了半天，春梅才問她要半個月的工錢，她說鄭桃拿去了。春梅有點生氣地說：

「阿嬸，我不是早告訴妳要留一半給我母親？怎麼又給我嫂嫂拿去了？」

「我怎麼知道妳會突然辭職？」女店東臉上的厚肉跳動了幾下，咧著厚嘴唇一笑：「鄭桃輸了錢，來和我打商量，我不好意思不給她，反正妳還有下半個月的工錢。」

春梅眼圈一紅，一言不發，含著淚離開「南風」冰果店。

她不敢馬上回家，她怕看母親氣憤難過的樣子，原來她以為能領到兩百塊錢，交給母親，讓母親歡喜一下，現在她真不知道怎樣向母親交代。

她在街上東逛西逛，像游魂一樣，看見想買的東西沒有錢買，心裏十分難過。最後她逛到哥哥的攤位，在長凳上坐下休息，她告訴哥哥她辭職了。

陳西德聽了一怔，臉上有點不悅，望著她說：

「那是個好事情，風不吹，雨不打，妳為甚麼要辭職？」

「阿兄，妳怎麼不讓阿嫂去幹？」春梅反問他。

陳西德臉上有點尷尬，隨後又自圓其說地說：

「她嫁了我，妳還沒有結婚。」

「那還不是一樣，我們都是女人。」春梅說。

「那大不相同！」陳西德望妹妹咧嘴一笑：「她嫁了我，不能再讓別人吃豆腐，妳沒有絡頭沒有較，吃點嘴上虧不要緊，說不定還可以找到一個好戶頭？」

「阿兄，你怎麼這樣講話？」春梅受了一肚子委屈，臉上有點不高興。

陳西德馬上陪個笑臉逗著妹妹說：

「我講的是實話，唱戲的也要上臺亮亮相，躲在家裏清唱誰知道？」

春梅不想回家，看著哥哥的生意很好，率性在一旁幫忙。忙了一陣，得了一點空閒時便乘機對陳西德說：

「阿兄，你從天亮忙到夜晚十二點，很辛苦，我不要你的工錢，幫幫你的忙好不好？」

「有好機會妳還是出去做事，沒有事做幫幫我的忙也好。小本生意，賺不了大錢，兩個人幹不合算。」陳西德回答。

「有下女幹我都去，」春梅說：「我是看你太辛苦，你每天不妨要阿嫂替你一下，你也好休息一兩個鐘頭。」

「算了，我自己辛苦一點，免得搞她一身油膩。」陳西德笑著說。

「阿兄，你對阿母要是有這樣好，那真是個大孝子。」春梅望望他說。

陳西德摸摸鼻子，掩著嘴輕輕地對妹妹說：

「春梅，不怕雷打，老婆是枕邊人，母親隔一層。天底下就沒有待母親比老婆好的人。」

「阿兄，你胡說八道。」春梅笑著罵他。

「現在我是對牛彈琴，結了婚妳自然知道。」陳西德笑嘻嘻地說。

晚上，兄妹倆又一道回家。春梅遲遲不敢告訴母親辭了冰果店的事。凌緞問起，她纔描輕淡寫地說了。凌緞並不生氣，反而對女兒說：

「辭了也好，我本來就不主張妳做那種事。」

凌緞沒有問到工錢，春梅暗自高興，她以為可以平安過去。過了一會兒凌緞突然想起問她：

「妳領到工錢沒有？」

「領了。」春梅立刻回答。

「錢呢？」凌緞又問。

「阿母，我想買點東西送您，想不到在街上被扒手扒光了。」春梅故意撒謊。

凌緞聽了一怔，望了女兒半天，深深歎口氣：

「唉！妳真是苦命！妳自己沒有一件新衣，娘又不是外人，還要妳買甚麼東西？」

春梅連忙轉身扭熄電燈，暗自落淚。

第七章　桃花嫂誨淫揖盜
孝女兒蕙質蘭心

春梅的故意撒謊，避免了母親和嫂嫂吵架，她心裏也得到一點安慰。

鄭桃不知道春梅辭了「南風」冰果店的工作，她起來時發覺春梅還在家裏，奇怪地問：

「春梅，這麼晚了，妳怎麼不去上班？」

「阿嫂，我已經辭了。」春梅回答。

「辭了？」鄭桃張著嘴巴，睜大眼睛望著春梅：「我好不容易替妳找到一個工作，妳怎麼不聲不響地辭掉？」

「阿嫂，妳問問阿嬸自然知道。」

鄭桃打量春梅一眼，換了一副笑臉，拍拍春梅的肩，輕聲細語地說：

「妳是不是怪我用了妳的錢？」

「阿嫂，用了不就算了，怪妳有甚麼用？」春梅輕輕歎口氣。

「唉！我實在是錢不夠用。」鄭桃也做作地歎口氣：「西德每天給我一二十塊錢，還不夠抽菸吃零食。因此祇好動妳的。」

「阿嫂，聽說妳賭博是不是？」

「那不過是偶然玩玩，怎麼能算賭？」鄭桃輕鬆地回答。

「阿嫂，阿兄賺不到多少錢，祇能吃補藥，不能吃瀉藥。」

「誰叫妳阿兄一肚子醋？」鄭桃搔首弄姿地一笑：「他要是讓我做事，保險可以賺大錢。」

「阿嫂，冰果店的工錢不高，還不夠妳一個人花。」

「自然有賺大錢的地方！好馬不吃回頭草，妳以為我還會去冰果店工作？」鄭桃用眼角瞟了春梅一眼。

春梅也打量鄭桃一眼，她早起沒有打扮，兩顴和鼻樑上的雀斑，星羅棋布，桃花眼惺惺忪，如癡如醉，人中一道橫紋，也格外明顯。春梅對於這位嫂嫂沒有甚麼好感，可真有點莫測高深！母親總是說：「錢難賺，屎難吃。」她在冰果店一天工作十幾個小時，每月也不過四百塊，自己還一文沒有拿到。鄭桃把賺大錢說得這麼輕鬆，不知道她有甚麼來頭？想起哥哥辛辛苦苦地守著攤位，一天站十幾個鐘頭，也不過賺七八十塊錢，她就懶得和鄭桃胡扯，說要去幫哥哥做生意。

「一個和尚挑水吃，兩個和尚抬水吃，妳幫他個甚麼忙，跟我去玩好了。」鄭桃叫住春梅說。

「阿嫂，妳自己去玩吧，我不陪你。」春梅回頭望了鄭桃一眼，逕自上街。

陳西德看春梅真來幫忙，心裏很高興。

他的攤位旁邊有個棋攤，兼賣香菸。客人少時，他索性把攤位交給春梅照顧，自己坐在矮凳上和那個擺棋攤的姓林的老頭子下棋。他們兩人不談「領教費」，完全是消遣，棋攤生意清淡，陳西德能夠湊湊熱鬧，林老頭也很高興。

陳西德自然不是林老頭的對手，但是他的興趣非常高。林老頭讓他車馬砲三個子，他還是輸。可是他再接再勵，輸了再來，連輸三盤就請林老頭吃碗米粉，林老頭眉開眼笑，樂得傳他一手兩手。

「阿伯，現在我不要心掛兩頭。」陳西德高興地對林老頭說：「有春梅照顧生意，我可以專心和你下棋，向你領教幾手，說不定將來可以稱王？」

「行行出狀元，你要是專心下棋，自然辦得到。」林老頭得意地說：「臺灣前後幾位棋王，當年都是我手下的敗將。」

陳西德聽他這樣說，興趣更高，更專心下棋。

春梅照顧生意，最初個把禮拜還是和平常差不多，漸漸地生意旺興起來，流動客人變成了熟面孔，新的客人又不斷增加，每天要賺一百多塊，陳西德又驚又喜。

「春梅，現在真是女人世界。」陳西德打趣地說：「理髮的是妳們女人吃香，男的吃不開，找事情也是妳們容易，擺攤子妳也比我賺錢，我看這個攤子就頂給妳算了。」

「阿兄，丟掉了討飯棍，你幹甚麼？」春梅笑著問他。

「我和阿伯下棋。」陳西德清脆地回答。

「你可以和阿嫂再擺一個攤子，這樣阿母就用不著替別人洗衣服了。」

陳西德抓抓後腦殼，望望妹妹，她圍著圍裙，很像個大人的樣子，過了半天他才慢吞吞地說：

「鄭桃要賺大錢，她不願意做小生意。」

「阿兄，既不能偷，又不能搶，哪有甚麼大錢好賺？」春梅看了林老頭一眼，他賣香菸加上和別人下棋，一天還賺不到二十塊錢，有時三餐都成問題，她更瞭解賺錢不容易。

「她有她的開門計。」陳西德說。

「那你怎麼每天還給她錢花？」

「我男子漢，大丈夫，不要她去賺那種錢，祇好給她花。」

「大錢你不要她賺，小生意她不肯做，阿母祇好替人洗衣了！」

陳西德望了妹妹一眼，沒有答話，轉身去和林老頭下棋。

鄭桃突然和一位穿著華麗的中年胖女人來到攤子上吃米粉，那中年女人不時上下打量春梅一眼，樣子顯得十分高興，吃完米粉，鄭桃和丈夫搭訕了幾句，又陪著那中年婦人走了。她們一面走，一面悄悄地談話。

「阿嬸，妳看我妹妹賣相怎樣？」鄭桃問。

「一等。」中年婦人笑著回答。

「阿嬸，恕我誇句海口，妳手下的小姐還沒有一個抵得上她。」鄭桃得意地說。

「可惜嫩了一點。」

「她不是和我一般高？胸口不也是飽飽的？」鄭桃比劃了一下。

中年婦人打量鄭桃一眼，笑瞇瞇地說：

「她要是有妳一樣會灌男人的迷湯，那就十全十美。」

「阿嬸，一回生，二回熟，妳教她幾樣法寶不就行了？」鄭桃瞟了中年婦人一眼。

胖女人看鄭桃一臉狐媚，眉開眼笑地說：

「我看妳教她最好，妳們兩姑嫂，無話不可說，比我方便多了。」

「阿嬸，妳看得起我，要我教她，我絕不敢藏私。不過，人要衣妝，佛要金妝，妳最好先拿點錢給我妹妹做衣服，妳臉上也有光彩。」鄭桃乘機說。

「我知道妳跪倒餵豬，為的是錢。」中年胖婦人世故地一笑：「現在妳就跟我去拿，妳能擔保她肯上轎？」

「阿嬸，妳放心！」鄭桃拍拍胖婦人說：「我會牽著她的鼻子走。」

兩人笑著轉進一條小巷。

晚上，鄭桃又到攤子上來吃米粉，春梅給她加了幾個魚丸，切了一碟滷菜。鄭桃一吃完就對正在下棋的丈夫說：

「西德，你來照顧攤子，我帶春梅去玩一下。」

陳西德的棋正在緊要關頭，他用連環馬將林老頭的軍，一心一意想贏這盤棋，沒有立刻回答，鄭桃有點生氣，大聲地問他：

「我講的話你聽見沒有？」

陳西德回過頭來向她陪個笑臉，鄭桃指著他的鼻子說：

「你要春梅一個人守攤子，你坐著下棋，你倒會享福！」

陳西德回過頭去對林老頭說：

「阿伯，這盤棋封起來，等會兒再下，這次我要贏你。」

林老頭摸摸山羊鬍鬚一笑，向陳西德揮揮手說：

「你快去照顧攤子，小心三娘教子，棋我封住……」

春梅解下圍裙交給陳西德，陳西德笑問鄭桃：

「妳們到哪裏去？」

「上天無路，入地無門，用不著你這樣關心。」鄭桃白他一眼，拉著春梅就走。

她把春梅帶到一家洋裁店，要替春梅做衣服，春梅對她說：

「阿嫂，攤子上油膩重，穿不得漂亮衣服。」

「妳這麼大的人了，還能跟西德擺一輩子的攤子？女孩子總要有一兩件出客的衣服。」鄭桃冠冕堂皇地說。

「阿嫂，我沒有錢。」春梅附在鄭桃耳邊輕輕地說。

「我做兩件衣服送妳。」鄭桃慷慨地說。

春梅睜著眼睛望著她，簡直有點不相信。

鄭桃把她一拉，指著架子上的衣料問她：

「妳喜歡哪種顏色？」

春梅不知道哪種顏色合適看了半天都不能決定。鄭桃替她挑了兩種鮮豔奪目的衣料，在她身上試試，春梅羞澀地說：

「阿嫂，太花了。」

「花不香就不豔，蝴蝶蜜蜂不來。」鄭桃笑著回答：「妳正當令，不是七老八十，難道還能和阿母一樣穿一身黑，像隻老母豬？」

裁縫小姐也在一旁打邊鼓：

「阿妹，漂亮人應該穿漂亮衣服，這兩種顏色配妳最合適。」

鄭桃和裁縫小姐一拉一唱，春梅祇好同意。

裁縫小姐用皮尺替春梅量身，量到腰部她抬頭對春梅一笑：

「阿妹，妳的腰可細呀！」

「幾寸？」鄭桃連忙問。

「二十。」裁縫小姐回答。

「啊！比我還細。」鄭桃羨慕地望望春梅。

「將來可以競選中國小姐。」裁縫小姐打趣地說。

春梅被她們說得有點不好意思，心裏卻也十分高興。

臺灣衣料便宜，兩件裙裝連手工在內不到兩百塊錢。鄭桃付過訂錢之後輕輕地囑咐裁縫小姐：

「拜託妳快一點。」

裁縫小姐笑著點點頭。

離開洋裁店，鄭桃又帶春梅去看電影。

春梅很少看電影，在姑母家作養女時住在鄉下，逢到拜拜才能看看歌仔戲，偶然在學校看過一兩次新聞紀錄片。鄭桃帶她看電影，她自然不反對，她希望見識見識。

鄭桃帶春梅跑了三家電影院，看看櫥窗裏的樣片，她覺得沒有太多香豔熱烈的鏡頭，又繼續找別家，最後找到一家正在放映美國片子，她看樣片非常滿意，決定看這一家，春梅猶疑地對鄭桃說：

「阿嫂，我們還是看國語片吧！」

「國語片打架要死不活，講的也不像人話，有甚麼好看！」鄭桃說。

「外國電影講的是洋話，我更看不懂。」春梅說。

「銀幕上有中文字幕，怎麼看不懂？妳讀書比我多，我能懂，妳自然能懂。」

春梅聽她這樣說，信心突然增加。鄭桃祇有小學畢業，比自己還差，她歡喜看外國片，自己也應該看得懂。

鄭桃看春梅不作聲，又輕輕地對她說：

「電影離不開做愛，我們祇要長了眼睛就行。外國電影最痛快，男人女人都大膽，不像我們偷偷摸摸。」

春梅聽了嫂嫂的話，又抬頭望望櫥窗裏男女熱情擁抱接吻的樣片，臉上有點羞紅。想起那次碰見菊妹、狗仔接吻挨了一頓毒打的事，心裏還很難過。

這是最後一場電影，九點鐘才開映，七點這一場還沒有散場，鐵柵門緊緊關著，現在八點二十剛過，她們祇好逛街。

春梅身上沒有錢，不能上冰果店吃東西、休息。她不好再要鄭桃請客，她覺得鄭桃已經破費不少，想不到鄭桃還有這麼好的心腸？

「阿嫂，妳今天花了這麼多錢，我真過意不去。」春梅感激地說。

「姑嫂又不是外人，祇要我有辦法，自然少不了妳一份。」鄭桃親熱地回答。

「阿嫂，妳今天是不是贏了錢？」

「嗯，今天我翻了本。」鄭桃順著春梅的話說：「這場梭哈贏了三、四百。」

「阿嫂，妳賭撲克牌？」春梅有點驚異。

「現在賭梭哈的人多得很，」鄭桃點點頭：「擲骰子太沒有意思，打麻將我又沒有耐性，還是賭梭哈痛快。」

「聽說那種牌輸贏很大？」

「這樣才過癮！」鄭桃眉飛色舞地說：「其實也可以不跟，不像麻將，不管你手氣怎樣，一定要陪著公子趕考。」

春梅完全不懂這一套，祇有聽的分兒，不能插嘴。鄭桃講完牌經，又特別囑咐春梅：

「妳千萬不能告訴阿母說我賭錢！她是老古板，抽菸我都避著她。」

「阿嫂，其實不能怪阿母老古板，賭錢抽菸不能算好事。」春梅鼓起勇氣說。

鄭桃打量她一下，心裏有點不高興，沒有表示出來，祇是雲淡風輕地說：

「人不吃喝玩樂、抽菸打牌，活著有甚麼意思？將來到閻王面前報到，他還說你是個土包子。」

春梅第一次聽見這種話，有點震驚。她養父、養母一直教她勤儉，校長、老師也教她走正路，作好人；母親更討厭吃喝嫖賭、不務正業的人，女人抽菸、賭博、遊蕩，她更痛恨。鄭桃剛好和他們的意見相反，她真沒有想到。

春梅不作聲，鄭桃更得意地說：

「春梅，妳要是聽我的話，真可以過神仙日子。」

「阿嫂，天上不會掉下星來，哪有神仙日子我過？」春梅望望她說。

「祇要妳肯聽我的話，天上的星都可以摘下來。」鄭桃神祕地一笑。

姑嫂兩人在街上走走談談，看看櫥窗裏的東西，鄭桃順便在路邊的攤子上花了幾塊錢買了一枚人造寶石戒指，戴在春梅的手指上，和真的一樣閃閃發亮。春梅也禁不住喜上眉梢。鄭桃輕輕地對她說：

「妳要是肯聽我的話，真的鑽石戒指都有人送妳。一個就值好幾萬！」

春梅望望手指上的人造寶石，這麼小的東西，真的一個能值幾萬？她簡直不敢相信。

「這顆要是真的那該有多好？」隨後她又這樣想。「要是真的，哥哥就不必擺攤子，母親就不必替人洗衣了……」

鄭桃不知道她的想法，看看自己的金殼手錶，故意在春梅面前炫耀一下。

「快開映了，我們準備進場。」

春梅跟著她向電影院走，跟在男男女女的後面擠進場。

這是一部所謂新潮派的愛情片子，他們看不懂劇情，男女主角的大膽暴露，熱烈擁吻，都用不著任何說明，一看就知道是怎麼一回事。鄭桃看得津津有味，兩眼瞪著男女主角，男主角赤著上身，肌肉結實，從胸口直到肚臍，全是毛茸茸的。女主角胸襟開得很低，大乳房突了一大半出來，有一個纏綿熱烈的鏡頭，春梅看了差點驚叫出來。連忙咬住嘴唇，閉著眼睛，不敢再看。這比菊妹和狗仔摟頭摟頸更使她驚駭。

散場時她臉孔還羞得通紅，彷彿自己做了甚麼壞事。

「阿嫂，妳怎麼請我看這種電影？」走上僻靜的街道，她忍不住問。

「這種電影才過癮！」鄭桃笑著回答：「那麼多人看，妳怎麼不能看？」

「阿嫂，這種電影實在羞人！」春梅紅著臉說。

「他們兩個做愛的人不羞，妳這個看戲的人反而害羞，這真好笑。」鄭桃望著春梅調侃地說。

「阿嫂，他們是外國人，我們是中國人。外國人不知道羞恥，我們中國人怎樣也不肯做那種事。」

「哼！我們是偷偷摸摸地做，沒有人家大方。」

「阿嫂，那種醜事怎麼能當眾做出來？」

「妳真是少見多怪！外國電影都是這個樣子。男人和女人在一塊，不都是幹那些事？」

春梅紅著臉不敢作聲，她知道自己的見識沒有鄭桃廣，再講怕她笑話。

回到家裏，凌緞看春梅手上戴著閃亮的紅寶石戒指，打量了女兒幾眼，悄悄地問：

「春梅，妳哪裏來的這種貴重東西？」

「阿母，便宜得很，才幾塊錢。」春梅笑著回答。「是人造的假寶石，不是真的。」

「妳買這東西幹甚麼？」凌緞不大高興地問。

「是阿嫂一番好意，在攤子上買給我的。」

「春梅，妳應該老老實實，一個腳步一個印子，不要學她那種漂湯油。」凌緞叮囑女兒。

春梅沒有作聲，直到上床時才告訴母親說鄭桃定做了兩件新衣送她。

凌緞聽了也很高興，隨後又說：

「說不定是她天良發現？」

「阿母，您也不要錯怪了她，怎麼說阿嫂是一家人，哪會存甚麼壞心？」春梅說。

「不是一家人，不進一家門，惟願她現在走的是朦懂運。」凌緞也自我安慰地一笑。

第八章 咖啡女逃出虎口 桃花嫂逼上懸崖

鄭桃幫春梅穿上新裙裝，梳好頭髮，塗好口紅，把春梅拉到穿衣鏡前一站，笑著對她說：

「妳自己看看好了！是不是桃園第一美人？」

春梅抬眼向鏡子裏一看，連忙雙手蒙住眼睛低著頭笑著跑開，她簡直不敢相信那就是自己！鏡中的她是那麼亭亭玉立，眉目如畫，唇紅齒白，腰又那麼細，她從來沒有打扮過，今天稍一打扮，她自己也不敢逼視。

鄭桃走過來，雙手捉住她的臂膀，左右搖動，她裙子的下擺像花傘樣旋開、飄動。鄭桃望著她的臉上說：

「妳自己不敢看自己。我看了都有點妒忌，男人看了嘴裏會流口水！」

春梅噗哧一笑，故意把半月形的嘴一嘟說：

「阿嫂，妳拿我開心！」

「我說的是真話。妳要是學會了跳舞，那更會使男人看了發瘋。」鄭桃說。

「阿嫂，妳要帶我去的到底是甚麼地方？」春梅問鄭桃。

鄭桃看了春梅一眼，心裏非常高興，拍拍她的肩，輕言細語地說：

「那是一家新開的咖啡室，生意好得很，正需要年輕貌美的小姐。那天和我在攤子上吃米粉的阿嬸，看了妳非常滿意，她要我帶妳去上班。」

「我去做甚麼事？」

「妳甚麼事也不必做，祇陪客人喝喝咖啡，吃吃瓜子，談談天，輕鬆得很！一個月最少可以賺三四千。」

「阿嫂，哪有這麼容易賺的錢？」春梅兩眉一聚，不大相信。

「賺錢不吃力，吃力不賺錢，這是兩句古話。」鄭桃引經據典地說：「阿母替人家洗衣，辛辛苦苦，一個月纔賺三四百塊錢。妳陪人家坐坐、談談，就可以拿三四千，這多好？」

「阿嫂，和不認識的男人坐在一起那多難為情？」

「妳祇當坐火車，在火車上妳還不是要和男人坐在一起？那有甚麼關係？」

春梅聽鄭桃說得簡單輕鬆，也就不再多問。

鄭桃帶她出去做頭髮，她走到門口突然往房子裏一縮，她從沒有穿得這麼漂亮，有點不好意思見人。鄭桃不知道是怎麼一回事，奇怪地望著她：

「春梅，妳怎麼搞的？」

「阿嫂，我怕人家笑我。」春梅紅著臉回答。

「妳別發神經病，穿新衣有誰笑妳？」鄭桃伸手把她一拉，拉了出來。一出門，春梅就碰到堂兄虎仔，他們兩家一直沒有來往，因為她三叔陳福生已經是地方上的紅人，有錢有勢，虎仔是一家大米廠的少東，也看不起春梅他們。現在突然發現她們姑嫂兩人打扮得整整齊齊，春梅又是這麼漂亮，特別打量幾眼。鄭桃有點受寵若驚，連忙和虎仔搭訕。虎仔也大方地拍拍自己的新摩托車的座墊說：

「來，我帶妳們上街。」

鄭桃想去坐，春梅用手肘碰碰她，她又停了下來。虎仔看了春梅一眼，跨上摩托車，說了句「好不識抬舉」，就噗噗地走了。鄭桃也怪春梅，埋怨她說：

「花花轎子人抬人，他先向我們討好，妳反而不領情！要是他拉我們一把，我們就爬得更快了。」

「要不是三叔出賣阿爸，我們不會落到這個樣子。」春梅說：「誰稀罕假殷勤？」

「妳還記那筆陳年爛帳？」

「我要替阿爸爭口氣，不讓他們看不起。」

「好，妳有志氣，快去做頭髮。」鄭桃把她一拉，向大街走去。

姑嫂兩人花枝招展，鄭桃走路像跳扭扭舞，特別引起路人注目。春梅不好意思，她卻揚揚自得。

走進一家大理髮店，春梅有點侷促，鄭桃大搖大擺地坐上輪椅，叫理髮師替她做個鳥窠。

春梅不知道做甚麼髮型好，鄭桃對她說：

「妳也做鳥窠好了，這是最時髦的式樣。」

替她們做頭髮的是男理髮師。春梅有點奇怪，為甚麼男人的頭髮要女人理？女人的頭髮要男人做？而替她做頭髮的這個理髮師又是個三十來歲、油腔滑調的男人。兩隻色迷眼睛不時溜她一下，故意低著頭問這問那，表面上非常殷勤，其實是存心吃豆腐，弄得她非常尷尬，不時閉上眼睛，逃避他那兩隻色眼。她越是這樣，他越大膽，用那長長的指甲，在她頭皮上抓抓，東摸一下，西摸一下，故意拖延時間，做頭髮彷彿繡花。

春梅坐在輪椅上真的如坐針氈，她心裏在罵這個理髮師，眼睛卻不敢看他，嘴裏更不敢講。

最後理髮師側著手掌，在她肩胛上敲敲，她突然睜開眼睛，向鏡子裏望了一眼，她看頭上長了個鳥窠，覺得一點也不好看，理髮師卻瞇著眼睛說：

「小姐，妳這麼漂亮，一走出去鳥兒都會落下來。」

她沒有理他，連忙跳下輪椅，逃也似地和鄭桃一道出來。

「那個理髮的好壞！」她輕輕地對鄭桃說。

「三號很討人歡喜，很多女人都找他做頭髮，我特別讓給妳，妳怎麼說他壞？」鄭桃不以為然地說。

「他那對眼睛最可惡。」

「他就是那對眼睛迷人，誰喜歡傻瓜蛋的死魚眼？」

「阿嫂，妳也歡喜那種男人？」春梅望望鄭桃。

鄭桃不正面回答，繞著圈子說：

「不管男人女人，木頭木腦都沒有意思。你到『鳳凰』以後，就知道哪些男人有味。」

春梅對男人有點膽怯。現在她們正向「鳳凰」咖啡室走，她心裏更是七上八下。她沒有事先告訴母親，她知道母親會反對，她經不起鄭桃的慫恿，不想錯過這個賺大錢的機會，但她又怕客人們都像三號理髮師，那她就一句話也談不上來。

從大街轉進小巷，就看見「鳳凰」咖啡室的招牌，一個健壯的男人，從裏面探出身子，朝巷子兩頭張望了一眼，看見鄭桃就笑著向她招呼。鄭桃帶著春梅加快腳步走了進去。

春梅踩一進門，祇覺眼前一片昏暗，紅紅綠綠的小燈泡，彷彿魔鬼的眼睛。鄭桃和那男的咕噥了幾句，就牽著她穿過這黑暗的大房間向後面走，一轉彎就有一個虛掩著的門，鄭桃隨手一推，後面卻是一家民房，有一道側門通到外面。

鄭桃帶她走進民房，叫了一聲「阿嬸」，那天在攤子上吃米粉的胖婦人便在臥房門口出現。她一看見春梅就笑得合不攏嘴，連忙把她拉到房裏，再仔細端詳一番，拍拍她的肩說：

「嘻！妳真是我們這裏的王牌！沒有人比得上妳。」

胖女人馬上吩咐下女拿西瓜給她們姑嫂兩人吃，一再打量春梅，眉開眼笑。胖女人身材高大，肚子像個啤酒桶，春梅越看越有點害怕，覺得她的笑容裏面隱藏了一點甚麼難以猜透的東西。

胖女人帶鄭桃到後面一間套房去了一會兒，春梅不知道她們有甚麼事？她的心情有點緊張，她覺得這是個神祕的地方。

沒有多久，鄭桃和胖女人滿面春風地走了出來，胖女人笑著對春梅說：

「妳在我們這裏叫薔薇，不叫春梅。所有的小姐，都有花名，妳記住妳自己的花名好了。」

「客人問妳姓甚麼，妳也不必講真話。趙、錢、孫、李，妳隨便說好了。」鄭桃也囑咐她。

春梅望望鄭桃，又望望胖女人。她從來沒有想到這些花樣。除了那次怕母親和嫂嫂吵架故意撒了一個謊之外，沒有講過第二句謊話，怎麼在這裏要專講謊話。

「客人是衣食父母，不能得罪。」胖女人說：「男人都是輕骨頭，少不了動手動腳，妳不妨給他們一點甜頭。」

「阿嫂，妳不是說祇陪客人喝喝咖啡談談天嗎？」春梅問鄭桃。

鄭桃望望胖女人，胖女人會意，順著春梅說：

「妳阿嫂沒有說錯，這全靠妳臨機應變，祇是不能得罪客人。客人越是歡喜妳，妳賺的錢也越多，不是沒有好處的。」

「這裏最紅的小姐，一個月可以賺到五千。」鄭桃故意誇大金錢的數目。

胖女人也附和鄭桃的話，兩人一拉一唱，春梅不知道是真是假。胖女人看她不作聲，吩咐下女到前面去叫「小李」。隨後又對春梅說：

「還有一件事也不能不告訴妳。我們這裏有幾位小姐沒有執照，妳也沒有執照，一聽見電鈴響，妳就向後面跑，跑到這裏警察就不敢抓。」

春梅聽說有警察抓，有點害怕。胖女人笑哈哈地說：

「妳放一百二十個心，我的眼線多得很，不會陰溝裏翻船。」

「小李」和下女一道進來，他就是先前在門口探望的那個健壯的男人，胖女人吩咐了他幾句話，就對春梅說：

「妳跟他到前面去，小李會關照妳。」

春梅望望鄭桃，鄭桃把她送到門口，輕輕地對她說：

「一回生，二回熟，妳當初到『南風』冰果店不也是一樣？膽子放大一點，男人不是獅子老虎。」

小李聽了好笑，鄭桃轉向他說：

「小李，她嫩得很，你要特別關照。」

「放心，三天以後就是老油條了。」小李笑著回答。

春梅有一種被捉弄的感覺，心裏忐忐忑忑，跟著小李走進昏昏黯黯的房間。

小李帶她看看房間裏的情形。盡是火車座，靠背比較高，旁邊有盆景遮住。坐位不少，她隱隱約約看到幾對男女坐在裏面，沒出一點聲音。小李帶她熟悉了一下環境，就把她安排在靠後門那邊的火車座上休息，那邊已經有三位小姐在座，小李替她介紹了一下。

坐定之後她才慢慢看清她們的面貌，都很平常，不過的確很年輕，似乎沒有一個超過二十歲。她的心情紊亂得很，不想講話，祇聽她們三人談笑。她們輕輕地批評客人，譏諷客人，甚至相互嘲笑。對於她這位新來的人一點也不介意。

有客人來，小李便大聲地喊著她們的花名，把她們一個個叫走。

春梅希望不要叫到她，她從來沒有陪男人在那麼昏黯的地方坐過。她覺得這情形和鄭桃講的不一樣，和「南風」冰果店更不相同，她越想越膽怯，甚至想偷偷地溜走。

就在這時候小李突然來到她的旁邊，輕輕地對她說：「薔薇，過來。」

她像被他牽著鼻子一樣，跟著他走。他把她往一個陌生的男人身邊一送，那男人伸手攬著她，她渾身微微發抖。她不敢看這個男人的臉，老是低著頭。

幸好這男人斯文，祇是攬著她坐在旁邊，逗她講話，她低著頭應了幾句，那男的大概看她年輕，開玩笑地說：

「我也是第一次做賊，想不到妳比我還害羞？」

她更低著頭不敢作聲。那男的掏出香菸逕自抽了起來，想想不禁嗤嗤地發笑。

她在這男人身邊坐了沒有多久，小李又叫她，她如獲大赦地溜了出來。想不到小李又把她往另外一個男的懷裏一塞，她聞到一股高粱酒味。

這男的一坐下來就在她臉上吻了一下，她沒有想到他會這樣，幾乎失聲驚叫起來。她躲躲閃閃，他的大手突然向她胸口亂摸，她全身像觸電似地一麻，差點哭了出來。

門口小櫃臺裏的電鈴忽然大聲地響了起來，有幾位小姐紛紛地向後面跑，客人一怔，手一鬆，她像驚弓之鳥，一躍而起，跟著她們跑，她沒有躲進那家民房，卻打開側門沿著一條小巷一直跑，一口氣跑上大街。

她的心臟像擂鼓，蹦蹦跳。她感到一陣羞辱，不禁當街落下幾滴眼淚。

街上燈火通明，她從昏黯中出來，有點眼花繚亂。她打量了一下，逕自回家，她生怕小李追來。

鄭桃還沒有回來，凌綴看春梅這身打扮，又把頭髮做成這個鳥窠，怔怔地望著女兒，責怪地說：

「春梅，妳怎麼也學得這麼妖模怪樣?」

春梅又羞又慚，連忙跑進房裏洗臉，把口紅擦掉，衣服脫下，鳥窠扯散，恢復本來面目。

凌綴問她從哪裏來，她不敢實講，支吾過去。想起那個陌生男人在她臉上吻了一下，在她胸口亂摸一陣，她羞辱得真想痛哭一場。要不是怕母親和鄭桃吵架，她一定和盤托出。

鄭桃很晚才回來，臉色很不好看，她顯然已經知道春梅溜回的事。看春梅又恢復老樣子，她鼻子裏嗤了一聲，逕自回到自己房裏去。

春梅一夜都沒有睡好，她時時覺得有隻大手突然向她胸口襲來，一驚而醒，臉上彷彿還有一股酒臭。

凌綴仍然起得很早，去替別人洗衣。

鄭桃也起得比平時早，她看凌緞不在家，氣沖沖地趕到這邊房裏來。春梅剛剛起床，她指著春梅的鼻尖說：

「妳怎麼這樣不識抬舉？我介紹妳這樣好的事，妳偏要開小差，一點也不顧我的面子？」

「阿嫂，那種下流事妳也要我去做？人都會羞死！」春梅一肚子氣憤，突然爆發出來。

「妳是甚麼千金小姐？那種事妳不能做？」鄭桃冷笑一聲。

「我不是千金小姐，也沒有生得那麼賤，送給人家糟蹋。」春梅哭著說。

「妳少了甚麼？人家咬了妳一塊皮還是一塊肉？」鄭桃雙手叉腰問。

「阿嫂，人要臉，樹要皮，我不能丟父母的人！讓別人看笑話。」

「好，妳要臉，妳拿一千塊錢來？」鄭桃向春梅把手一伸。

春梅一怔，倒退一步，望望鄭桃說：

「阿嫂，我沒有拿她一文錢，難道還要倒貼？」

「妳沒有拿？妳的衣服是哪來的？頭髮是誰做的？」

「阿嫂，我以為真是妳的好意，我怎麼知道是她拿的？」

「我沒有這麼闊氣！把妳打扮得像一朵鮮花！」

「阿嫂，那一共也不到三百塊錢？」

「我在別的地方不要花？」

「那是妳自己的事，怎麼能栽到我的頭上來？」

「可是現在人家不分妳我，妳一走阿嬸就逼我還錢。」

「阿嫂，還不還在妳，我沒有辦法，衣服還是新的，妳拿去。」春梅從衣櫥裏拿出那兩件新衣往鄭桃手上一塞。

「要是妳肯回去幹十天半個月，這筆錢就不必還她。」鄭桃的語氣突然和緩下來。

「阿嫂，我不能丟那個臉，一天我也不能幹。」

春梅的話說得斬釘截鐵，鄭桃馬上拉長臉，大聲地說：

「好哇！這不幹，那不幹，妳給我滾出去！別想吃閒飯！」

春梅身子一震，滾出兩顆眼淚。望了鄭桃一會兒纔說：

「阿嫂，阿兄都沒有叫我滾，妳叫我滾？」

「那還不容易？」鄭桃望著春梅冷笑：「我放個屁，他當聖旨！騎著驢子看唱本，走著瞧好了！」

第九章 同胞兄鬼迷亂語 黃花女狗急跳牆

春梅心裏現在完全明白鄭桃是存心利用她，但她還不想把上「鳳凰」咖啡室的事和鄭桃叫她滾的話告訴母親，她怕母親和嫂嫂吵架，自己還要背個多嘴的虎姑婆的壞名聲。

她要凌緞替她找個下女的事做，凌緞怎麼也不肯。

「妳當了那麼多年養女，再當下女，我怎麼忍心？現在又不是沒有米下鍋，妳急甚麼？」

春梅不能向她解釋，祇好悶在肚子裏。

下午她又幫哥哥做生意，陳西德又一心一意和林老頭下棋。

深夜，兄妹兩人推著攤子回家，走在寂靜的街道上，陳西德突然問春梅：

「妳到鳳凰咖啡室去上班，怎麼又開小差？」

「阿兄，你不知道，那種鬼事實在不能幹。」

「當初妳怎麼答應去的？」

「阿兄，你別生氣，是阿嫂做的圈套。」

「聽說咖啡室賺錢容易，對妳們女孩子最合適。」陳西德打量妹妹一眼。「她要妳去也是一番好意。」

「阿兄，妳怎麼說這種話？」春梅抬起頭來望望哥哥：「我清清白白的，怎麼能跳糞坑？」

「春梅，妳太年輕，不懂事。金錢萬能，誰有錢誰就是大頭家，臭的也變成香的；要是沒有錢，香的也變成臭的。誰管妳清白不清白？」陳西德望著妹妹說。

「阿兄，你不要財迷心竅了。」她用力推了一下攤子。

「春梅，錢比人強。妳看虎仔開大米廠，我擺小攤子，這不是錢在作怪？誰問他的錢是怎麼來的？」

「阿兄，要是我們一條心，阿嫂少花一點，我們也會矮子爬樓梯，步步高。」

「人無橫財不富，憑我們這個小攤子，也能發財？」陳西德笑了起來，又望望妹妹。「妳要真有心幫我的忙，最好是回鳳凰咖啡室，開一條財路。妳自己也可以賺一筆嫁妝。」

「阿兄，你怎麼要我走邪路？」春梅放下攤子不推。

陳西德並不生氣，反而向妹妹一笑：

「春梅，向人家借錢要三四分息，妳是我們家裏的活財神……」

「阿兄，你不叫阿嫂少花錢，反而在我身上打歪主意，我告訴阿母，看她罵不罵你？」春梅氣出了眼淚。

陳西德望望妹妹，面色有點不悅，低沉地說：

「妳既然不肯給我開金礦，也不必幫我擺攤子。」

他低頭彎腰單獨推著攤子在前面走，把春梅甩在後面。春梅一陣傷心，眼淚一顆顆地滴在靜寂的大街上。

第二天她賭氣沒有去幫哥哥做生意。鄭桃非常得意，故意給她臉色，她心裏實在難過，想趕快找個工作。可是沒有一點門路，不知從哪裏下手？

過了好幾天，工作還是沒有找到，她想再去幫哥哥做生意，陳西德受了鄭桃的指使，對她非常冷淡，使她鼓不起勇氣。而鄭桃的冷言熱語，又使她在家裏待不住。她祇好在外面亂竄，看看街上有沒有人貼紅紙條子請女工下女？

失望之餘，她甚至想回到「南風」冰果室去。有一次她快走到冰果店門口，又退了回來。

一天下午五點多鐘，她從一家旅館門口經過，不巧和鄭桃碰個正著。鄭桃和一個三十來歲的健壯的男人手挽著手從裏面走出來，望著那男的臉上媚笑，她想閃避也來不及。鄭桃看見她臉色突變，連忙把手從那男的臂下抽出來。那男的看看情形不對，望了她一眼，識趣地走開。

姑嫂兩人都很尷尬，春梅認為這是一種倒霉的事，比那次碰到菊妹和狗仔那種事更倒霉。她望了鄭桃一眼，一言不發，調頭就走。

鄭桃連忙趕上來，換了一個笑臉，裝做十分自然地說：

「春梅，妳剛才碰到的那個人是我表哥，妳不要疑神疑鬼。」

「表哥那麼親熱？」春梅打量鄭桃一眼。

「我們有三年沒有見面嘛，他才從臺北來。」鄭桃厚著臉皮說。

「阿嫂，那妳應該請他到家裏去，怎麼到這種地方來？」

「家裏又沒有甚麼好招待，何必讓他見笑？」

「阿嫂，到這種地方妳不怕別人見笑？」

「家家都有一本難念的經，現在的人都是自掃門前雪，誰管這些閒事？祇要妳不講出去。」

鄭桃望望春梅的臉上，想看看春梅有甚麼反應。

「家醜不可外揚，我還有臉挑起屎臭？」春梅心裏雖然十分鄙視嫂嫂的行為，但她也想顧全一家人的面子。

春梅聽她這樣說非常高興，請她吃西瓜，春梅不肯，鄭桃祇好和她一道回家。

「春梅，其實這也算不得甚麼醜事。」鄭桃邊走邊說：「現在這類的事普遍得很。西德在外面打野食，我也沒有干涉他。」

「阿兄一天到晚守著攤子，他怎麼能打野食？」春梅馬上反駁。

「妳不知道，男人都不是好東西，到咖啡室去的不都是男人？西德的鬼花樣也多得很。」

「我沒有碰見！」春梅用力搖頭。「我看他對妳是死心眼。」

鄭桃得意地抿嘴一笑，隨後又裝出一副可憐相說：

「他是表面裝孝子，背後耍花槍，我玩他不過，祇好睜一隻眼，閉一隻眼，反正總是我們女人吃虧。」

春梅不再理她，低頭急走。鄭桃緊跟著她，喋喋不休，講了許多誇獎她的好話，快到家時又拉著春梅的手，柔聲地說：

「春梅，表哥的事不必向阿母提起，西德面前也不必提，這是我們兩人的心腹事，妳知我知就行了。」

「阿嫂，天知地知啦！」春梅回頭望著她說：「希望妳以後不要再給阿兄戴綠帽子。」

鄭桃一怔，馬上放下春梅的手，板著臉說。

「妳要是多一句嘴，我就一不做，二不休，看西德敢把我怎樣?說不定又要你們家破人亡！」

春梅真的被她的話鎮住了，想到報紙上的那些情殺案，她混身打了一個冷噤，一聲不響地跑回家。

陳西德受了鄭桃的挑唆，對春梅的態度越來越冷淡，這使春梅格外傷心。鄭桃對她壞，她還能忍氣吞聲，自己的同胞手足也改變了心腸，她真的欲哭無淚。

陳西德交給母親的錢也越來越少，凌緞總是買了米就買不了煤球，缺鹽缺油更是常事。一天她打發春梅到陳西德的攤子上去拿錢買油，春梅不能不去。

陳西德看到春梅，故意低著頭攪拌鍋裏的米粉。春梅硬著頭皮走到他的身邊，站了半天都沒有開口，他裝作沒有看見，一面照顧客人，一面攪拌米粉，春梅等客人走遠，才輕輕地對他說：

「阿兄，阿母要錢買油。」

陳西德把鐵瓢在鍋沿上用力一敲，噹的一聲，春梅嚇了一跳，他卻大聲向春梅叫吼：

「錢！錢！錢！我又沒有開銀行，哪有許多錢？妳祇會伸手向我要，自己為甚麼不去賺？我不想妳的好處，妳也不能老是吃閒飯！」

春梅啊的一聲哭了出來，她一肚子的委屈爆炸了，她沒有想到哥哥當街這樣對待她，她傷心之至。哭了幾聲突然住嘴，反而堅強起來，大聲地對陳西德說：

「阿兄，你放心，我情願討飯，也不要你養我！你不要鬼迷了心竅，睡在鼓裏！」

陳西德聽她這樣說，又有點內疚，掏出二、三十塊錢的鈔票往她手上一塞，她向他臉上一扔，調頭就跑。

陳西德又惱又悔，追了幾步，叫了幾聲，她頭也不回。

她跑到一個在雜貨店當店員的女友林好那裏，向她借了十五塊錢，直奔火車站。

她又傷心地哭泣起來，一面走一面流淚。她想不到會遇到這樣的嫂嫂，自己不正經，還要拖她下水，想把她當作搖錢樹。哥哥居然會被她牽著鼻子走，自己戴了綠帽子也不知道，反而刻薄她和母親。母親為了她忍氣吞聲，她為了母親受盡了委屈，她再也無法忍受了。

她買了一張到臺北的普通車票，隨著人潮擠上車，車上擁擠得很，沒有空位，她縮在洗手間裏暗自流淚。

第十章　山窮水盡疑無路　柳暗花明又一村

春梅很小時跟母親到過一次臺北，印象已經十分模糊。車子進入市區時，她看見這樣多高大的建築，這麼熱鬧的街市，感到十分新奇困惑，完全分不出東西南北，她跟著人潮走上天橋，走到出口，外面停了很多三輪車和小汽車，車伕都湧到出口攬生意。

她甚麼也沒有攜帶，手上拿了一張報紙，那是在洗手間撿來的，她捨不得丟掉，因為那上面有傭工介紹所的小廣告。

車伕向她打量了一眼，一句話也不講，就去找別的客人。她站在廣場上，望著那麼高大的房屋，那麼多來往的車輛，那麼擁擠的人潮，有點頭暈腦脹。她記得姐姐的地址，但是不知道在哪個方向?搭幾路汽車?她雖然和姐姐通過信，姐姐並沒有告訴她這件事。

她看看破報紙，落眼就看到一家位於後火車站的傭工介紹所的廣告，她問別人後火車站在甚麼地方?別人告訴她很近，指示她怎樣走法?她決定先去傭工介紹所找工作，再去姐姐家。

她從北門繞到後火車站，找到那家傭工介紹所。她在這間長條形的板屋外面徘徊了一會兒，發現有三個年輕的女孩子坐在靠牆壁邊的長凳上。一位五十來歲，穿得乾乾淨淨、清瘦老練的女人在打量她們。

她鼓著勇氣走了進去，那女人望她一眼，馬上笑著問她：

「妳是不是來找工作的。」

春梅點點頭，那女人又問：

「下女妳願不願意幹？」

「阿嬸，願意。」春梅高興地回答。

「妳讀過書沒有？」

「我上過初中。」

「那很好！」那女人笑著點頭：「我家祇有兩個人，沒有甚麼事，你給我當下女好不好？」

「好。」

「妳希望多少錢一個月？」

「阿嬸，隨妳給。」春梅回答。她不知道臺北下女的行情，不敢隨便開價，她祇想找個地方安身，暫時不計較工錢。

「先給妳四百，以後看情形再定。」

春梅聽了非常高興，連忙點頭。那三個女孩子又羨又妒地望著她。

那女人同介紹所的人很熟，春梅還沒有登記，介紹所沒有收介紹費，還向那女人講了幾句客氣話，請她多多關照。春梅心裏也很高興，她想這位主人的身分一定不低。

她跟著主人離開介紹所，坐上三輪車，有點受寵若驚。先前在火車上十分焦慮，不知道到了臺北怎樣生活？姐姐是租房子住，祇有一間臥室，姐夫是個電訊技士，生活並不怎麼寬裕，臺北人浮於事，找工作大概也不會比桃園容易。她真沒有想到有這麼湊巧？有這麼順利？同時對那三個沒有選中的女孩子又有點抱歉，如果自己不適時闖進去，她們當中可能會有一人得到這個工作？失掉了這個機會，不知道她們要等多久……不知道她們是不是和自己有同樣的遭遇？

三輪車經過圓環，燈火通明，小吃店裏擠滿了吃人參枸杞雞、當歸鴨和各種麵食、米粉的客人。魚丸湯、當歸鴨的香味一陣陣鑽進她的鼻孔，她忽然覺得特別飢餓，悄悄地咽了一下口水。

兩旁街上百貨攤販如林，男男女女成群結伴逛這些百貨攤，生意比桃園的大店鋪還好。

車子轉到延平北路，她看到幾家漂亮的大酒家，比桃園的不知道堂皇多少倍？店鋪也大得多，街上的汽車像螞蟻搬家，一個接著一個。

女主人不時問問她的家庭情形，問她為甚麼隻身到臺北來找工作之類的話，她祇說家裏窮，沒有說是負氣出走。女主人看她秀麗聰明，十分高興。

車子進入一條巷子，在一家舊式房屋門口停住，春梅看見門口釘了一個許錦花的銅字名牌，這就是女主人的姓名。

許錦花帶她看了兩間臥房，前面一間粉刷布置得相當漂亮，舊式房間裏擺的都是新式家具，綠色鐵架彈簧床，奶黃色保麗板大衣櫥、大梳妝臺，梳妝臺上的化妝品排了一長列，各種顏色的口紅就有七八支，像一排機槍子彈；香水、面霜之類每種也都有兩三份，而且都是美國貨、日本貨。櫥裏的衣服不知道有多少？擺在外面的各種顏色式樣的高跟鞋就有一、二十雙。春梅從來沒有看過這麼高貴的東西，不免有幾分驚奇。許錦花輕描淡寫地說：

「這是我女兒的房間。」

春梅不知道她小姐是幹甚麼的？不敢詢問。

許錦花自己的房間連在她女兒的後面，也很漂亮清爽，不過化妝品、高跟鞋沒有那麼多，家具也比較陳舊。她指著另外一間靠近廚房的四席小房間對春梅說：

「這是妳住的，床鋪、被褥都是現成的，原來的下女昨天才走。明天我要秋月送兩件衣服給妳。」

春梅說了好幾聲「多謝」。許錦花望望她說：

「我們人口少，事情不多，小姐和我很少在家，妳小心照顧家裏，做點雜事就行，輕閒得很。」

隨後她又吩咐春梅弄飯。她用的是電鍋，方便得很。一小鍋蓬萊米飯，很快煮熟。炒菜用電爐，祇弄了一樣青菜，沒有魚肉。春梅心裏有點奇怪，像她這樣的人家，魚肉應該是家常便菜。她看著菜櫥，裏面祇有一碟醬黃瓜，一碟醬蘿蔔，不見葷腥。

開飯時祇有春梅和許錦花兩人，春梅雖然很餓，還是問要不要等小姐回來一道吃飯？許錦花說：

「我們先吃，她不到下半夜不會回來。」

春梅不知道小姐幹的是甚麼工作，怎麼回得這麼晚？

小圓桌上祇有那三樣簡單的菜，許錦花特別向春梅解釋：

「我和小姐在外面吃多了葷腥，在家裏吃素，清理肚腸。小姐更怕發胖。妳每天祇要買點青菜、醬菜就行，早晨一定煮清粥。妳初來恐怕不習慣，過兩天就會好的。」

春梅連忙點頭，她在家裏也是經常吃素，很少大魚大肉，她沒有想要過那種酒肉生活。

許錦花祇吃了一小碗飯，就放下碗筷。她囑咐春梅吃飽，不要剩飯，她們母女兩人都不吃剩的。春梅知道在這裏不是做客，加之實在餓，真的把小鍋裏的飯吃光了。

主人打扮了一番，仍然能看出當年風韻。她提著黑皮包準備出門，把春梅叫到面前吩咐一番：

「我出去打牌，妳小心看家。如果我們兩點鐘沒有回來，妳就不必等。」

隨後她把菜錢交給春梅，就篤篤地走出去，身後留下一陣香水味，彷彿一縷輕煙，向春梅飄來。

春梅望著她的背影，突然想起自己的母親。母親和她的年齡相近，人長得也不比她醜，可是比她蒼老得多。她吃了飯出去打牌，母親卻要替別人洗衣服，還要受嫂嫂的氣。自己隻身跑到臺北，不知道母親現在急成甚麼樣子？春梅想到這裏突然眼圈一紅，掉下兩滴眼淚。

她走到自己的小房間看看，一切應用的東西都有，非常滿意。如果不是遇上了這個好機會，她一個光人，真不知道怎樣度日？她又自然想起介紹所裏那三位年輕的女孩子。她們比自己先去，年齡也比自己大一點，祇是樣子不大好看，這麼好的工作機會卻落在自己頭上，她忽然覺得女孩子的面貌彷彿比甚麼都重要？她又暗自慶幸自己生得不醜。

她不知道許錦花和她的女兒甚麼時候回來？聽許錦花的口氣最早也要過十二點。這樣坐著乾等實在無聊，她想找點書報看看。

她走進許錦花的房裏，在梳妝臺上、牆角落裏、床頭邊看看，沒有發現一張報紙、一本書，倒發現了一些維他命的空盒子、針藥瓶子。她向衣櫥頂上望望，忽然發現牆壁上掛了一張八寸半身放大照片，先前許錦花帶她進來時她沒有注意到。

照片是個年輕的女人，看來不過二十一、二歲，臉孔很清秀漂亮，和許錦花一模一樣，她以為這是許錦花的女兒，但是服裝不對，現在年輕漂亮、時髦的女人不穿和服，多穿旗袍，照片上的女人分明穿的是和服。她想八成兒是許錦花年輕時的照片，無怪她現在看起來還有點嫵媚動人。

「龍生龍，鳳生鳳，有這樣漂亮的母親，女兒一定不弱。」春梅望望照片，心裏這樣想。

她在許錦花房裏找不到書報，又不敢翻抽屜，開衣櫥。她想小姐年輕，可能愛看書報雜誌，馬上轉到前面房裏。

一走進房她就有一種特別柔和舒服的感覺，看看那張床就想睡。她發現枕邊有幾本薄薄的武俠小說，立刻走了過去，翻翻書，按按彈簧床墊。她躺下去試試，覺得比睡在稻草堆裏舒服得多。睡了不到一分鐘，連忙起來，把床單拉平。

她發現衣櫥頂上放了幾本畫報、電影雜誌之類的刊物，把武俠小說放回原處，把那幾本刊物拿下來。

這是幾本過期的畫報、電影雜誌和日本洋裁刊物，圖片很多。春梅坐在沙發上一本一本地翻閱。洋裁雜誌上有幾種新式衣樣，用原子筆作了記號，她想大概是小姐看中了。從這點推測，她覺得小姐一定是個愛穿愛打扮的人。

看完了幾本刊物，已經十二點多，母女兩人還沒回來。母親打牌，女兒幹甚麼的？怎麼這麼晚還在外面？沒有結婚的小姐，深夜遲歸，也不怕別人笑話？

她放下刊物，看看梳妝臺上的化妝品，隨手把一瓶香水打開聞聞，一股濃烈的香味，瀰漫了整個房間，歷久不散。她覺得身體有點輕飄飄的，彷彿不是站在地上。

「富人一席酒，窮人半年糧，這瓶香水不知道要值多少錢？」她小心地把香水蓋子擰緊，放回原處。

她又拿起那幾本武俠小說，五號字，薄薄的一本，不到十分鐘她就能看完一本，一個鐘頭內全部看完了。她眼前彷彿晃動著無影劍、奪魂簫、陰山魔女、聖水神尼、金笛書生的影子，她覺得自己不是生在這個電燈通明、人造衛星繞著地球軌道飛行的世界。

她覺得非常無稽，這個世界哪有千年何首烏、萬年靈龜血？哪有甚麼縮身術？哪有八、九十歲的神尼還像十、六七歲的少女一般美麗？哪有和自己一般年齡的少女，就能遙遙一掌把一塊萬斤巨石擊得粉碎的怪事？她不喜歡打鬥，把書放回小姐的泡泡棉枕邊。

她不敢打開電唱機，怕小姐責怪，祇好枯坐等門。她又想起哥哥、嫂嫂、母親。想起嫂嫂她不免有點憎恨鄙視，想起哥哥的態度和那幾句話，她還十分傷心。想起母親她又非常抱歉，她覺得走時應該告訴她一聲，免得她空著急。

「過兩天等我站穩了腳，再寫封信告訴阿母。」她這樣想。「現在還不知道小姐歡不歡喜我？不知道和她有沒有緣？」

她不知道小姐是怎樣的人？脾氣如何？她有點擔心。如果像菊妹、鄭桃，她祇好另找別家。

她看看梳妝臺上精美的小座鐘，已經一點五十分，她不禁打了一個呵欠，她從來沒有這麼晚睡覺。女主人大概不會回來，小姐怎麼還不回來呢？她到底是幹甚麼的？

她正在左猜右想時，突然聽到清脆的高跟鞋聲，大門隨即剝剝兩下。她連忙跑過去開門。門剛拉開，一陣香氣就撲鼻而來。她定睛一看，一位明眸、皓齒，臉上未敷脂粉，自然紅潤雪白，兩眉清秀，額上罩著淺淺的流海，兩肩披著白色小披肩，身上穿著黑尼龍滾著金邊、腰以下鑲著亮片、長僅過膝的緊身旗袍，剛好露出一雙勻稱圓潤的玉腿，腿上是一雙黑色的兩寸半高跟鞋，手上提著一個大枕頭黑皮包，如臨風玉樹般的美人站在門口。她就是這家小姐許秋月。

春梅看得有點發呆。許秋月也怔怔地望著春梅，過後嫣然一笑地問：

「妳是剛來的？」

「是，小姐。」春梅恭敬地回答。

許秋月跨了進來，轉身又問：

「妳叫甚麼名字？」

「我叫春梅。」

「今天十幾歲？」

「十五了，小姐。」

許秋月打量春梅一眼，贊賞地說：

「妳長得很快，和我差不多高了。」

「我怎麼能比妳，小姐？」春梅羞慚地說。

「阿母眼力不壞。」許秋月自言自語。

「小姐，算我運氣。」春梅看出許秋月歡喜她，也不免喜形於色地說：「我走進介紹所，就碰上了阿嬸。」

「那是我們有緣。」許秋月笑著走進自己的房間。

春梅跟著進去，替她打水洗臉。

許秋月很快地換好了睡衣、拖鞋，打開衣櫥掛衣。春梅瞥見裏面掛滿了各色各樣的漂亮旗袍，僅僅半邊衣櫥，就有十多件，她覺得這一輩子也穿不完。

許秋月洗完臉，洗掉了紅色唇膏，嘴唇還是相當紅潤，沒有減少一分美，反而顯得格外自然。春梅這才覺得她和她母親許錦花的相貌不一樣。

「小姐，妳要不要洗澡？」春梅問她。

「不要，我剛洗過溫泉。」許秋月回答。「妳給我一杯涼開水好了。」

春梅在玻璃瓶裏倒了一大杯涼開水，雙手遞給她，她很快地喝完了，彷彿大旱的田地見了雨水似的。

「小姐，妳怎麼這樣口渴？」春梅好奇地問。

「我喝了酒。」許秋月回答。

「小姐，妳也喝酒？」

「不要奇怪，」許秋月望著春梅澹然一笑：「喝酒是我的職業。」

春梅明白是怎麼一回事，更驚奇，非常惋惜同情地望著許秋月。

許秋月並不介意，反而親切地探問春梅的家世，春梅照實告訴她，祇是沒有說出自己出走的事。

大門又響兩聲，春梅連忙趕去開門，原來是許錦花回來了。她第一句話就問：

「小姐回來沒有？」

「阿母，我剛回來。」許秋月在房裏搶先回答。

許錦花先到女兒房裏，許秋月問她：

「阿母，今天手氣怎樣？」

「小輸當贏，祇送了幾十塊錢。」許錦花笑著回答，隨即在女兒身邊坐下，指著春梅問女兒：「妳看她怎麼樣？合不合妳的意？」

「阿母，妳請了那麼多下女，我還是最喜歡她。」許秋月笑著回答。

「她沒有帶衣服來，妳看看有沒有甚麼舊衣服，送她兩件穿穿？」許錦花望著女兒說。

許秋月連忙起身，打開衣櫥看看，又打量春梅一眼，挑出兩件旗袍，春梅一看還有七八成新，連忙對許秋月說：

「小姐，妳這旗袍還是新的，我不敢穿。」

「我已經好久不穿了，」許秋月說：「這就算是舊的，再沒有更舊的了。」

「小姐，我們當下女的穿旗袍不大相配，妳有沒有不要的舊裙子？」春梅謙恭地問。

許秋月想了一下，連忙把旗袍掛回原處，打開抽屜，翻出兩件壓皺的裙裝，質料很好，有六七成新。她遞給春梅說：

「這是我幾年前穿的，妳試試看，合不合身？」

春梅穿了一件試試，倒真像自己訂做的，心裏非常高興。許錦花母女兩人看了也很高興，許錦花笑著對女兒說：

「秋月，她要是打扮起來，真趕得上妳，妳的那些姊妹們，我看很少能抵得上她哩！」

「阿母，妳的眼睛就是天平，我服了妳。」許秋月笑著回答。

第十一章 許秋月人情練達 陳春梅茅塞頓開

春梅等她們母女兩人入睡之後，自己才睡。她心裏非常安慰，又拿出那件裙子在身上比比，兩件一樣大小，料子比鄭桃替她訂做的那兩件好得多。鄭桃想拿那兩件衣服誘她上鉤，許秋月卻大大方方地送給她。她做夢也沒有想到會有這種幸運，她幾乎興奮得睡不著覺。

第二天早晨她還是和平時起得一樣早，先去巷口的雜貨店買點醬蘿蔔、醬黄瓜，在菜販的車上買點毛豆、茄子、小白菜，再回來燒開水，煮清粥。

一切都準備好了，她們母女兩人還沒有醒來，她不敢叫，從小她就很早吃早飯，這習慣一直未改，看樣子現在起居飲食都得隨著她們母女兩人轉變，她祇好忍著飢餓，希望兩、三天以後能適應這種生活。

過去在「南風」冰果店工作時，她養成了看報的習慣。冰果店訂了兩份報，供給客人閱覽，上午客人很少，她可以從從容容地把兩份報紙看完，美英她們不愛看書報，祇愛談笑，沒有人和她爭搶。幫哥哥擺米粉攤時，她也要哥哥訂一份報，一方面招徠客人，自己也可以看。以許錦花母女的經濟情況來講，訂十份報紙也沒有問題，但是她們一份報紙也沒有訂，坐著清等她們起來，實在無聊。她還剩了四、五塊錢，想到巷口的書攤上租本書看。

她走近許錦花、許秋月母女的臥房門口，把耳朵貼近房門聽聽，裏面沒有聲音，她們兩人顯然還在熟睡，她連忙趕到巷口，在書攤上兩列租書內選了一本紅紅綠綠的厚書，她不知道書的內容，也沒有在報上看過作者的名字，祇看到書脊上標著「長篇社會言情小說」，封面又很惹人，她就決定租看。

書攤老闆是位四十來歲的男人，要照訂價十八元先收保證金。每天租金五角，看完時付。她沒有這麼多錢，怔了一下，指著自己的住址對老闆說：

「我就住在那一家，又不會跑掉，何必要保證金？我先付兩天租金行不行？」

書攤老闆打量她一眼，懷疑地說：

「我不認識妳，不知道妳的話可靠不可靠？」

「我昨天才來的，我是許家的下女。」

「妳是許家的下女？」書攤老闆又打量她一眼：「妳主人賺大錢，這點保證金妳也付不出來？」

「我還沒有領工錢，不好意思向主人借。」春梅回答。

「妳不會動用菜錢？」

「我不做那種事，租不租隨你。」春梅把書放回書架。

書攤老闆又打量她一眼，馬上賠個笑臉說：

「好！我租給妳，希望妳以後多多照顧。今天書剛擺出來，第一樁生意不能打回票。」

春梅先付了他一塊錢的租金，看看攤上有信紙信封，她買了兩套。

她高高興興得跑回來，許錦花母女還沒有起床，她伏在飯桌上寫完了給母親和姐姐的信，才聽見她們房裏有響動，她們一打開房門，她就把漱口、洗臉水端進房去。

許錦花睡覺起來，臉上脂粉已經褪盡，眼角眉梢現出魚尾紋，臉上也有點泛黃，彷彿打春的蘿蔔、立秋的瓜，真的過時候了。

許秋月花容未改，睡足了精神更好，兩眼明亮如盈盈秋水，兩頰酡紅，看來格外嫵媚動人。

她看春梅還是穿著自己的衣服，不禁發問。

「妳怎麼不換我的衣服？是不是不大合意？」

「不是，小姐，我想晚上洗澡再換。」春梅紅著臉輕輕回答：「我實在捨不得穿。」

「妳放心穿好了，我的舊衣服很多。」許秋月說。

「小姐，妳何必做那麼多衣服？怎麼穿得了？」春梅從來沒有見過別人有這麼多衣服。她嫂嫂鄭桃最愛打扮穿著；無論式樣、質料、數量和她相比實在差得太遠。

「幹我們這一行的，像電影明星一樣，講究服裝，而且要走在別人前面，一年翻個花樣。俗語說：『三分人才七分打扮。』男人花錢，我們賣俏，衣服越多越好，才能叫座。」許秋月向春梅解釋。

「小姐，妳就是穿件布衣，也比別人好看。」春梅說。

「妳別捧我。」許秋月親切地一笑：「那些吃了喝了簽個字就走的男人，不單看臉孔，更愛看女人的胸口和衣服。」

「死壞！」春梅輕輕地罵了一句。

「男人不壞，我們這些人吃甚麼？」許秋月望望春梅：「我還有錢請妳？我媽還能天天打牌？」

春梅聽她說得這麼坦白，反而覺得她可親可愛。

許秋月洗完了臉，並不化妝，祇敲了一個來亨蛋，瀝出幾滴蛋白在掌心上，然後雙手在臉上搓揉。春梅不知道蛋白有甚麼作用，歪著頭望著許秋月，許秋月邊擦邊說：

「蛋白比雪花膏好，可以使皮膚又白又嫩，不生雀班。」

「小姐，妳怎麼知道？」春梅問她。

「是一位醫生告訴我的。」許秋月指指破了一個小口的雞蛋說：「妳要不要擦？」

「謝謝小姐，我當下女，皮膚粗點沒有關係。」

「妳的皮膚很好，應該好好保護，妳總不能當一輩子下女？」許秋月望望春梅。

「小姐，我是黃連命，註定了要吃苦，就是不當下女也不能坐著享福。」春梅回答。

「妳要是生在有錢的人家，那真是千金小姐。」許秋月惋惜地說。

「要是我叔父不害死我父親，我也不會這樣。」春梅輕輕地歎口氣。

許錦花叫春梅開飯，春梅望望梳妝臺上的座鐘，正好十點，連忙趕到廚房把飯菜擺好。

許錦花母女兩人一道過來，春梅替她們把稀飯添好，恭恭敬敬地送到她們面前，她們看看稀飯煮得剛好，誇獎了她兩句。

祇有兩樣醬菜的清粥，她們母女兩人卻吃得津津有味，一人吃了兩碗。

許錦花吃過稀飯，又忙著化妝。脂粉口紅一擦，看來最少年輕十歲。她化妝的技巧很高明，不像一般女人弄得那麼俗氣。

她穿著洋裝，提著黑皮包，走出房來，囑咐春梅不要等她吃飯。然後走到女兒房門口，低聲對裏面說：

「秋月，我出去了。」

「阿母，妳又去上班？」許秋月站在房門口，笑盈盈地說。

許錦花望著女兒一笑，指指春梅：

「有她在家，我又可以照常打牌了。」

「阿母，不要想贏別人的錢，打小一點好了。」許秋月說。

許錦花點點頭，一笑而去。

春梅洗好了碗筷和她們母女兩人的內衣，乘著許秋月在家，抽空發了兩封信。回來時她發現許秋月躺在床上看武俠小說，不敢驚動她，逕自到自己房裏休息，她覺得這裏的工作實在輕鬆，而且清靜，她十分滿意這個下女的位置。

她從枕頭底下抽出那本租來的言情小說，坐在床上閱讀。她看書的速度特別快，這種書既不必用思想，又沒有不懂的地方，而男女主角的談情說愛，彷彿螞蟻在她身上輕輕爬過一樣，哥呀妹呀叫得她心裏甜甜的。看到他們熱情地擁抱接吻時，她臉上不禁一陣熱。她忽然想到鳳凰咖啡室那個帶著三分醉意的中年男人的一隻使她驚駭失措的大手，如果那是一個自己所愛的年輕的愛人的手，她就不會那麼怕，那麼討厭了。

她看得正入迷，許秋月突然出現在她房門口，輕柔地說：

「妳在看書？」

春梅連忙把書放下，跳下床來，臉上有點羞澀。

許秋月走過來拿起那本書一看，向春梅一笑：

「妳看言情小說？」

「小姐，原先我不知道它裏面寫的甚麼，是從書攤上租來的。」春梅紅著臉回答。

「看言情小說並不是壞事，」許秋月看她有點害羞，連忙說：「不過妳不要太相信男人的愛情，免得吃虧上當。」

「小姐，妳過的橋比我走的路多，妳是不是吃過男人的虧？」春梅笑著問。

「我根本沒有談過戀愛。」許秋月爽快地回答：「我碰見的都是上了年紀的男人，他們有家有室，有錢有地位，我也是虛情假意，誰也不會吃虧。」

「小姐，妳沒有談過戀愛，怎麼知道男人的愛情靠不住？」春梅不太相信許秋月的話，這本書裏的男主角會跪著向女主角求愛，話比糖還甜，聽了心裏都是舒服的，這種男人怎會變心？

「要是他們真的始終如一，怎麼會在外面拈花惹草？」許秋月反問春梅：「怎麼會金屋藏嬌？」

春梅根本不知道這些事，無法反駁，祇好問她：

「小姐，妳不看言情小說？」

「以前我也是言情小說迷，後來哥哥、妹妹看膩了，我就很少看。」許秋月說：「其實，我所遇見的男人沒有一個像言情小說裏那樣談愛，他們看中了妳，會從桌子底下塞給妳一把鈔票，纔沒有那麼多廢話！」

春梅聽了好笑，又不敢笑出聲來。許秋月望望她說：

「妳不要笑，咬人的狗絕不亂叫。」

春梅望望她，突然覺得她懂得太多。幾十歲的女人也不一定趕得上她，自己更是個黃毛丫頭了。

許秋月交給她五塊錢，要她去買蕃石榴。她跑到巷口一個水果店裏買了兩斤回來，一個個洗得乾乾淨淨，才送到許秋月的房裏。

許秋月看見蕃石榴很大，自己選了一個，又叫春梅吃。春梅覺得這是最普通的水果，祇有小學生愛吃，她應該吃蘋果、梨子那種貴重的水果。

「小姐，這是小學生吃的東西，妳怎麼也愛吃？」春梅拿了一個蕃石榴，笑著問許秋月。

「吃魚吃肉，青菜解毒，換換口胃也好。」許秋月說。

她一連吃了兩個，看看手錶，已經十二點多，和衣躺在床上，囑咐春梅說：

「我睡一會兒，兩點鐘叫我起來吃午飯。」

春梅點頭，悄悄地退出來，在自己房裏看了一會兒書，才開始弄飯。

她不時的走到許秋月的房門口，向梳妝臺上探望一下，看看座鐘，時間好像過得很慢，她望望許秋月，許秋月面朝床外側睡，身上蓋了一床毛巾被單，兩眼自然閉著，呼吸均勻，真是個美人胎子，她想不通許秋月這樣的女人為甚麼要當酒女？如果嫁個年輕英俊的丈夫那該多好？

等到兩點，春梅才敢走進許秋月的房間，走到床邊。

她彎著腰在許秋月的耳邊輕輕地說：

「小姐，兩點了。」

許秋月不是那種爛睡如豬的女人，一叫就醒。她抬起雪白圓潤的手腕看看錶，慢慢坐起來。春梅連忙打了一盆洗臉水來。吃飯時祇有她們兩人，許秋月祇吃了一碗飯。春梅以為自己的菜弄得不好，抱歉地說：

「小姐，妳不多吃一點？是不是我的菜弄得太壞？」

「不，」許秋月笑著搖頭：「我一出去，就要吃喝不停，我不是大肚子羅漢，應該留點量。」

下午五點多鐘，許秋月塗好口紅，換了一身綠色鳳凰圖案旗袍，又是一番氣象。她選了一小瓶香水，在周身上下灑灑，香氣撲鼻。她在衣櫥裏拿出白皮包，把香水瓶放了進去，吩咐春梅替她叫輛三輪車來。

許秋月蓮步輕搖，柳腰微擺地走出房來，那種步法，那種身段姿態，真的優美極了。

春梅看得悠然神往，目送一朵綠雲飄出巷口。

因為昨天晚上睡得太晚，今天晚上又要守門，許秋月去後，春梅率性關上門先睡個覺。

睡到七點多她纔醒來，自己弄飯自己吃，安安靜靜，沒有任何人打擾，她感到非常愜意。

洗過澡，她換上許秋月送給她的那件沒有試穿的綠裙裝，站在許秋月的穿衣鏡前端詳了一下，她心裏有一種壓不住的喜悅，臉上露出了一絲微笑，她真想不到許秋月的裙裝是這樣合乎自己的身材？腰看來更細，祇是胸口開得低了一點，她自己看看都有點臉紅，要是有個雞心項鏈遮住，那就好多了。她想許秋月一定有，可惜自己買不起。

她扭開許秋月的漂亮的收音機，聽聽廣播。她養父母家裏沒有收音機，她自己家裏也沒有，使用收音機的常識是在「南風」冰果店裏學來的，許秋月這架收音機卻比「南風」冰果店的那架好得多，聲音格外清楚好聽，不知道是人家送她的還是自己買的？春梅喜歡聽廣播，希望自己將來也能有這麼一架收音機。

聽了一個多小時的廣播，她才關掉收音機，看那本租來的小說，一口氣把它看完。書中的香豔的大團圓故事，使她十分嚮往。要是將來有那麼一位能說會道，年輕漂亮的男人愛她，她會毫不考慮地把自己獻給他，像她母親把自己心愛的種公雞宰了獻給媽祖一樣。

她沉浸在一個模糊的愛情的美夢中，很久很久纔清醒過來。她望望梳妝臺上的座鐘，已經兩點。巷子裏寂靜無聲，連叫賣茶葉蛋的小販也已絕跡。她想女主人許錦花可能不會回來了。小姐許秋月回不回來她不知道？因為許秋月沒有告訴她。

她等到三點，還沒有聽見敲門的聲音，她仍然不敢上床去睡，祇靠在沙發上閉閉眼睛。這一閉直閉到天亮，纔被菜販的聲音吵醒。

她望望許秋月的床上，空空如也。許秋月安靜優美的睡姿，還留給她一個好印象。

「不知道小姐昨夜睡在哪裏？」她悵惘地自思自忖。

九點多鐘，許秋月才姍姍地回來，她顯得有點倦怠，不像昨天上午起來那樣容光煥發。

「小姐，昨天我等了妳一個通宵，祇在沙發上靠了一會兒。」春梅迎著她說。

「對不起，我忘記通知妳。」許秋月抱歉地一笑，把皮包交給春梅。

「小姐，妳不在外面過夜不行？」春梅天真地問。

「這是我的職業，往往身不由己。」許秋月說：「譬如妳當下女，祇洗衣不弄飯行不行？」

「小姐，當初妳怎麼會走上這條路的？」春梅望望許秋月，覺得她不是嫂嫂鄭桃那一類的女人，家裏人口又簡單，真想不透她怎麼會當酒女？

「我是走阿母的老路，她養我就是為了接她的腳。」許秋月輕輕地吁口氣：「火車很少出軌。」

趾。

「小姐，當初妳沒想到幹別的事？」

「幹別的事賺錢哪有這麼容易？」許秋月脫下金色的高跟鞋，露出塗過指甲油的紅豆般的腳

「小姐，妳幹了幾年了？」春梅遞給她一雙繡花拖鞋，替她套上。

許秋月翻了幾下眼皮，回憶一下，該有四、五年了。

「小姐，那妳應該積點錢，選個好先生。」

「好男人怎麼會娶我們這種風塵女人？」許秋月不禁失笑。

春梅同情地望望她，她掩著嘴打了一個呵欠，纖纖的手指上的新鑽戒閃閃發亮。

春梅服侍她脫下旗袍，扶著她上床睡覺，把大毛巾毯子替她蓋上，她輕柔地對春梅說：

「不要叫我，讓我自己醒來。」

第十二章　母女會酸甜苦辣
姑嫂話柴米油鹽

春梅的母親凌緞和姐姐秋蓮，一道來探望她，完全出乎她的意料，她祇是寫了一封簡單的信向母親報告平安，向姐姐通個消息，想不到她們一接到信就趕來，使她喜極而泣。凌緞也高興得流了眼淚。秋蓮看春梅長得和自己一般高，眉目如畫，亭亭玉立，而且穿著許秋月的漂亮的裙裝，看來真像個富家千金小姐，不是替人家當下女的，她一直打量妹妹，禁不住說：

「阿妹，真是女大十八變，癩蛤蟆變天仙，要是在路上碰見妳，我真不敢相認！」

「阿姐，我也差點不認識妳了！」春梅揩揩眼淚說。

「春梅，妳那天沒有回家，我一夜沒有睡覺，我和西德、鄭桃大吵一架。」凌緞流著眼淚說：「要不是接到妳的信，我會和他們拚命！」

春梅聽母親這樣說，忍不住哭了起來。秋蓮在旁邊歎氣：

「唉！想不到阿弟討了那麼個女人！」

「阿姐，事情到了這個地步，我也不能不說。」春梅抹抹眼淚：「阿兄鬼迷了心竅，戴了綠帽子他都不知道！」

凌緞和秋蓮聽了一怔，臉上有點尷尬。過了一會兒凌緞輕輕地對春梅說：

「春梅，妳不要瞎說，萬一傳出去了，西德和我們都沒有臉做人。」

「阿母，我怎麼會造謠？這是我親眼得見的。」春梅把那天在旅館碰見鄭桃和那個男的親熱情形以及鄭桃對她編的那些鬼話說了出來。

「春梅，妳怎麼不早對我講？」凌緞又埋怨女兒。

「阿母，我早講又有甚麼用？那不是白白地惹您生氣？我就是怕妳們吵架。」春梅說。

「妳早講了我也好要西德管管她，免得傳出去了，讓妳三叔笑話！」凌緞說。

「阿母，阿兄是男子無志，鈍鐵無鋼，他敢管阿嫂？說不定還會怪我多嘴，早就趕我出門了。」

凌緞搖頭歎氣，怨自己的命苦。春梅又把鄭桃誘她進鳳凰咖啡室的事說了出來，凌緞氣得頓腳，又埋怨女兒：

「當時妳怎麼不告訴我？她自己沒好樣，還要拖妳下水，我打不過她咬也要咬她一口！」

「阿母，妳咬她一口又怎麼樣？」秋蓮插嘴：「遇上了這種媳婦祇好認命。幸好阿妹沒有上當。」

凌緞歎氣流淚，無話可說。春梅對秋蓮說：

「阿姐，我們把阿母接到臺北來住，阿母可以替妳照顧孩子，我的工錢都交給妳好了。」

「我正在想辦法另租兩間房子，再接阿母來住，我們也好聚聚。」秋蓮說。

春梅聽了秋蓮的話很高興，凌緞臉上也露出了笑容。

許錦花和許秋月母女都不在家，春梅帶母親、姐姐看看廚房，看看自己的臥室，看看許錦花的房間，再在許秋月房裏休息。

凌緞對這個環境十分滿意。

秋蓮聽說許錦花出身不正，許秋月正當酒女，生怕春梅跟她們學壞了，表示不大放心。

「阿姐，妳放心，」春梅對秋蓮說：「強盜當中也有好人。這位阿嬸就是喜歡打牌，可是從來不在家裏打。小姐實在是個好人，沒有架子，沒有壞脾氣，那樣子更叫人歡喜。」

「她是親生的還是抱養的？」凌緞問。

「我不好問，不過聽她的口氣，好像也是養女。」春梅說。

「她能供養母打牌，那就很有良心。」凌緞感慨地說。她自己還要洗衣養活自己，親生的兒子也不過如此。

「阿母，小姐對阿嬸實在孝順，不管阿嬸輸多少錢，她都沒有抱怨一次。」春梅說。

「要是我吃飯不做事，妳兄嫂都會趕我。」凌緞說。

春梅不想再提哥哥、嫂嫂的事，把許秋月的衣櫥打開，讓母親、姐姐參觀。凌緞果然住嘴，和秋蓮一道走近衣櫥，秋蓮伸頭向裏面一望，像老鼠算卦，嘴裏嘖嘖的響。凌緞也哇哇叫，看看春梅身上穿的裙子，才知道這些繡花滾邊鑲著亮片的旗袍比裙子更好看。

「難怪男人肯在她們身上花錢。」秋蓮笑著說。

「阿姐，小姐人實在漂亮，可惜妳沒有看見。」春梅說。

「她甚麼時候回來？」秋蓮問。

「早啦！總在晚上兩點以後。」春梅輕輕地說：「有時晚上還不回來。」

秋蓮看看錶，準備回去。春梅抱歉地對母親、姐姐說：

「我還沒有領工錢，不能留妳們吃晚飯。她們在家裏吃素，沒有葷菜。阿母下次來臺北，我再請。」

「人心換人心，妳在這裏好好地幹，比請我吃飯更孝敬。」凌緞囑咐她。

春梅一再要求秋蓮把母親接到臺北來，秋蓮滿口答應，母女三人很愉快地分手。

一星期以後，鄭桃突然花枝招展地來看春梅，她打扮得更妖豔，高叉旗袍，半遮半露著大腿，手上提了一串荔枝，一扭一扭地走了進來。

春梅看見她不禁一愣，顯得有點尷尬。鄭桃打量了她一眼，滿臉堆笑地說：

「喲！阿妹，真的臺北的風水好，妳越長越漂亮，我差點不認識妳了。」

春梅拉不下臉來，把她接待在許秋月的房裏坐下。她看見許秋月那麼多高跟鞋，走過去拿起來看看，放在自己的腳旁比比；看見那麼多化妝品，拿在鼻子上聞聞。春梅不好意思阻止她，她卻拉著春梅說：

「阿妹，我說了三分人才，七分打扮。妳看妳小姐這麼多高跟鞋，這麼多化妝品，我的話說得不錯吧？」

「阿嫂，她不打扮也比我們漂亮。」春梅回答。

「我不相信，她會比妳漂亮？」鄭桃又上下打量春梅一眼。

春梅不願意聽她說這些，故意問她：

「阿嫂，甚麼風把妳吹來的？」

「春梅，我是專來看妳的！」鄭桃提高聲音，拉著春梅在沙發上坐下。「好久不見妳，我真的日夜想念。」

春梅沒有作聲，她摘下一顆大荔枝往春梅手上一塞，接著說：

「妳那天生氣出走，我罵了西德一頓，他那麼大的人，怎麼能講那種吃屎的話？本來他要來向妳賠禮的，又丟不下那個爛攤子，祇好我一個人來，希望妳不要再生氣，打虎還要親兄弟，同胞骨肉總比外人好，妳說對不對？」

「阿嫂，別提那些事，提起我就傷心。」春梅眼圈微微一紅。

「好，長草短草，一起拉倒。」鄭桃自我解嘲地說：「聽說妳在這裏得意，我非常高興。妳到臺北，真是龍游大海，大初一過年，熱鬧還在後頭哩。」

「阿嫂，我祇是找了一個地方吃飯，當下女還有甚麼起發？」春梅冷淡地回答。

「春梅，臺北遍地黃金，妳不要捧著金飯碗討飯。」鄭桃打量春梅一眼：「妳看妳小姐穿金戴銀，誰比得上她，她又有甚麼地方不好？」

「阿嫂，各人都有一本難念的經，妳不要專看外表。」

「嫁個窮丈夫，天天愁油鹽柴米，帶一群拖尾巴蛆，有甚麼好處？許小姐過的纔是神仙日子。」

春梅知道那些窮人的生活，怎麼也不能和許秋月母女相比。但她不願和鄭桃談這個問題，她有點關心哥哥的生活情形，順便問了鄭桃幾句。鄭桃對丈夫的事卻毫無興趣，用幾分嘲笑的口氣回答：

「做一天，吃一天，王老五賣豆腐，還不是老樣子？妳看我嫁了他，哪有出頭的日子？」

「阿嫂，不是人人生了富貴命，都去做官，誰抬轎子？」春梅望著鄭桃說：「阿兄待妳比阿母好，妳也替他想想。」

鄭桃怕春梅提到別的事，便不作聲，又摘了一個大荔枝，往春梅手上一塞。

春梅怕鄭桃亂花哥哥的錢，留她吃飯，沒有另外加菜。鄭桃看看祇有兩三樣簡單的菜，十分奇怪，嘲笑地說：

「妳小姐賺大錢，她拔一根汗毛比我們的腰粗，怎麼這樣小兒科？」

春梅靈機一動，乘機對鄭桃說：

「小姐不是半瓶醋，她知道艱難困苦。」

「我看她是刻薄下人。」

「她在家吃飯也是一樣。」

「生不帶來，死不帶去，她留那麼多錢幹甚麼？」

「她不是年年十八歲，一旦人老珠黃，她吃甚麼？」

「嫁個有錢的大闊佬，不就得了？」鄭桃輕鬆地聳聳肩膀，像個美國明星的派頭。

「男人三十一枝花，女人三十爛茶渣，誰要？」春梅搬出母親時常講的這兩句話來。

「臺灣有的是老色迷，女人又稀罕得很！河裏無魚蝦也貴，還怕嫁不出去？」鄭桃鼻子裏哼了一聲：「要是登個報，老老少少，會擠破頭！」

春梅忍不住嗤的一笑，鄭桃卻一臉正經地說：

「不要笑，這是真話，女人的行情看漲，妳不要把黃金當銅賣。」

春梅低頭吃飯，沒有接腔。

鄭桃吃了兩小碗飯，就放下碗筷，顯然沒有吃飽。她要春梅陪她上街玩玩，春梅說要看家，她掃興地走了。

鄭桃走後，春梅關起門來看小說，她和那書攤老闆已經很熟，成了他的老主顧，頂多兩天她就看完一本厚厚的小說，老板也不再要她的押金，三本兩本都讓她拿來，她已經成了一個小說迷了。從小說裏她窺見了本身以外的世界，分享了書中人物的喜怒哀樂，甚至覺得自己也想戀愛。

她看書看得入迷時，忽然聽見敲門的聲音，她以為是許錦花打牌回來，連忙跑去開門。想不到站在門口的是一位五十多歲，滿頭灰白，面孔削瘦，藍衣黑褲已經褪色，從未見過的婦人。春梅以為是討飯的，問她要甚麼？她打量了春梅一眼，陪個笑臉說：

「小姐，我是來看秋月的。」

「小姐不在家，妳找她有甚麼事？」春梅問她。

「我是她生母，她父親病了，想秋月拿點錢給他診病。」她邊說邊走進來。

春梅打量她一眼，不知道是真是假？老實告訴她許秋月不到晚上兩點不會回家。

「小姐，我是從新竹來的，回去的車錢都沒有，你可不可以找她回來？」婦人央求她說。

「主人有交代，我不敢離家，你自己去找好不好？」春梅說。

「小姐，我不能丟她的臉，我這個樣子怎麼到她那種皇宮內院去？」她望望自己的鞋子衣服，自卑而又體諒地說。

春梅看看她不像假冒，招待她到許秋月的房裏坐，請她等許秋月回來。

她坐立不安，拘手拘腳。春梅用話語安慰她，她輕輕地問春梅：

「秋月養母又打牌去了？」

春梅點點頭，她輕輕地歎口氣：

「她的命比我好，該她享福。當初我若不把秋月送給她，說不定她已經回日本了。」

「她回日本幹甚麼？」春梅奇怪地問。

「她本來是日本人，在臺灣當藝旦，後來嫁了個臺灣人。」

「奇怪，我一點也看不出阿嬸是日本人？」

「她來臺灣三十多年了，妳還沒有出生，怎麼看得出來？」

「小姐的養父呢？」春梅好奇地問。

「過世好幾年了！如果不是秋月成了搖錢樹，她不比我還苦？」

「伯母，妳心裏是不是不大好過？」春梅問她。

「我倒沒有這個意思。」她搖搖頭：「園裏生，缸裏養，她也費了一番辛苦。我祇想秋月救救急，要不是她父親生病，我也不會親自跑來。」

她又望望春梅，顯得焦急不安，又不便啟齒，春梅心裏不忍，便對她說：

「伯母，我替妳跑一趟，妳千萬不要離開。」

她馬上向春梅合掌作揖，說了好幾句感謝的話。

「五月花」酒家很近，春梅匆匆趕到，看看那富麗堂皇的氣派，停在門口，不敢進去。裏面有個人看她在門口東張西望，走過來問她找誰？

「我找秋月小姐。」春梅膽怯地回答。

「白牡丹在樓上。」那人打量了她一眼，向樓上一指：「妳自己上去，問起白牡丹，無人不知。」

春梅腳步輕輕地走上樓，向櫃臺裏一位小姐輕輕地問了一聲，那位小姐打量她一眼，連忙起身，帶她到一個漂亮的房間門口，把珠帘輕輕一掀，春梅望見許秋月和另外三位小姐，像夾心餅乾一樣坐在客人中間，許秋月正用筷子夾菜往身邊那位胖子客人嘴裏送。掀著珠帘的這位小姐向許秋月招招手，許秋月從容地放下筷子，輕輕地向客人說：

「對不起，我有點事，馬上回來。」她一站起來，那胖子就蜻蜓點水在她臉上親了一下，腰上揑了一把。她也蜻蜓點水地在胖子的光頭上親了一下，光頭上留著兩片殷紅的唇印，別的客人都笑了起來。她輕盈地跑到門口，一看見春梅連忙問甚麼事？春梅和她唧噥了幾句，她在櫃臺裏拿出皮包，向一位中年男人唧噥幾句，那男的在身上摸出一疊大鈔，數了一下，爽快地交給她。她拉著春梅匆匆地趕下樓。

走到門口，她手一招，一輛三輪車飛快地踏過來，她拉著春梅坐上去，不到三分鐘就到了家。

許秋月的生母看見她回來，又高興又慚愧，紅著臉向她訴說父親的病狀，許秋月從皮包裏摸出那疊鈔票交給她，老太太眼圈一紅，對女兒說：

「秋月，要不是妳阿爸生病，我真不該來。」

「阿母，您快點回去，我不能送您。」許秋月扶著她坐上停在門口的三輪車，開了車錢，車子如飛地駛出巷口。

許秋月輕輕歎口氣，春梅望著她說：

「小姐，我好像沒有聽見妳提起過生母家的事？」

「多哩！還有好幾個弟妹，提哪一個好？」許秋月望著春梅苦笑。「開學時弟弟、妹妹自然會來，妳看得到，何必先作廣告？」

春梅聽了好笑，她對於許秋月面對現實，自己嘲笑自己的灑脫性格，由同情而起敬。許秋月望望她，看看錶，把春梅輕輕一推，急促地說：

「快去替我叫部車子，我要趕回去當番。冷落了財神爺，妳的工錢也發不出來！」

第十三章　添財請客含深意　凌緞看人有用心

禮拜天下午，秋蓮來看春梅，說母親住在她家裏，請春梅去玩玩，吃頓晚飯。恰巧許錦花在家，春梅向許錦花請假，許錦花同意，要她吃過飯就回。

春梅來到臺北後，很少機會到外面玩玩。她和姐姐一道走在街上，非常高興，她在店鋪裏買了一包糖、一柄小手槍帶給小外甥。

秋蓮在廈門街附近堤內租了兩間違章建築房屋，她帶春梅坐十三路車，在川端橋下車，春梅在堤上看見一條大河，流水滾滾，堤邊還有納涼茶座，有不少人躺在竹林下的睡椅上乘涼喝茶，也有人撐著洋傘坐在河邊草地上垂釣，她有一種說不出來的喜悅，和五歲那年同母親下鄉，去姑母家作養女，看見青山綠樹時一般喜悅。

她跟姐姐在堤上走了一段路，然後沿著斜坡下去，跑了過去，把糖果、手槍交給小外甥。

她和姐夫林添財是初次見面，凌緞替他們介紹了一下，林添財驚喜地望著她，有點發呆。秋蓮從堤上下來，看在眼裏，笑著責問丈夫：

「你怎麼這麼看春梅？」

「我沒有想到姨妹長得這麼漂亮，我打算做個媒。」林添財笑著回答。

春梅臉一紅，笑著向秋蓮抗議：

「阿姐，姐夫一見面就取笑我，下次我不來了！」

「姨妹，得罪，得罪。」林添財向春梅拱手作揖：「其實我是一番好意，阿母也想找一個比我好的女婿。」

凌緞和秋蓮都笑了起來，春梅滿面羞紅，哭笑不得。罵了一句：「姐夫好壞！」

「現在她還年輕，過一兩年你真要留意。」凌緞笑著對女婿說：「西德傷了我的心，我真希望她有個好歸宿。」

「阿母，我一定放在心上。」林添財拍拍胸脯，走到廚房去弄菜。

「阿母，您到臺北來，兄嫂同不同意？」春梅問母親。

「我到臺北來，鄭桃少了個眼中釘，怎麼不同意？」凌緞說。

「您到臺北來了誰煮飯給阿嫂吃？」春梅又問。

「春梅，妳還替古人耽憂？」凌緞望著女兒好笑：「她有錢到處可以吃飯，西德還會餓著她？」

「阿弟真不成話，」秋蓮插嘴，「把弟媳當觀音菩薩！」

「色迷心竅啦，我看他苦在後頭哩！」凌緞感慨地說。

隨後春梅告訴母親鄭桃來臺北看過她，以及鄭桃講的那些話，凌緞生氣地說：

「妳別信她的鬼話，我不要妳賺那種錢，女人還是規規矩矩嫁人好。像秋蓮這樣我就很滿意。」

突然，廚房傳出一股焦味，秋蓮連忙趕去，春梅也跟著過去，原來林添財把魚燒焦了。

春梅看看有不少菜，雞、鴨、魚、肉俱全，她笑著問秋蓮：

「阿姐，今天又不是拜拜，妳弄這麼多菜幹甚麼？」

「孝敬阿母，」秋蓮輕輕回答：「妳也是第一次到我家來，阿姐不敢怠慢。」

春梅聽了很高興，她吃醬菜吃久了，也想嘗嘗葷腥。

「姨妹，除了妳和阿母之外，還有一位稀客。」林添財說。

「甚麼稀客？」春梅笑問。

「我的上司李課長，外省人，妳說是不是稀客？」林添財笑嘻嘻地回答。

「阿妹，本來我不想請外人，他偏要老鼠替貓刷鬍鬚，拚命巴結。」秋蓮插嘴：「我不會弄外省口味，妳看他又把魚燒焦了，要是李課長不愛吃，那不拍到馬腿上去了？」

春梅笑了起來，林添財也好笑，他望著她們兩姊妹說：

「李課長孤家寡人，不吸菸，不喝酒，不打牌，禮拜天沒有地方去，他又沒有官架子，和我處得很好，所以才請他來，添客不添菜，順水人情，怎麼算是巴結？」

秋蓮聽丈夫這樣說也莞爾一笑。

姊妹兩人幫忙弄菜，每樣菜林添財都多放點鹽，煮熟一點。秋蓮嘗了兩樣嫌鹹，林添財笑著說：

「今天是弄給客人吃，不是自己吃。」

「這樣鹹，春梅也吃不來。」秋蓮望望春梅說：「怎麼外省人吃鹽當飯？」

「外省人吃不來我們的甜淡生腥，我要是不多加點鹽，怕李課長說我小器，反正鹽比菜便宜，妳還捨不得？」

他們三人正在說笑，凌緞突然大聲地說：

「客人來了！」

林添財連忙在褲子上擦擦手，趕了出去，迎接李課長。

李課長是位三十左右儀表堂堂的人，中等身材，渾厚老成，穿著半新舊的西裝。手上提了一桶餅乾，林添財笑嘻嘻地說：

「課長，您怎麼多禮？不好意思啦！」

「不是送你，是送給小寶寶吃。」李課長把餅乾桶交給林添財。

林添財拉著兒子教他說「多謝李伯伯」，同時介紹岳母凌緞和他認識，凌緞有點受寵若驚的樣子，兩眼卻在打量他。

林添財轉身看見秋蓮和春梅站在廚房門口，指著她們對李課長說：

「大的是我內人，小的是我姨妹。」

李課長對秋蓮點點頭，叫了聲「大嫂」，望著春梅卻不知道怎樣稱呼？林添財輕輕地對他說：

「她叫春梅，稱姨妹，課長，隨便您怎樣稱呼好了。」

李課長稱了一聲「春梅小姐」，臉有點發紅。春梅向他微微一鞠躬，沒有答話，她也有點羞人答答，她把李課長看作一個地位很高的大人。

林添財把李課長招待到一個公用的堂屋裏坐下，秋蓮倒給他一杯茶，林添財自己在身上口袋裏摸出一支菸，自個兒吸了起來。秋蓮望望丈夫說：

「你不敬李課長的菸？」

「我跟妳說了課長酒菸不來，我們窮人請客就要請這種好客。」林添財笑著回答。

秋蓮笑著白了丈夫一眼，李課長也好笑，指指林添財說：

「老林，你真是個活神仙，一天到晚尋開心。」

「課長，您要是不嫌棄，禮拜天就到我家來，粗茶淡飯，岳母姨妹，沒有外人，免得您一個人孤孤單單。」林添財說。

「你們自己熱鬧好了，我插進來反而不便。」李課長望了春梅一眼說。

「課長，一回生，二回熟，您何必見外？」林添財笑嘻嘻地說。

「李課長，歡迎您常來，就是沒有好菜。」秋蓮接嘴。

「課長，今天是我自己獻醜，不知道合不合您的口味？」林添財一面說，一面端菜開飯。吃飯時因為菜好，林添財的笑話多，空氣也格外輕鬆活潑。凌緞不時打量李課長一眼，她很少同外省人接觸，過去聽了一些外省人的壞話，現在她覺得這位李課長，沒有一點壞習氣，一點也不輕浮狡猾，是個正正派派的人，完全出乎她的意料之外。

打量李課長，也不時看看春梅，她心裏在捉摸一件事，春梅完全沒有注意到。

李課長贊美林添財的菜弄得好，林添財非常高興，他問春梅歡不歡喜吃？春梅笑著點頭，他對春梅說：

「姨妹，下次請妳弄兩樣菜給李課長嘗嘗好不好？」

「姐夫，你莫要我丟醜，我不會弄菜啦！」春梅笑著回答。

「下次我弄兩樣菜請李課長嘗嘗。」凌緞對女婿說。

「伯母，勞您的大駕，這可不敢當。」李課長客氣地說。

「阿母弄的菜比我高明得多，今天她也是客，我不敢勞動她老人家，改天阿母掌廚，我再請您。」林添財高興地說，又望望春梅：

「再下一次我請姨妹動手。」

這頓飯吃得皆大歡喜。李課長要請他們四人看電影，因為春梅不敢在外面耽擱太久，祇好作罷。李課長不便久留，也提前告辭。

「阿母，您看李課長人品怎樣？」林添財瞟了春梅一眼，笑問凌緞。

「一個蘿蔔一個坑，實實在在！」凌緞點點頭：「像他這種貴人，不抽菸，不喝酒，那真難得。」

「阿母，他甚麼都好，就是一個大光棍。」林添財笑嘻嘻地說，瞟了春梅一眼。「看樣子我應該多請幾次客。」

第十四章　不速客嬉皮笑臉　黃花女意亂情迷

春梅從姐姐家裏回來，一進門就發現許秋月的床上躺了一個男人，她不知道誰這麼大膽，敢躺在小姐的床上？心裏有點生氣，連忙衝進去，想質問他怎麼這樣不懂禮貌？

她剛一踏進房門，那男的一個鷂子翻身，從床上挺立起來，站在床前。她驀地一震，滿臉緋紅，全身酥軟，一句話也說不出來，心裏卻有一種甜甜的感覺，彷彿剛嘗了一口蜜。

原來這是一個十八、九歲的青年。頭髮又黑又亮，光滑得蒼蠅都停不住腳；臉白得像個女人，兩眉如畫，目光如水；花香港衫塞在灰色的西裝褲裏。春梅兩眼和他的目光一接觸，就著了迷。

「妳是不是春梅？是不是喝醉了酒？」那大男孩子笑著問她。

春梅這纔突然清醒過來，故意板著臉孔問他：

「你是誰？怎麼這樣不懂規矩？」

「我叫吳添福。」他向春梅走近一步，滿不在乎地說：「我看秋月姑娘的床這麼漂亮舒服，躺一會兒過過癮。怎麼就犯了法？」

春梅被他問住了。看他向自己走近，本能地倒退。吳添福笑了起來，調侃地說：

「別像老鼠見了貓，怕甚麼？我又不吃妳。」

春梅被他說得臉孔通紅，七分羞，三分氣，突然壯起膽子問他：

「你到這裏來幹甚麼？」

「放心，我不是強盜不是賊，我是順便請許阿嬸打牌的。」

春梅向周圍打量一眼，發覺許錦花不在家，馬上問他：

「你為甚麼賴在這裏不走？」

「我等妳回來。」他笑嘻嘻地回答。

她又羞紅了臉，故意白他一眼：

「你怎麼知道我會回來？」

「許阿嬸講的，她叫我看家，等妳回來再走。」

「多謝你，現在你該走了。」

「嘿！現在我捨不得走了！」他笑著說：「原先我以為妳是個大蕃薯，真沒有想到妳長得比許秋月還漂亮！我怎麼捨得走？」

春梅嗤的一笑，膽怯地瞟了他一眼。他走近一步，笑著對春梅說：

「我不害羞，妳用不著偷看。我站在這裏，妳盡量看吧！」

春梅羞得頭一低，連忙背轉身去。他把春梅往懷裏一拉，用力吻了她一下，笑著跑開。春梅失魂落魄地站在房裏，他從門口傳來一句話：

「明天我請妳到動物園去玩！」

吳添福走後，春梅還癡癡呆呆地站在房裏好半天。突然雙手蒙臉往沙發上一坐，把頭埋在掌心，伏在膝蓋上。她覺得很羞，又像老鼠掉進糖罐裏。她一點沒有在鳳凰咖啡室裏被那個帶著幾分酒意的中年人突襲胸口的驚恐厭惡感覺。她反而有點遺憾吳添福吻的時間太短，他要是繼續吻一個鐘頭她也不會拒絕。她不知道自己對他為甚麼入迷？她慢慢抬起頭來，發覺吳添福不在房裏，她突然感到特別空虛，以前從來沒有這種感覺。

她走到鏡前，掠掠頭髮，一連改變了幾個姿勢，前後左右地看看自己：滿面嬌紅，容光煥發，亭亭玉立。她突然想起吳添福說她比許秋月還漂亮的話，她不自禁地展顏一笑，這一笑使她顯得更美。

她想許秋月塗了口紅更動人，她也想打扮一下，她走近許秋月的梳妝臺，挑了一支口紅，對著鏡子塗畫，畫好之後，凝視了一會兒，又禁不住一笑，她想如果吳添福現在看見她，一定會更喜歡她。

她對著鏡子「孤芳自賞」了一陣，纔把口紅放回原處。這時她頭腦清醒過來，忽然後悔不該擅自動用許秋月的口紅，她從來沒有這樣用過別人的東西。

「小姐，對不起，剛纔我糊里糊塗！」她這樣喃喃自語，隨手抽出手絹把口紅擦掉。「我會自己去買。」

她看看許秋月的床單有點皺亂，走過去拉平。想起吳添福在床上像狗打滾，不禁好笑。想起他對自己的舉動，心裏笑罵一句：

「好厚的臉皮！」

她不知道吳添福和許錦花是甚麼關係？更不知道吳添福的家庭情形。現在她有點後悔當時怎麼那樣笨？不順便問問他住在甚麼地方？幹甚麼的？他臨走時說明天請她去動物園玩，不知是假是真？

她拿起一本新租來的小說看看，看了幾頁，不知道作者寫些甚麼？以往她看書非常快，現在斷斷續續看不下去，鉛字彷彿跳芭蕾舞，眼睛發花，一個個鉛字都變成吳添福。她心裏甜甜的，沉沉欲醉，有點像五歲時在姑姑家裏喝下那杯甜酒釀。

她把頭靠在沙發背上，把書蓋著臉，閉著眼睛，神思恍惚。她的思想像一片浮雲，東飄西蕩，飄過高山，飄過海洋；像一團濃霧，瀰漫峽谷，圍繞高峰，在高峰上若隱若現的彷彿是吳添福。

她猛然坐起，睜開眼睛，眼前是那個漂亮的大衣櫥，鏡子裏出現的是自己的身影，一對悵然若有所失的迷惘眼睛，她用力拍拍自己的腦袋，撿起掉在地上的書，拍了兩下，下定決心再看。

她這一口氣看了幾十頁，看到男女主角熱情擁吻時，她又有點如醉如癡，恍恍惚惚。她合上書，站起來在房裏走來走去。偶然望望鏡子，打量自己一眼，滿面緋紅。她用手摸摸兩腮，有點燙手。

「該死！我得了甚麼鬼毛病？」她自思自想。

她跑到廚房去洗冷水臉，把整個臉浸在水裏，頭腦清爽了好多。洗好臉，順便插好電爐插

頭，替許秋月燒洗澡水，她想許秋月快回來了。

兩點半左右，許秋月纔回來。她顯得有點疲倦，高跟鞋一脫，便和衣往床上一躺，她用鼻子

嗅嗅枕頭，忽然在枕上發現一根頭髮，她拿起看看，轉臉問春梅：

「哪個臭男人在我床上睡過？」

「小姐，妳的鼻子真靈！」春梅笑著回答：「是一個叫做吳添福的人在妳床上睡過。」

「你怎麼讓他在我床上睡？」許秋月打量春梅一眼，顯得有點不悅。

春梅連忙把經過情形告訴許秋月，許秋月聽了之後皺皺眉說：

「阿母也是，要他看甚麼家？他這麼亂來！」

「小姐，妳認識他？」春梅問。

「見過幾次面。」許秋月說。

「你們是親戚？」

許秋月搖搖頭。

「那他怎麼這樣隨便？」

「阿母常到他家打牌，他和阿母很熟。」

「小姐，他家幹甚麼的？」

「我不大清楚，聽說和我們酒家有來往。」許秋月望望春梅說：「妳打聽他幹甚麼？」

春梅臉一紅，祇說隨便問問。許秋月上下打量她一眼，嗤的一笑：

「吳添福是個小白臉，嘴巴又甜，妳是不是愛上了他？」

「小姐，沒有啦！」春梅的臉紅到耳根上來：「他說明天請我到動物園去玩，不知道他葫蘆裏賣甚麼藥呀？」

「他向妳賣糖賣蜜啦！」許秋月笑了起來。

春梅的臉更紅，許秋月看看好笑，調侃地說：

「妳真是此地無銀三百兩，妳臉一紅我就看出妳的心事啦！」

「小姐，請妳不要取笑。」春梅望望許秋月說：「我沒有做過賊，實在有點心虛。妳可不可以教我一點應付男人的法子？」

「妳是談戀愛，又不是幹我們這一行，學甚麼應付男人的法子？」許秋月笑了起來。

「小姐，他臉皮厚得很。」

「要是他也和妳一樣害羞，你們怎樣談法？」許秋月笑著說。

春梅想想也不禁好笑。如果他不那樣大膽，自己碰也不敢碰他一下。如果他不說明約她去動物園，她是絕不敢約他見面的。

她替許秋月倒好洗澡水，在衣櫥裏拿出換洗的內衣，請許秋月洗澡。許秋月逕自走進洗澡間，把換洗的衣服拋給她，她趁著這段時間搶著洗乾淨，她怕吳添福明天真的來約她去玩，她決心請假出去一下。

許錦花又沒有回家，春梅服侍許秋月睡後，纔熄燈睡。往日因為疲倦的關係，一上床很快就能入睡，今天卻大不相同，身體雖然疲倦，卻無睡意。吳添福的影子在她眼前晃來晃去，他說話的神氣、舉動，又一一重現出來。

第二天早晨八點多鐘，她纔醒來。她從來沒有睡得這麼晚，一睜開眼看看時間不對，連忙翻身下床。

她走到許秋月房門口探聽一下，沒有動靜，這纔放心。她到巷口雜貨鋪買了四塊豆腐乳，租了一本小說，又匆匆地趕回來。

九點剛過，吳添福就闖進來了。春梅又驚又喜，望著他仍然說不出話來。吳添福卻像認識了她十年八年似的，親暱地對她說：

「走，春梅，我們到動物園去。」

春梅指指許秋月的房間，向他搖搖手，輕輕地說：

「小姐還在睡覺，你怎麼這樣大聲說話？」

「九點多了，也應該醒來。」吳添福望望許秋月的房間說。

「小姐三點多纔睡，不比你們睡得那麼早。」

「我已經向阿嬸講過，讓她睡，我們先走好了。」吳添福走過去想拉她走。

春梅向後一縮，紅著臉說：「不行，要經過小姐同意我纔能走。」

「我叫她起來。」吳添福向許秋月房門口走去，春梅搶先一步攔住他，頻頻搖手。

許秋月已經被吳添福吵醒，在床上敞聲問春梅。

「是誰在外面講話？」

春梅正不知道怎樣回答，吳添福馬上接嘴：

「阿姐，是我。」

「你是誰？」許秋月明知故問。

「我是吳添福。」

「阿母不在家，你這麼早來幹甚麼？」

「阿姐，」吳添福親熱地說：「九點多了，太陽曬進巷子裏，妳還說早？」

許秋月穿著睡衣，把房門打開，笑著問吳添福：

「你是不是來向我請安？」

「是，阿姐。」吳添福狡黠地回答。

「喲！你的嘴巴真甜！」許秋月調侃地說：「別向我灌迷湯，我知道你葫蘆裏賣甚麼藥。你來邀春梅去動物園是不是？」

「阿姐，妳既然聽見了，我就不必再說了。」吳添福指指春梅嬉皮笑臉地說：「你准不准她的假？」

春梅連忙抽身替許秋月打洗臉水，許秋月故意搖搖頭，吳添福輕輕地說：

「阿姐，阿嬸已經同意，妳也做做好事，行個方便好不好？」

「現在還早，等我吃過飯再說。」

吳添福皺皺眉，想進許秋月的房間休息，許秋月雙手一攔：

「你怎麼不懂規矩，在我房裏亂來？」

吳添福望望許秋月，厚顏地一笑：

「阿姐，妳的房間漂亮嘛！」

「這不像話，我不准許，誰也不能進來。」

「好，我就坐在外面。」吳添福自己轉彎，在堂屋裏一把木椅上坐下，掏出香菸自個兒抽吸起來。

春梅端著臉盆從他面前經過，他向春梅擠眉弄眼。春梅忍不住嗤的一笑，他高興得摸摸鼻子。

許秋月和春梅一吃過稀飯，吳添福馬上舊話重提。許秋月對他說：

「第一次我看春梅的面子，下次免談。」

「阿姐，多謝，多謝！」吳添福站起來向許秋月雙手一揖：「准這一次就行。」

許秋月轉向春梅，半笑半真地說：

「妳要小心，他一嘴的蜜。」

「小姐，我看看獅子、老虎，就回來煮飯。」春梅紅著臉，輕輕地回答。

吳添福把春梅一拉，走了出去。春梅掙脫他的手，跟在他的後面。

巷口有一輛流動三輪車走過，吳添福把手一揚，車伕左右一望，迅速地踏到他的面前停住。

他把春梅一拉，推上三輪車，自己跟著跳上來，車伕連忙蹬著跑開，生怕被守在大街口上的三輪車伕看見。

吳添福突然伸手攬著春梅的腰，春梅一驚，紅著臉對他說：

「不要這樣，讓人家看見怪難為情的。」

「這就難為情？」吳添福笑了起來：「妳沒有看見那些美國人，他們纔大膽的很呢！」

他反而把她的腰摟緊，春梅一顫，滿面羞紅。彷彿吸鐵石把她吸住，不能掙扎。他看她不作聲，得意地對她說：

今天我是看妳的面子，不然要給許秋月一點顏色。」

「你怎麼能和小姐抬槓？」春梅望望他，她很敬重許秋月。

「妳別看她猴兒戴帽子假正經，有錢的大爺隨時可以把她擺平。」他輕鬆地說。

「我不愛聽這種話。」春梅搖搖頭：「小姐不比一般酒女。」

「天下烏鴉一般黑，哪有甚麼不同？」他望著她一笑：「酒女總是酒女，不過她比別人漂亮，叫她的人多些就是。」

「你怎麼知道這些事?」

「她的經理我很熟，她養母也常到我家打牌，我怎麼不清楚?」

「算了，不談小姐的事。」春梅又搖搖頭。

「妳簡直把她當做活觀音！其實妳比她還勝三分。」他湊近她的耳邊輕輕地說。

春梅聽了心裏很高興，但她還是把頭讓開，她怕別人看見。

車子經過中山北路，春梅看見這麼寬闊的街道，感到十分驚奇，吳添福指指點點，添油加醋地替她介紹。

進了動物園，春梅更高興。她看見那麼多猴子和各式各樣的鳥，喜形於色。吳添福乘機牽著她的手，開始她躲閃幾下，被他握住之後她看了他一眼，不想抽出來。

看過老虎、豹子、獅子這些猛獸之後，他們站在山頂休息，她縱目四望，驚歎地說：

「臺北好大！」

「以後我再帶妳到別處玩玩，玩遍臺北。」吳添福討好地說。

「我要看家。」春梅說。

「妳何必一個釘子一個眼?不可以請鐵將軍把門?」

「我不放心。要是丟了東西怎麼對得住小姐?她一件衣服就值不少錢。」

「你真負責，難怪阿嬸誇獎你。」吳添福打量她一眼。

「真的?主人誇獎過我?」春梅笑著問。

「她說妳是她請過的下女當中最好的一個。」吳添福加強語氣說。

春梅高興得雙腳輕輕一跳，滿面春風地笑了起來。

吳添福牽著她轉過山頭，在人埋裏擠來擠去，她像是他的影子，寸步不離，她為了要早點趕回去弄中飯給許秋月吃，匆匆地看過狗熊、斑馬、麋鹿、大象、長頸鹿，又匆匆地走出動物園。

吳添福想多留她玩一下，硬拉她進圓山小吃店吃排骨麵。春梅看看他的手錶已經過了十二點，有點不安，他十分輕鬆地說：

「不要這麼緊張，天塌下來我頂，難道她連插頭也不會插？」

春梅聽說天塌下來他頂，笑著望望他，心裏有種安全感，從從容容地吃完一碗麵，纔和他一道坐上三輪車。

她在巷口下車，吳添福要送她進去，她搖搖手，碎步跑回家。

許秋月在房裏看小說，看見她回來，伸出頭來笑著問：

「吳添福肯放妳回來？」

「小姐，我不敢耽誤正事。」春梅紅著臉回答。

「妳去看獅子、老虎也是正事。」許秋月向她一笑。

第十五章　春梅作嫁為方塊　秋月卜卦想紅心

深夜，許秋月被一位黑皮黑臉，左顴有一道兩三寸長的疤印，十分健壯的四十來歲的男人扶了進來。她兩頰通紅，明眸如水，腳步有點踉蹌，顯然有幾分醉意。

春梅連忙扶住她，那男的看了春梅一眼，低頭問許秋月：「她是妳的下女？」

許秋月點點頭，他又看了春梅一眼，笑著對許秋月說：

「白馬配銀鞍，妳們兩人倒很相稱。」

「老大，多謝誇獎。」許秋月柔順地回答。

春梅把許秋月扶在沙發上坐下，倒了一杯冷開水給她，她一口氣喝完了。

「怎麼？妳不倒杯開水給趙大爺？」那男的望著春梅調侃地說。

春梅不敢怠慢，也倒了一杯冷開水給他，他仰著脖子咕嚕咕嚕地喝完了，隨手把空玻璃杯向春梅一拋，春梅慌張地接住，驚的臉色慘白，他卻哈哈大笑，望望許秋月說：

「她不是木美人，身手靈得很，要是走妳這條路，會和妳一樣紅透半邊天。」

春梅像受了侮辱，心裏很不高興，臉上卻不敢表現出來。許秋月連忙對那男的說：

「老大，她要正正當當地嫁人，才不幹我這種執壺賣笑的事！」

「嗨！真蠢！」趙大爺望望春梅一笑：「天生的一棵好搖錢樹，何必吃獨家飯？賺夠了鈔票再嫁人也不遲。」

春梅臉上紅一陣，白一陣。許秋月馬上替她解圍：

「妳去睡好了，現在沒有妳的事。」

「小姐，妳沒有喝醉？」春梅望了趙大爺一眼，關心地問。

「酒醉心下明，今天我喝的不多，心裏還明白的很，妳安心睡好了。」許秋月回答。

「白牡丹，看樣子她是想趕我出去啦！」趙大爺望望許秋月，笑了起來，又歪著眼睛對春梅說：「小姐要留客，妳何必吃飛醋？」

春梅紅著臉低頭跑了出來。聽見趙大爺在房裏哈哈笑，她輕輕地罵了一句。

第二天早晨八點多鐘，趙大爺先起床，要春梅打洗臉水，春梅服侍他洗過臉，他走到許秋月的床邊，擰擰許秋月的臉，說了兩句肉麻的粗話，一笑而去。

「小姐，這是甚麼鬼人？」春梅彷彿自己的臉上被他擰了一把，心裏很氣，禁不住問。

「他是延平虎，『五月花』的保鏢。」許秋月一個字一個字地回答。

「小姐，妳怎麼不趕他出去？」

「提他？」許秋月笑了起來：「吃我們這行飯的，都是屁股頭掛紙錢，招神惹鬼，我還能得罪趙大爺？」

「小姐，我真替妳抱屈！」春梅望著許秋月，同情地說。

「妳抱甚麼屈？」許秋月澹然一笑：「比他更難看的人我都伺候過，有錢的大爺沒有一個是小白臉。」

春梅想起有錢的人多半是上了年紀的大肚皮羅漢，又胖又笨，沒有一個像吳添福那樣討人歡喜。她一方面替許秋月惋惜，一方面也暗自慶幸。

許秋月睡意全消，提早起床。春梅服侍她洗臉，替她整理床鋪，她要春梅泡一大杯鹽開水給她，獨自坐在梳妝臺前用撲克牌卜卦。

春梅煮好了稀飯，過來看許秋月玩牌。春梅不懂撲克牌，也沒有看見過誰單獨打牌，她怕許秋月寂寞，好意地問：

「小姐，要不要我找人來陪妳玩？」

「不必，我歡喜一個人玩。」許秋月搖搖頭。

「小姐，打麻將也要四個人，妳怎麼一個人唱獨腳戲？」

「我不是打牌，我是卜卦。」許秋月把三張牌翻了過來，全是方塊。

她翻完了所有的牌，算算總分，方塊最多，她歎了一口氣：

「又是方塊第一！」

「小姐，方塊是甚麼意思？」春梅問她。

「方塊代表財富。」

「小姐，有錢能使鬼推磨，錢多還不好？」春梅望望她，有點奇怪。

「錢雖然能使鬼推磨，可是還有它買不到的東西。」

「小姐，幾十塊錢夠買個凶手，還有甚麼東西買不到？」

「春梅，我問妳。」許秋月忽然向春梅一笑：「要是有個糟老頭子，他給妳一百萬，妳願不願意嫁給他？」

「小姐，不會啦！」春梅笑著說：「就算他給我兩百萬，我也不會嫁給他。」

「妳說方塊的分數多有甚麼意思？」許秋月笑問春梅。

春梅也啞然失笑，反問許秋月：

「小姐，那妳希望黑桃的分數多，還是梅花的分數多？」

「我需要的是紅心。」許秋月拿起一張紅心。

春梅不知道紅心代表甚麼？她又問許秋月，許秋月把撲克牌一推，答非所問地說：

「我們吃飯吧！」

許錦花又不在家，祇有她們兩人吃飯。春梅覺得許秋月吃得太簡單，既不吃牛奶雞蛋，雞鴨魚肉，又不吃藥打針，晚上回來那麼晚，一星期還有兩、三天晚上不回來，怕她的身體變壞，因此委婉地對她說：

「小姐，不是我好吃，要妳買魚買肉，妳也應該和阿嬸一樣，吃點補藥才好！」

「我每天當番的次數多，不能再吃好東西，吃胖了大爺們不歡喜。提壺賣笑，就靠臉嫩腰細。」許秋月自嘲地說。

吳添福突然走了進來。他新理過髮，更是光滑油亮。穿了一套新西裝，身上有股香水味。他來的次數很多，許秋月在家時他常來，不在家時他更賴著不想走。春梅知道他又要邀她出去，怕許秋月不高興，故意對他說：

「今天我沒有空。」

吳添福瞟了春梅一眼，沒有把她的話當數，反而笑嘻嘻地對許秋月說：

「阿姐，今天妳更漂亮了，真賽過電影明星。」

「你別向我灌迷湯，我知道你葫蘆裏賣的甚麼藥。」許秋月笑著打量吳添福一眼。

「阿姐，我說的是真話，臺灣玉女明星白瑤還沒有妳漂亮。」

春梅嗤的一笑，望望吳添福，吳添福的臉都不紅一下，泰然自若地說：

「你今天到我家來就是為了講這句話？」許秋月望著他說。

「阿姐，孫悟空真的翻不過如來佛的手掌心，我也打開天窗說亮話。」吳添福滿臉堆笑地說：「今天妳能不能准春梅的假？」

許秋月上下打量他一眼，亦莊亦諧地問：

「我倒要問你一句話：你對春梅到底是真情還是假意？」

「阿姐，這還要妳問？」吳添福笑著把兩眉一皺：「我一片真心，比妳手上的鑽石還真。」

春梅聽了欣慰地一笑。吳添福指著她對許秋月說：

「阿姐，不信妳問春梅自己好了。」

許秋月望了春梅一眼，看春梅脈脈含情，如癡如醉，嗤的一笑：

「她已經被你弄得神魂顛倒，你倒杯毒藥她也會喝下去，何況假話？」

春梅臉一紅，低頭不語。吳添福得意地一笑。

「我准她的假，讓你們談情說愛，你可不能騙她！」許秋月說。

「阿姐，騙她天雷打！」吳添福右手指天。「談戀愛還有假？」

許秋月不禁失笑。春梅喜上眉梢。吳添福拉著春梅的手，跑了出去。許秋月望著他們的背影，輕輕地歎了一口氣。

她又關在房裏一個人卜卦，還是方塊分數最多，紅心分數最少。她傷心地哭了，跪在地上，雙手合在胸前，喃喃地說：

「老天爺，給我紅心吧！我願意以所有的方塊交換，能和春梅一樣我就心滿意足了。」

第十六章 滿身風塵滿眼淚

一張白紙一個人

吳添福把春梅帶到植物園玩。他們手牽著手散步，談天。

「下次我帶妳到我家去，我要阿爸、阿母答應我們訂婚。」吳添福說。

「恐怕他們不會同意？」春梅擔心地說。

「看了妳就會同意，我阿爸很會看女人。」吳添福得意忘形。

「阿伯很會看女人？」春梅望望吳添福一笑。

「我是說他年紀大，見識多。」吳添福改變口氣說。「不知道妳母親會不會同意？」

「大概會同意。」春梅自思自忖地回答。

「要是她不同意呢？」吳添福緊追一句。

春梅沉思了一下，望望吳添福說：

「我自然有我的跳牆法。」

「妳有甚麼法寶?」吳添福望著她笑。

「女人的老法子:一哭、二鬧、三上吊!」春梅笑著回答。

「妳可不能真上吊。」吳添福搖搖她:「要是鬧出了人命,我不落了空?」

「作來世夫妻不好?」春梅笑盈盈地說。

「我可等不得,我要打鐵趁熱。」吳添福把她往懷裏一拉。

「我才十六歲,結婚還早哩!」春梅歪著頭逗他。

「妳不是和大人一樣?」他又搖她一下:「十六歲結婚的女人多的是。」

「秋月小姐二十三了,還沒有結婚哩。」

「她的丈夫多得很,還結甚麼婚?」吳添福輕薄地一笑。

「我看她心裏也很苦悶!今天早晨她就卜卦。」春梅說。

「她會卜卦算命?」吳添福驚奇地說。

「她是玩撲克牌,她說她要紅心。」春梅望望吳添福說:「你知道紅心代表甚麼?」

「愛情。」吳添福立刻回答:「妳不知道?」

「奇怪,她也需要愛情?」吳添福好笑。

「小姐沒有告訴我。」

「她也是人,怎麼不需要?」

「她真是大肚子羅漢,怎麼要得了那麼多?」

「你別笑她，她並不愛那些上酒家的闊佬。」

「將來她還不是嫁給那些闊佬當姨太太？還想嫁我這樣的年輕人？」吳添福得意地指指自己的鼻子。

春梅望望他，他的確年輕漂亮，像個電影小生，她心裏暗自高興。

走到一簇密集的樹叢後面，吳添福吻她，她非常柔順地接受了。

在植物園裏玩了一個多鐘頭，她又想起要煮飯給許秋月吃，提議回家，吳添福不樂意地說：

「每次出來總是匆匆忙忙回去，真不夠意思。」

「端人家的碗，服人家的管。我是下女，不是主人。小姐讓我陪你出來玩，已經是天大的人情了。」春梅說。

「我回去對阿母講，把妳早點娶回家，日夜陪我。」

「你是不是哄我？」春梅笑瞇瞇地問他。

「我講的是真心話，絕不哄妳。」

春梅自動地讓他吻了一會兒，滿懷高興地趕回家。她覺得這世界真美，滿街的人都在向她笑，都在羨慕她。

許秋月看她高高興興得回來，也十分羨慕。把她叫到房裏，問吳添福對她講了些甚麼話？她告訴許秋月說吳添福想早點和她結婚。

「女人最好的職業是結婚。」許秋月笑著說：「女人好比一張白紙。一生只畫一個男人，才會幸福。」

春梅望望許秋月，忽然想起吳添福告訴她的紅心代表愛情，馬上對許秋月說：

「小姐，我知道紅心是甚麼意思。妳既然想要紅心，應該早點找個合適的先生。」

「春梅，我不比妳。」許秋月搖搖頭淒然一笑：「妳是黃花閨女，我一身風塵，沒有人會真心愛我。」

「小姐，妳這麼好，一定會有人愛妳。」

「年輕人沒有錢，我是阿母的搖錢樹，縱然有人愛我，也討不起我；年紀大的人有錢，又有家有室，縱然想買我，我也不會真心愛他。所以我每次卜卦，總是紅心分數最少。而且我不會像妳這樣一見鍾情，我過的橋比妳走的路多，我總覺得男人是在玩弄女人，很少真情真意。」

春梅完全沒有這種想法，她毫不懷疑吳添福。她惶惑地望著許秋月，許秋月笑著對她說：

「剛纔妳姐姐來找妳。」

春梅自從上次去過姐姐家裏就沒有再去。她怕姐夫開她的玩笑，提李課長的事。她和吳添福正在熱戀，更避免到姐姐家裏去。現在她還不想讓母親和姐姐、姐夫知道這件事。

「小姐，她找我有甚麼事？」停了一會兒春梅纔問。

「她要妳去吃晚飯。」許秋月回答。

「小姐，妳有沒有告訴她我到甚麼地方去嗎？」

「我當然不會說妳出去談戀愛。」許秋月打趣地說。

春梅聽了高興得一笑，但是她並不想去姐姐家，反而推托地說：

「小姐，上午我出去了，下午怎麼好意思再出去？」

「放妳兩次假好了，我已經答應她。」

「小姐，家裏沒有人我怎麼能走？」

「阿母會回來，她打了一天一夜牌，也應該休息休息了。」

「小姐，妳心腸太好，應該得好報。」

「我大約是前世作了孽，這世才執壼賣笑，下世不打進阿拉鼻地獄就行，還想甚麼好報？」

許秋月又自嘲起來。

「小姐，不會有那種事啦！妳一定會嫁個好先生。」

「春梅，我得不到紅心。惟願妳嫁個好丈夫，我也高興。」

下午五點多鐘，許錦花回來了。一進門她就笑著對許秋月說：

「秋月，我今天的手氣不壞，贏了上千塊。」

「阿母，我祇希望您不輸不贏，消遣消遣好了。」許秋月說。

「沒有那麼巧的事，打牌總有輸有贏。」許錦花笑盈盈地說：「不然打不起勁。」

許秋月乘她高興，把春梅晚上要去姐姐家吃飯的事告訴她，她滿口答應。

許秋月連忙打扮了一下，準備出去，許錦花對她說：

「秋月，妳替我帶一瓶『欲不老』回來，剛纔我忘記買了。」許秋月點點頭。許錦花對春梅說：「妳也該出去了，讓我一個人關起門來睡覺。」

春梅聽了十分高興，許秋月笑著把她一拉：

「我們一道走，讓阿母一個人享福。」

春梅跑到自己房裏拿出小皮包，跟在許秋月後面走了出來。許錦花看看她們兩人幾乎一般高，笑著打趣：

「妳們真像一對姐妹花啦！」

「阿母，妳三句不離本行，」許秋月回眸一笑：「又談牌經啦！」

「小姐，阿嬸是故意抬舉我。」春梅輕輕地對許秋月說：「我真是禿子跟著月亮走，沾妳的光呀！」

許秋月望望春梅，春梅穿的是她的舊衣服，比初來時胖了一點，高了一點。只是沒有燙髮，沒有穿高跟鞋，沒有擦口紅，樸素得像個高中學生，不像自己花俏。至於面貌，倒也有幾分相似。不要說吳添福愛春梅，她自己要是男的，就絕不會讓肥水流進外人田了。

「春梅，妳沒有沾我的光，是妳自己在放亮。」許秋月笑著回答。

兩人走出巷口，書攤老闆驚奇地打量她們一眼。來往的行人也向她們行注目禮。春梅有點臉紅，許秋月彷彿沒有把那些人看在眼裏。

許秋月要叫三輪車，春梅輕輕地對她說：

「小姐，妳很少走路，也該運動運動，我陪妳走到『五月花』好不好？」

「好吧，我們就走幾步，不然我的腳真會癱了。」許秋月笑著點頭。

兩人併肩走在人行道上，許秋月的旗袍鮮豔奪目，身上散發著一陣陣幽香，男人的鼻子特別敏感，眼光自然集中在她們身上，前後左右的人都盯著她們。春梅有點侷促不安，生怕那些人像餓狼一樣撲上來。許秋月輕輕地對她說：

「妳現在瞭解我為甚麼不走路吧？」

「這些男人好無聊。」春梅輕輕地回答。

「不能完全怪他們無聊，我的職業是招蜂引蝶。」許秋月自嘲地說：「如果男人看也不看我一眼，怎麼會把褲腰帶上的錢也解下來？」

「小姐，妳說笑話？」

「不是笑話，」許秋月搖搖頭，掃了周圍的男人一眼：「不過這些人祇能眼睛吃冰淇淋，還不夠格上『五月花』。」

春梅知道她的話一點也不誇大，她雖然不知道一席花酒要多少錢？但祇看看『五月花』那種皇宮般的氣派，一般人是不敢進門的。

她把許秋月送到「五月花」門口，裏面一個中年胖子笑臉相迎地揚聲說：

「白牡丹，妳來得正好，樓上有老主顧等妳！」

許秋月回過頭來輕輕地對春梅說：

「看樣子我還能在這裏混三兩年。」

說完就春風俏步地跑上樓去。

春梅望著許秋月的背影呆立了一陣，二樓窗口有人咳嗽一聲，她抬頭一望，是一位口銜雪茄留了一撮鬍鬚的中年人，兩隻色迷眼睛正盯著她，她膽怯地頭一低匆匆溜走。

她擠上了十三路車，心裏還有點蹦蹦跳，她暗自佩服許秋月，不知道她怎麼能應付各色各樣的色迷男人？

她下了車向姐姐家走，想起母親心裏不禁有點慚愧，許久沒有來看她，實在說不過去。這一向她的心完全被吳添福占住了，很少想到別的人，別的事。

下坡時她發覺姐姐正在向堤上張望，叫了一聲阿姐，秋蓮連忙迎著她說：

「春梅，妳怎麼好久不來？一定要我去請妳？」

「阿姐，對不起，我實在離不開。」春梅支吾地說。

「我去找妳時妳怎麼又不在？」

「阿姐，小姐要我出去做點事，真不湊巧。」春梅只好扯謊。

姊妹兩人沒有說幾句話就到了門口。林添財迎著春梅說：

「姨妹，妳是不是嫌我的菜弄得不好？吃了一次就不願意再來？」

「姐夫，我端人家的碗，服人家的管，哪有這麼好的口福，常常來吃你的菜？」

「喲！姨妹，到底臺北的風水好，妳的口才也越來越好了！」

春梅和秋蓮都笑了，凌緞牽著外甥走出來，春梅叫了聲「阿母」，連忙跑過去，凌緞拂拂她的頭髮，慈愛地說：

「當初是妳要我來臺北，我來臺北以後妳又不來看看我，反而要我替妳操心，真是水向下流。」

春梅紅著臉，在小皮包裏摸出五百塊錢，往凌緞手裏一塞，凌緞高興得眼圈一紅，笑著說：

「妳自己留著用，我不要妳的錢。」

「阿母，這是我第一次給您錢，您要收下。」春梅按按母親的手，又望望姐姐：「阿姐，以後我都給妳，算是阿母的伙食費。」

「免啦！妳自己還要辦嫁妝呀！」秋蓮笑著回答。

「阿姐，妳也取笑我，下次我真的不來了！」春梅佯裝生氣地說。

「姨妹，我看這真是大姑娘上花轎，嘴裏哭，心裏笑。」林添財打量春梅一眼，調侃地說。

秋蓮和春梅都噗的一笑，春梅抓住秋蓮的臂膀搖了幾搖：

「阿姐，姐夫欺侮我妳也不管？我真的不依妳！」

「他講的是老實話，不祇妳一個人如此，我們女人都是一樣的心思。」

春梅又搖了秋蓮幾下，秋蓮忍不住笑。凌緞叫住春梅說：

「春梅，我跟妳講正經話。」

春梅放下秋蓮，轉身問凌緞：

「阿母，甚麼正經話？」

「妳還記不記得李課長？」凌綴問她。

「阿母，甚麼事嗎？」春梅收斂了笑容，皺著眉問。

「他到這裏來了好幾次，上次親口向我提親。」凌綴滿面笑容地望著春梅。

「阿母，我不愛聽。」春梅把身子一扭。

凌綴看了一怔，林添財和秋蓮也面面相覷。停了一會兒凌綴纔說：

「春梅，我觀察了很久，李課長的確是個誠實可靠的人。他既無父母、又無兄弟姊妹。一個人在臺灣，簡簡單單，多好？」

「而且他的職位也很不錯，」林添財馬上接嘴：「年紀輕輕的就當了課長，做事認眞負責，上上下下對他都很敬重。收入也很好，最難得的是他不抽菸，不喝酒，不賭，不嫖，公家還可以配眷舍，他答應請下女服侍妳，比妳姐姐嫁給我好多了。」

「姐夫，免談啦！」春梅搖頭。

「春梅，很多人向他提親他都沒有答應，他就看中了你，這算有緣。」秋蓮插嘴。

「阿姐，落花有意，流水無情，他看中了我我看不中他，這算甚麼緣？」

「春梅，李課長人品實在很好，正正派派，實實在在，女人就要嫁這種丈夫。妳年輕不懂事，應該信我的話。」凌綴說。

「阿母，他大我一半啦！」

「女人老得快，男人大十多歲沒有關係，再過十年你們就可以拉平了。」

「阿母，不行哪，他太老！」春梅用力搖頭。

林添財笑了起來，望著春梅說：

「姨妹，三十一歲的人就算老？他在我們局裏的課長當中還是小老弟啦！現在的男人五、六十歲也不出老，他還嫩得很哩！」

秋蓮被丈夫說得笑了起來，春梅卻一板一眼地說：

「姐夫，不管他老不老，我不嫁外省人！」

「姨妹，外省人有甚麼不好？」林添財問春梅：「我們局裏有好幾位高中畢業的本省小姐想嫁他都攀不上哩！」

「姐夫，我可不貪他的地位！」

「他是真材實料，專科畢業，不是空架子。」林添財說。

「春梅，我轉眼六十了，不知道哪天眼睛一閉，兩腳一伸就去了！妳的事總要早點辦好，早了我一樁心事，以前雖然也有不少人向我提親，我都沒有答應，李課長是我最中意的人，這真是一門好親，所以我才找妳談這件事。送上門來的好機會，妳不要錯過了。」凌綴苦口婆心地說。

春梅不忍心使母親太難過，又想到吳添福要提親的話，就不再像先前那樣堅決拒絕，改用十分溫和的口氣對凌綴說：

「阿母，我還年輕，又不是七老八十，以後慢慢再說吧！」

「我不逼妳，我是為妳著想。」凌綴望望春梅說：「我要妳知道這是一門好親事，要不是妳姐夫的關係，打著燈籠火把也找不到。」

春梅不作聲，秋蓮把她拉到身邊，輕言細語地對她說：

「阿妹，阿母過的橋比妳走的路多，她的話不會錯。我們女人嫁人就是要找個好靠山，像李課長這樣不抽菸、不喝酒、不嫖、不賭的男人實在太少。男怕選錯了行，女怕嫁錯了郎，我們女人就怕嫁了一個吃喝嫖賭的丈夫，到那時哭出一缸眼淚來也是枉然。」

春梅望望秋蓮，心裏捉摸一下，還是覺得吳添福比李課長好。第一是漂亮，第二是年輕，第三是本省人，第四是嘴甜，第五是會揣摩她的意思，第六是大膽……。她思想一閃，吳添福就有那麼多優點，吳添福的影子很快地在她心裏擴大起來，她彷彿聞到他嘴裏的口香糖味，她又有點心醉。

秋蓮看她默不作聲，以為她裝聾作啞，捉住她的臂膀搖了兩下：

「阿妹，妳不要把我和阿母的話當耳邊風，這是終身大事，我們都是為妳好。」

第十七章 陳春梅一廂情願 許秋月兩眼滄桑

春梅吃過晚飯，不想再和母親他們談李課長的事，便匆匆地趕回許家。

許錦花已經吃過晚飯、洗過澡。她看春梅這麼早回來，心裏很高興。春梅替她把換洗的衣服洗好，晾在竹竿上。

許錦花睡了一覺，精神又恢復過來，她吃的那些維他命，對她可能有很大的幫助。

春梅仔細注意她，怎麼看也不像日本人。她不但講的一口純粹的閩南語，也會講國語，還歡喜穿旗袍。

她們兩人正在閒談時，吳添福闖了進來。

春梅一看見他就喜上眉梢，含情脈脈地看著他。許錦花笑著問他：

「阿福，你是不是又來找我打牌？」

「阿嬸，不是請妳打牌，是我阿爸、阿母答應明天上午見春梅，我來帶她出去燙髮的。」吳添福說。

「怎麼，你們這麼好了？」許錦花笑著打量他們兩人：「我還蒙在鼓裏呢！」

「阿嬸，多謝妳作的媒。」吳添福乖巧地說。

「阿福，妳沒有背著我幹了甚麼好事？」許錦花指著吳添福笑問。

春梅有點臉紅，吳添福卻嬉皮笑臉地回答：

「阿嬸，妳是過來人，這還用問？」

「阿福，你真壞！」許錦花笑著罵他，「日後可別忘記請我吃喜酒？」

「阿嬸，我一定請妳坐首席。」吳添福拉著春梅往外走，「現在讓我帶春梅去燙髮吧？」

春梅突然停步，回頭望望許錦花，想得到她的允許，許錦花點點頭說：

「好，妳去吧！」

「多謝阿嬸！」吳添福機伶地說。

春梅跟著吳添福出來，十分興奮，她把李課長提親的事告訴吳添福，吳添福笑著回答她：

「妳答應沒有？」

「我要是答應了還會跟你出來燙髮？」春梅望著他笑盈盈地說。

「妳為甚麼不答應？」吳添福打量她。

「阿福，我的心已經交給你了，怎麼能答應別人？」春梅激動地回答。

吳添福得意地一笑，這纔貶了李課長幾句：

「一個外省人，無葉無根，年紀又那麼大，不知道妳母親怎麼會看上他？」

「阿母不知道我們的事。」

「妳怎麼不告訴她？」

「你沒有央人去提親，我怎麼好講？」

「好，我要讓妳母親驚奇一下。」吳添福神氣地說。

「你們甚麼時候去？」

「明天妳和阿爸、阿母見了面，就可以決定。」

「不知道他們看不看得中我？」春梅有點擔心。

「我看得中，他們自然看得中。」吳添福望望她說。「妳要是燙了髮，擦了口紅，那真像觀世音菩薩。」

春梅聽了他的話，像吃了一顆定心丸。他們手牽著手走進一家大理髮店。吳添福把她安置在女子理髮部，對一位男理髮師說：

「五號，麻煩你做好一點。」

五號點點頭，把春梅領到一張椅子上坐下。吳添福對春梅打了一個招呼，轉到隔壁男子理髮部去。

這是春梅第二次到大理髮店，上次鄭桃帶她去桃園那家理髮店，還沒有這家理髮店神氣，她還記得那個輕薄的理髮師，因此對這位理髮師也有幾分戒意。而這個理髮師卻一直規規矩矩，連話也很少講。她也閉著眼睛不作聲。

吳添福祇是洗個頭，吹吹風，擦擦油，噴點膠水，和年輕的女理髮師開開玩笑，費的時間不多。他過來時春梅的頭髮還沒有做好，他站在春梅身邊看，春梅看見他膽壯了不少，和他有說有笑。

五號將春梅的頭髮做成少女型，右額角留了一小縷頭髮，捲成一個釣魚鉤的形狀，顯得格外俏麗。吳添福看了非常滿意，多給了五號理髮師五塊錢的小費。

春梅也覺得比那次的鳥窩作得好看，她在大鏡前端詳了一會兒，才滿意地離開。她想吳添福的父母看了她一定會點頭的。

經過一家百貨店門口，春梅突然想起要買一支口紅，那次她擦了許秋月的口紅，是要好看些，她想留點錢給母親，一直沒有買。她身上還有一點錢，本來是留著租書的，可是明天這一關太重要，她拉拉吳添福的袖子，走了進去。

她選了一支深紅的，她正要付錢時吳添福搶先代付了。她沒有說感激的話，祇深情地看了他一眼。

經過國泰戲院時，吳添福本來想帶她進去看一場電影，但是時間太晚，最後一場都快要散場了，祇好送她回去。

巷口的書攤已經收走了，雜貨鋪也在上鋪板，巷子裏的人家已經關門，連一條狗也沒有。他把她送到門口，她正舉手敲門時，他突然攫住她的手，她像根棉花條檬地倒在他的懷裏。

「明天上午我來接妳。」臨走時他在她耳邊輕輕地說了一聲。

她癡癡呆呆地望著他走出巷口，直到他消失不見，她纔如夢初醒，舉手在大門上拍了兩下。

停了一會兒，許錦花纔來開門，春梅向她抱歉地一笑，她打量了春梅一會兒，訝然地說：

「春梅，我老眼昏花，差點不認識妳了。」

「阿嬸，您別見笑。」春梅紅著臉說。

「我怎麼會笑妳？」許錦花以長輩的口氣說：「現在我更覺得妳給我當下女是太委屈了。」

「阿嬸，快別這樣說。」春梅隨手關上門，望著許錦花說：「要不是遇著您，我哪有今日？」

「春梅，妳和秋月一樣，很有良心。」許錦花高興得拍拍春梅：「我要是有妳們這兩個親生女兒，神仙我也不想做。」

「阿嬸，您現在就是神仙。」

「春梅，我是享了秋月的福，不過女人像富士山的櫻花，開不長久。」

「阿嬸，將來您替小姐怎樣打算？」

「那要看她自己的造化了！女人遲早總是要嫁人的。」許錦花望望春梅：「不過，她恐怕不能像妳一樣嫁個年輕的美男子。」

「阿嬸，我還不知道阿福的家庭情形怎樣？」

「他父親很有勢力，和好幾位有頭有臉的人物是拜把子兄弟。包了好多家大飯店、大酒家的菜肉生意。家裏請了下女，妳要是嫁過去，可以享現成的福。」

春梅望望許錦花，有點不敢相信。她自己家裏無錢無勢，過去是寡婦幼子，現在三叔虎仔仍然看不起他們，父親在世的朋友，還是不和他們來往，如果她能夠嫁個有錢有勢的婆家，也可以揚眉吐氣。

她心裏暗自高興，不禁喜形於色。許錦花笑著對她說：

「春梅，這真是妳的造化，想不到妳和阿福有緣？」

緣？她真有點相信這是緣，她是一見到吳添福就愛上他，對別人她從來沒有這種感情。李課長雖然生得不錯，她姐夫也有意穿針引線，可是她偏不喜歡。她和吳添福不是緣是甚麼？她甚至覺得她和許錦花母女也有緣。她想這也許是母親求神拜佛的關係，不然她負氣逃到臺北來不會這麼順利。傭工介紹所的那三個女孩子說不定還沒有找到工作？說不定淪落到保安街那些綠燈戶裏去了？她自己真是矮子爬樓梯，步步高陞呀！和吳添福的親事一決定，她這一輩子就再也不會受鄭桃和菊妹的那種玩弄折磨了。

她服侍許錦花睡了覺，就坐在許秋月的房裏等待，外面一有響動，在許秋月的房裏就可以聽見。

許秋月的枕邊又放了許多新武俠小說和電影雜誌畫報，她統統搬到沙發上來翻閱。她忽然對那些女明星的服飾髮型發生興趣，她覺得許秋月有些地方是模仿她們，有些地方許秋月又走在她們的前面，她覺得許秋月比那些玉女明星漂亮，要是許秋月能拍電影，那不是比當酒女更好？一當了電影明星，名聲就好多了，就不愁嫁不到一個好丈夫了。

兩點剛過，許秋月就回來了。她今天好像又喝了不少酒，兩眼汪汪，似淚非淚，看來十分迷人。

她進房以後，纔發現春梅的髮型變了，她仔細打量春梅一眼，笑著點頭：

「妳早就應該這樣打扮的。」

她望望梳妝臺上的化妝品，走過去挑了一支口紅交給春梅：

「這樣東西也是女人不可少的。」

「小姐，我已經買了一支。」春梅說。

「妳何必花錢買？我的用不完。」許秋月望望她：「妳買的是甚麼顏色的？」

「深紅的。」春梅回答。

「不妨。我這支是淺紅的。每天變化一下也好，男人都是喜新厭舊的。」

隨後她又問春梅到姐姐家去吃了甚麼？姐姐找她有甚麼事，春梅照實告訴她。

許秋月望望春梅，過了一會兒纔說：

「妳母親、姐姐的看法不錯。我將來要是嫁人，就希望能嫁到那種男人。」

「小姐，李課長死死板板，沒有甚麼可愛，我還是喜歡阿福。」春梅說。

「妳還年輕，摸不著男人的心。」許秋月向春梅一笑。

「小姐，阿福待我很好，他明天帶我到他家去。」

「那我就不必說了。惟願妳沒有看走眼。」許秋月一面說一面卸下緊身旗袍。

春梅服侍許秋月洗過澡，替她洗好內衣纔睡。

上床時已經三點，她盡量不想別的事，惟願明天精神飽滿，給吳添福父母一個好印象。但是睡著以後她不斷地做夢，夢著吳添福帶她到處遊玩，他們像長了翅膀的王子和公主一樣，無憂無慮，比神仙還快活；她夢著結婚，她穿得比許秋月還漂亮，吳添福把一個大戒指戴在她的指上，羨煞了不少男女來賓，牆壁上掛滿了「佳偶天成」、「百年好合」、「同偕到老」的喜幛。她快樂得笑醒了。

她連忙下床，打開大門望望，她怕吳添福站在門外。巷子裏還沒有陽光，巷口的書攤也沒有擺出來，她知道時間還早，便不慌不忙地準備早餐。

吳添福來時，許錦花、許秋月已經起床，她們知道他的來意，吩咐春梅提前開飯。

春梅沒有化妝，飯後許秋月把她帶到房裏，給她薄薄地施點脂粉，擦好口紅，要她對著鏡子看看，笑著對她說：

「憑妳這副長相，國王也看得上眼。」

春梅也掩不住內心的喜悅，愉快地一笑。許秋月又打量她的腳下，看她還是穿的一雙平底鞋，隨手從床前拿過一雙黑色高跟鞋，要她坐在沙發上試試，春梅的腳也和許秋月的一般大小。

許秋月牽著她走了幾步，讚美她說：

「妳穿上高跟鞋，走路更好看。」

「小姐，妳的鞋跟太高，像踩高蹺，我怕摔跤。」春梅沒有穿過高跟鞋，走路很不習慣。許秋月的鞋又都是兩寸半的細高跟，身體的重量都在腳尖上，她真的怕摔倒。

「不要緊，妳多試幾步就行。」許秋月說。

春梅看吳添福在偷看，連忙把房門關上，在房裏來回走了幾次。許秋月看了相當滿意，又示範了一下，告訴她幾點訣竅：

「穿高跟鞋走路，身體要直，小腹微微收縮，步子不要太小，也不要太大，輕鬆，自然，這樣就特別好看。」

「小姐，不行。」春梅搖頭一笑：「我沒有妳的道行深。」

「妳放心好了！」許秋月笑著把房門拉開：「太上皇見了妳也會點頭。」

春梅紅著臉，蓮步輕搖地走了出來。吳添福連忙把她攬住，許錦花也直著兩眼望著她。吳添福笑著對許錦花說：

「阿嬸，我帶她去去就來。」

許錦花笑著點頭。吳添福把春梅一拉，春梅兩腳篤篤篤地走了出來。

「小姐對我真好。」春梅感動地說。

「該死！」吳添福把後腦一拍：「我不知道妳穿高跟鞋走路更好看！回頭一定替妳買一雙。」

「不要破費啦！我不比小姐，沒有多少機會穿。」

「妳又不當一輩子下女？和我出來時不可以亮亮相？」

春梅走走漸漸習慣，她也覺得穿高跟鞋要顯得有精神些，他要是真的送她一雙，她心裏會格外高興。

他們從書攤旁邊經過時，書攤老闆驚奇地打量了春梅幾眼，笑容滿面地說：

「春梅小姐，今天新到了好些言情小說，要不要看？」

「回來再租。」春梅笑著回答。

「好，我替妳留著。」老闆討好地說。

吳添福輕視地看了老闆一眼，挽著春梅迅速地走開，生怕老闆搶走她似的。

吳添福的家就在同一條街的另一條巷子裏，十來分鐘就走到了。吳添福走到門口叫了一聲「阿母」，一位瘦長條、馬臉、鷹嘴鼻、三角眼、五十來歲的婦人，首先從房裏探頭出來。她後面跟著一個年齡相仿，個子比她矮一拳，猴臉，眼睛骨碌骨碌地向春梅身上溜的男人。吳添福向春梅介紹說這是他的父親、母親。

從後面房裏又走出一位二十多歲，微微挺著肚皮，一半像吳添福的母親，一半像他父親的少婦。吳添福指著她對春梅說：「這是阿姐。」

春梅跟著叫了聲「阿姐」。他們三人全身上下地打量春梅，吳添福的姐姐吳滿嬌，眼裏有幾分妒嫉；吳添福的母親皮笑肉不笑地盯著她；吳添福的父親吳多業，帶著七分饞相、三分尊嚴地注視她。

春梅像處在刀槍劍戟的包圍中，十分不自在。吳添福把她輕輕一拉，安排她坐在一張雙人沙發上，吳添福坐在她的身邊，她還纔有點安全感。

吳多業夫婦問了春梅的家庭情形，春梅照實告訴他們。至於春梅個人情形，他們已經從許錦花嘴裏知道不少，不必再問。他們兩夫妻商量了幾句，吳多業慷慨地對春梅說：

「今天晚上我們請妳上酒店吃飯，我們邊吃邊談好了。祇要妳和阿福兩人願意，我們自然答應。」

春梅聽他已經同意，心上一塊大石頭落了下來。不過她沒有上過大酒店，她不想到那種地方去，免得出洋相。她輕輕地對吳添福說請他們不要破費。

「沒有關係，阿爸常去。」吳添福輕鬆地回答：「他們看得起妳，纔請妳去那種地方。」

春梅不再作聲，也不想多坐，隨即告辭出來。走到外面，她覺得輕鬆許多。她不知道吳多業夫婦對她的印象到底怎樣？她祇覺得他們兩人和大姑娘都很討厭，她發覺吳添福的長相一點也不像他們三人。吳添福送她出來，真的在皮鞋店裏替她買了一雙高跟鞋，她心裏的一點彆扭完全煙消雲散了。她從書攤邊經過，書攤老闆遞給她一本新出版的言情小說，還說了幾句奉承話，押金租錢根本不提了。

許秋月看她回來，關心地探問會面的情形，春梅沒有說出她不喜歡吳添福的父母姐姐，祇說他們已經同意她和吳添福的事，晚上還要請她上酒店。許秋月聽了替春梅高興，她沒有見過吳添福的父母和姐姐。

許秋月接過春梅的鞋盒，打開看看。這雙新鞋沒有春梅腳上的那雙好，許秋月的高跟鞋不論是客人送的還是自己買的，都是最高級的貨色，不過她沒有批評好壞，祇笑問春梅：

「妳自己買的？」

「不，阿福送的。」春梅高興得回答。把腳上的鞋子脫下來，放回原處。

「妳晚上去酒店還是穿我那雙好了。」許秋月放下鞋盒，指指自己的鞋說。

「小姐，多謝妳，我穿自己的。」春梅怕穿壞了許秋月的鞋子，同時她對這雙新鞋很滿意，穿在腳上心裏也是甜甜的。

「去那種地方一切都要考究，我再借件旗袍給妳。」許秋月打開衣櫥，取出一件素雅的杏黃色的旗袍，要春梅試試。

春梅不願辜負她的好意，脫下裙裝，換上旗袍。許秋月替她拉拉窄下擺，旗袍貼在春梅身上非常合適好看。許秋月又把她推到鏡前，前後左右轉動，笑容可掬地說：

「妳這樣走進酒店，哪家的千金小姐比得上妳？」

「小姐，我鴨兒上不了架，妳硬捧怎麼行？」春梅羞慚地一笑：「不出洋相就好。」

「不要這樣想。水漲船高。到了那種地方千萬不要想到妳是下女。現在的社會祇重衣冠不重人，我到那種地方，別人都以為我是少奶奶，誰也不知道我是酒女。眼淚祇能往肚裏流，不要讓別人看見。妳以為上酒店的那些人個個都是紳士、淑女？要是真的揭了底牌，說不定還沒有我清白。」許秋月安慰春梅說。

「小姐，妳別說笑話，去那種地方的人，哪一個不比我高？」春梅笑著搖頭。

「春梅，我說妳也不信，現在很多男人都和我們女人一樣，臉上擦粉，妳看到的都是外面一層，那種地方錢就是通行證，不過大家都裝得很神。憑妳這身打扮，皇宮也去得，何況酒店？」

許秋月這番話減輕了春梅的自卑感，她高高興興得期待晚飯時間的降臨。

下午六點剛過，吳添福又來接她，她已經打扮好了。吳添福看她穿了旗袍，又是一番風度，高興得在她腰上捏了一下。

一輛紅色的轎車等在巷口。吳多業西裝筆挺地坐在司機旁邊，他太太坐在後座。春梅沒想到他們會有轎車。

吳多業看春梅走來，老遠就瞪著眼睛打量她，他覺得春梅越看越漂亮，他真有點懊悔自己早生了二、三十年。

吳添福把春梅安置在後座中間，她不敢過分靠近吳添福的母親，她對吳添福的母親有點怯懼。她也不敢太靠著吳添福，怕他母親不高興。好在酒店不遠，轎車又比公共汽車輕快，十幾分鐘就到了。

這家酒店比「五月花」酒家更富麗堂皇，門口停了很多小汽車，門邊站著一位穿白制服戴小帽的十五、六歲的男孩子，恭恭敬敬地迎送客人。春梅如果不是跟著他們一道，真不敢進去。

吳添福父子和酒店餐廳裏的人很熟，那些服務人員對他們父子兩人不像對一般客人那麼必恭必敬。別的客人吃飯時他們不敢隨便講一句話，站在吳添福他們桌邊的人，和他們父子兩人卻有說有笑。

餐廳很大，席位很多，地上鋪著厚地毯，壁上掛了不少油畫。客人的派頭也特別大，有些中國人也講洋話，春梅從來沒有見過。

吳多業夫婦不但不會講洋話，連國語也講不好，他們的派頭雖然無法和別的客人相比，可是在春梅面前卻故意裝腔作勢。吳多業硬要吃西餐，弄得春梅拿著刀叉不知如何是好？他又故作內行地殷勤地教導，使得春梅格外尷尬。吳多業還無話找話地跟那個站在桌邊的侍者談些酒店裏面的事情，和最近從國外聘來的歌星舞星賣座的情形，以表示他特殊的身分。

「過幾天我就派人去向妳母親提親，將來你們的結婚典禮就在這家酒店舉行，妳看怎樣？」吳多業突然對春梅這樣說。

春梅不知道怎樣回答好。望望吳添福，吳添福對吳多業說：

「阿爸，你怎麼決定怎麼好，我和春梅沒有意見。」

「妳母親有沒有意見？」吳添福的母親故意問春梅：「她會不會嫌這地方太小？」

春梅有種被戲弄的感覺。她又望望吳添福，一看到他，她心裏就覺得快樂，她笑著回答：

「阿母不會有意見，您們怎樣決定怎麼好。」

「妳母親會不會答應這件婚事？她看不看得起我們？」吳添福的母親皮笑肉不笑地問。

春梅心裏有點難過，覺得吳添福的母親是故意奚落她。吳添福看她不作聲，有點緊張，她這纔輕輕地回答：

「我是最小的女兒，母親會將就我。」

「這樣就好，」吳添福的母親做作地噓口氣：「免得我和媒人碰一鼻子灰。」

「阿母，妳別擔心，」吳添福輕鬆地說：「既然春梅願意嫁我，保險妳馬到成功。」

「不知道她母親要多少聘金？」

「我母親不是愛錢的人，禮到就行，多少隨意好了。反正是要陪過來的。」

「這倒好辦。」吳多業接嘴：「我們也不要她陪，一切我會準備。」

提親的事就談到這裏為止。西餐也吃到甜食。春梅一直很勉強地吃下去，胃口不開，吃到甜食，才算對路，把肚子填飽。

飯後吳多業要她聽歌看舞。歌星是從馬來亞請來的混血女人，舞星是從日本請來的美女。吳多業並不懂歌，他卻歡喜看那個混血女人穿著低胸服裝，在臺上邊扭邊唱。吳添福的興趣也很高，祇有這一點他們父子兩人纔完全一樣。熱情豔舞，更加刺激，吳多業瞪著兩眼，張著嘴巴，盯著東洋女人半裸的胸部和大腿；跳肚皮舞時，他的身子也不自覺地微微扭動。春梅不想看，她在吳添福的耳邊輕輕地說：

「我想回去。」

「這麼精采的節目妳都不想看？」吳添福嘴巴對她講話，眼睛還瞟著臺上的肚皮舞像蛇樣的扭動。

「惡形惡像，有甚麼好看？」

「經理花美金從東京請來的，不好看怎麼能滿座？」

春梅看他不想走，祇好遷就他，耐性地看下去。直到這場肚皮舞跳完，她纔再講要走，她故意說許錦花要出去打牌，沒有人看家。

吳添福這纔勉強站起來，向父親、母親打了一個招呼，吳多業望望春梅，惋惜地說：

「下面還有更好的節目，妳不開開眼界？」

「阿嬸有事，要我早點回去。」春梅回答。

「那個老妖精，」吳多業鼻子裏嗤了一聲：「她在妳面前賣關子，可翻不過我的手掌心。」

春梅聽了心裏有點不舒服，她覺得許錦花很好，她把許錦花當做主人尊敬，想不到吳多業沒有把許錦花看在眼裏。她和吳添福離開香賓廳後悄悄地對他說：

「剛纔你父親怎麼講那種話？」

「他們大人都有一本濫帳，我們不要問他們的事。」吳添福輕鬆地回答，牽著她的手走進電梯。

電梯由乘客自己按鈕上下，裏面祇有他們兩人，吳添福乘機吻了春梅一下，在她腰上捏了一把，她像被螞蟻叮了一口，輕輕驚叫一聲。但她一點也不生氣，反而柔順地一笑。

走到酒店門口，她忽然體諒地對他說：

「樓上還有節目，你想看你自己去看吧，我一個人回去。」

「好！我還要等明天的菜單。」

第十八章 凌緞識人選佳婿 春梅盲目定終身

春梅突然來到，秋蓮和凌緞格外高興。

秋蓮曾經寫過一封信給春梅，探問她對李課長的親事究竟如何決定?她沒有回信，人也不來，因此不免有點抱歉。她塞了一包糖給外甥，在他臉上親了一下。

凌緞看她越長越像個大人，越長越漂亮，眉開眼笑，嘮嘮叨叨地詢問她的生活情形，又轉彎抹角地提起李課長。

「李課長又來了好幾次，他真是一個打著燈籠火把都找不到的規矩人。」

「阿母，您對他這個外省人怎麼這樣好?」春梅望望母親好笑：「說不定他是假充聖人?」

「真金不怕火燒。妳姐夫和他同事幾年，不信今日信平日，怎麼能天天做假?」

「春梅，李課長昨天又來了，他問妳的意思到底怎樣?」秋蓮插嘴。

「阿姐，免談啦!」春梅向秋蓮一笑：「下午會有人來提親的。」

「春梅，妳怎麼知道？」凌緞將信將疑地問她。

「阿母，我就是為這件事來的。」春梅笑盈盈地回答。

凌緞和秋蓮不禁一怔，凌緞打量春梅一會兒，歎口氣問：

「這是怎麼回事？妳怎麼把我蒙在鼓裏？」

「阿母，人家沒有先開口，我怎麼能報喜訊？」

秋蓮急於知道內情，一再詢問春梅，春梅不想再瞞，把經過情形扼要地告訴她們，祇是沒有講出吳添福的父母姐姐是怎樣的人。

凌緞沉思了一會兒，纔望望春梅說：

「春梅，我們不能貪圖人家的富貴，我看這件親事是門不當，戶不對。」

「阿母！我一點不貪他們的富貴，我祇是歡喜吳添福本人。」春梅連忙解釋。

「我們又沒有見過他，知道他是怎樣的人？」凌緞說。

「阿母，他很年輕，也很聰明，不像李課長那麼一大把年紀，木頭木腦。」

「春梅，妳不要看錯了人，李課長纔不是木頭人。」秋蓮說。

「阿姐，就算他不木頭木腦，他總沒有吳添福年輕，又不是本省人，無葉無根。……」

「我不是老古板，祇要人好，倒不在乎本省人外省人，結婚是妳一輩子的事，我沒有幾年好活了，就是桃園人我又怎樣？」凌緞說。

「阿母，等會兒見了他，保險您會中意，現在我講一籮筐話，您也不相信。」春梅胸有成竹地說。

「妳怎麼知道我會中意？」

「阿母，人的眼睛不都是一樣的？」

「我要是十幾歲，會和妳一樣；現在老了，看法就不相同。」凌緞望望小女兒。「譬如說：我看中了李課長，妳就看不中。」

春梅望望母親，笑著打趣：

「阿母，說不定人老眼睛花，看人不準？」

「我縱然人老眼睛花，心裏可清楚的很。你們年輕人才會情人眼裏出西施，懵懵懂懂的。」

秋蓮和春梅都笑了起來，凌緞卻一本正經地說：

「妳們不要笑，這不比妳們小時候辦家家酒，拜了堂不算數。西德不信我的話，妳們看他會有好日子？女人更不比男人，事先不謹慎，事後哭瞎了眼睛也是枉然。」

春梅不敢再笑，她暗自擔心，生怕凌緞真的看不中意。

中午，林添財騎著腳踏車下班回來，看春梅燙了頭髮，擦了口紅，穿了高跟鞋，不禁上下打量她幾眼，高興得說：

「姨妹，要是在街上碰見妳，我真會以為是哪個富貴人家的千金？不敢相認。」

「姐夫，你又沒有濁酒，怎麼專說瘋話？」

林添財把車子放在門口，不回答她的話，故意自言自語：

「難怪李課長念念不忘，他跑過不少地方，見過大世面，真有眼光。」

春梅被他逗得嗤的一笑，他又望望她說：

「剛才下班時他還向我探聽消息，我看他真會害相思病。」

「你別自拉自唱！」秋蓮笑著向丈夫說：「春梅有了心上人，李課長沒有希望。」

林添財一怔，懷疑地望望春梅，秋蓮又補上一句：

「等會兒就來提親。」

「真有這回事？」林添財望望秋蓮，又望望春梅，輕輕地問：

「姨妹，妳還不是柴油快？」

「姐夫，這不是一兩天的事啦！」春梅笑著回答：「上次我來時已經認識他了。」

「妳一點也不買我的面子？我這個媒人怎麼下得了臺？」林添財抓抓後腦殼尷尬地一笑。

「姐夫，捉著雞婆不上孵，誰叫你拉生意做？」春梅調侃他。

他望望凌緞，探探她的口氣說：

「阿母，我這個媒人真的做不成了？」

「你下午遲點上班，見了他們以後再看。」凌緞回答：「三個臭皮匠，抵個諸葛亮，我一個人也難作主。」

林添財有點失望，他很想撮合春梅和李課長的婚事，看樣子希望是很少了！春梅也在發悶，她料不準下午的事情。

他們不再提這件事，彼此又有說有笑。凌緞不時慈愛地看春梅一眼，她還清楚地記得春梅五歲下鄉去姑姑家作養女的樣子，想不到一轉眼就長成大人，像出水芙蓉一般，自己怎麼不老?她現在沒有其他的願望，祇求春梅有個好的歸宿，她就一了百了。

下午兩點左右，一輛紅得耀眼的小轎車，吱的一聲在林添財的房屋門口停住。林添財和秋蓮驚奇地望著車子，以為它開錯了地方。春梅從裏面趕了出來，看見吳添福從前座下車，高興得跑了過去。她和吳添福扶著一個胖太太下車，吳添福輕輕地對她說：

「這是大興公司的王伯母。」

春梅也跟著他叫了一聲「王伯母」，她以前沒有見過。

隨後他們兩人又扶著吳添福的母親下車。

秋蓮和凌緞顯得有點尷尬緊張，春梅介紹她們給吳添福，吳添福的嘴甜得很，也跟著春梅叫「阿姐」、「阿母」，一點也不見外。

林添財招待吳太太和王太太在堂屋坐下，說了一些招待不周的客氣話。她們兩人打量了房屋一眼，吳添福的母親指著王太太對凌緞和林添財他們說：

「這位是大興化學公司王董事長的夫人，她今天賞了我一個薄面，特地來做個媒人。」

「吳太太，妳別抬舉我，是我討這個媒做。」王太太像演員對臺詞似地說。

凌緞望望她們，又打量吳添福。吳太太指著吳添福說：

「我祇有這麼一個獨子，多少頭家大戶來求親，他都看不上人家的千金，偏偏和春梅一見投緣，難解難分，硬要我厚著臉皮來求親。我怕我的面子不夠，所以纔託王夫人作正式媒人。」

「吳太太，我們寒門破戶，恐怕高攀不上。」凌緞回答。

「陳太太，既然他們情投意合，我們大人就不必講甚麼門當戶對了。」王太太插嘴。

凌緞望望吳添福母子兩人，把春梅叫到身邊，對林添財夫婦說：

「你們好好地伺候兩位貴客，我要和春梅講兩句私話。」

她隨即把春梅帶進房裏，掩上房門，面色凝重地對春梅說：

「春梅，妳不要暈了頭，我看這門親事不太合適。」

春梅紅潤的臉馬上泛白，呆呆地望著母親，半天纔說：

「阿母，他一表人才，您看他哪點不好？」

「他見面熟，嘴太甜，這種人絕不可靠。」凌緞說：「再加上他賣相好，一定是個石灰籮，妳還能吊在他的褲腰帶上不成？」

「阿母，不會啦！他對我很好。」春梅說。

「人無千日好，花無百日紅，他這種嘴巴甜如蜜的人，更不可靠。」

「阿母，您放心啦！他發誓說他不會變心的。」

「嘴是兩張皮，反正由他說，他這種人賭咒起誓，還不是像狗尿拉屎？」

「阿母，說不定您會看走眼？」

「我活了五、六十歲，難道飯是白吃的？」凌緞有點生氣。「還有他母親，馬臉無肉，做事刻毒，以後妳受得了？」

「阿母，那沒有關係，他家不少床又不少被，我們可以分開住。」

「妳現在想得好，祇怕將來事事不由妳。」

春梅倒抽了一口冷氣，她心裏實在厭惡吳添福的姐姐、母親、父親，幸好吳多業沒有來，不然母親更不會同意，但是她太愛吳添福，生怕錯過了這個機會，她覺得全臺灣再也找不到比吳添福更可愛的男人，因此對吳添福的父母姐姐她也盡往好處想。她幽幽地說：

「阿母，十根指頭有長短，人心都是肉做的，難道他們就沒有一點好處？」

「妳不要把虛情假意當真心。人要實在，樹要根深，我看這門親事不能答應。」

春梅急得眼淚一滾，合著雙手向母親作揖：

「阿母，請您依我這一次！」

「這是終身大事，一步錯，滿盤輸。妳要是信我的話，和李課長結婚絕不會錯。」凌緞壓低聲音說。

春梅一聽到李課長心裏就氣，身子一扭，頂撞母親說：

「阿母，我死也不嫁那個外省人！您要是不同意這門親事，我情願當酒女，一輩子也不嫁人！」

凌緞聽她說要當酒女，立刻慌張起來。她知道許秋月是紅酒女，她們兩人處得很好，春梅要當酒女那不比翻過巴掌還容易？她就怕子女丟人現眼。

她怔怔地望著春梅，不知道如何是好？秋蓮突然在門外叫她出來答話，她祇好對春梅說：

「這是妳自己的事，妳要我答應可以，日後若是吃了苦頭，可別向我哭哭啼啼？」

「阿母，要是我走錯了這步棋，那我也祇好認命。」春梅臉上馬上露出笑容。

凌緞單獨走了出來，王太太打量她一眼，問：

「陳太太，妳的意思到底怎樣？」

「王太太，既然春梅願意，我做母親的也祇好由她了。」凌緞裝著笑臉說。

林添財和秋蓮都驚奇地望著她，吳添福的母親連忙從皮包裏掏出一個紅包遞給凌緞：

「陳太太，這是一萬塊錢聘金，小意思，訂婚禮餅、酒席、衣服、首飾另外，不會讓妳吃虧。我們就一言為定好了。」

凌緞沒有接她的聘金，祇對她說：

「吳太太，我沒有甚麼陪嫁的，我也不要妳的聘金。春梅年輕不懂事，希望妳以後多包涵包涵就好了。」

「陳太太，這用不著妳操心，兒媳不是外人，我還會虧待她？」吳太太立刻收回紅包，皮笑肉不笑地回答。

隨後他們商量好了訂婚日期，吳太太他們便起身告辭。春梅從房裏出來，和母親一道送客。吳添福望望她高興得一笑，親熱地向凌緞他們道別。

凌緞他們怔怔地望著發亮的小轎車急駛而去，屁股後面噴出一縷黑煙。

林添財打量春梅一眼，春梅低頭一笑。林添財故意自思自歎地說：

「我真沒面子，教我怎樣向李課長交差？」

第十九章　春梅添裝存善意　秋月仗義整新郎

兩點過了，許秋月還沒有回來。春梅不想睡，決定繼續等下去。她心裏裝了太多的快樂，彷彿盛滿了葡萄酒的玻璃杯，快要溢出來了。

她靠在沙發上輕輕地哼著流行歌曲，不時向鏡子裏瞄一眼，掠掠頭髮。她沒有見過真的快樂公主，她覺得現在自己比公主更快樂。她想不到那句氣憤的話，居然能使母親屈服？「到底女人心腸軟。」想想她也不禁好笑：「不管怎樣，我是不會當酒女的。我情願出家當尼姑。」

她覺得當尼姑纔能表示對吳添福的真情，如果母親不答應他們的親事的話。現在她自然不必當尼姑了，不久她就是吳家少奶奶。想到這裏她的臉有點羞紅，心裏在笑。

她又看了一個多鐘頭的小說，許秋月纔回來。

許秋月兩頰通紅，蹉著八仙步。春梅扶住她，她摟著春梅在春梅臉上親了一下。春梅怔怔地望著她，她哼哼哈哈地笑了起來。

「小姐，妳又喝多了酒？」春梅把她扶到沙發上坐下。

「一個老色迷多灌了我幾杯，差點回不來。」許秋月笑哈哈地回答。

春梅覺得她多喝了幾杯酒，使她有點失態，也使她比頭腦完全清醒時更媚，難怪客人不想放她走。她看看春梅打量她，把春梅拉到身邊坐下，笑著問春梅：

「妳母親答應沒有？」

春梅笑著點頭。她拍拍春梅的手說：

「一馬一鞍，還是妳好。」

「小姐，如果阿母不是怕我走上妳這條路，她是不會答應這門親事的。」

「為甚麼？」

春梅這纔把凌緞對吳添福母子和李課長的看法告訴她，她閉著眼睛沉吟了一會兒，笑著對春梅說：

「說不定妳母親是對的。」

「小姐，妳的意思怎樣？」

「我和妳不同，甜言蜜語我聽得太多，我寧願嫁一個老實可靠的人。」許秋月笑著回答：

「妳現在是老鼠掉進糖罐裏，拖也拖不出來。」

春梅嗤的一笑。她扶著春梅站起來，自嘲地說：

「我講的是酒話，不要見怪。」

許秋月今天是喝多了酒，扶著春梅身體還有點搖晃，而且不時發笑。她醉眼矇矓地望著春梅，想說甚麼沒有說出來。春梅把她扶上床替她脫掉高跟鞋，脫掉旗袍，蓋好被子。她忽然握著春梅的手說：

「下世我們應該變個男人。妳不必嫁人，我也不必賣笑。」

「小姐，羊可憐，狼也可憐。男人女人，不都是一樣？」春梅回答。

「男人比女人好。」

「男怕窮，女怕醜，都有一本難念的經。」

「自古道紅顏薄命。美女不如窮男人。」

「小姐，街上那些蹬三輪車、撿破爛的男人，怎麼比得上妳？」

「他們比我強，不必裝笑臉……」

春梅看看她的眼角有淚，輕輕地對她說：

「小姐，妳睡吧，快天亮了。」

「春梅，我看妳服侍我的日子不多了。我實在有點捨不得妳走。」

「小姐，還早得很！不到結婚我不會離開妳。」

「我看吳添福是個饞嘴的貓，他會很快地從我這裏把妳搶走的。」

「小姐，說實話，我也捨不得離開妳。」

「可惜我不是男人。」許秋月笑了起來。「我鬥不過吳添福。」

春梅紅著臉一笑。許秋月放開她的手，催她去睡。

第二天她們兩人都起得很晚，十二點攔腰一頓。剛吃過飯吳添福就來了。

春梅一看見他就笑容滿面，脈脈含情。許秋月打量吳添福一眼，看他頭髮光溜溜，噴了膠水，貼得很緊，淺藍色的新西裝，絳黃色的新皮鞋，調侃他說：

「看你這身打扮，很像個新郎倌。」

「阿姐，」吳添福親熱地叫許秋月：「做新郎倌時我要穿得更好，今天我是帶春梅去做訂婚的衣服，馬馬虎虎。」

「你打算甚麼時候結婚？」許秋月問。

他望望春梅，春梅抿著嘴笑。他高興地回答許秋月：

「阿姐，自然越快越好。」

「你從我這裏搶走春梅，我們怎樣算帳？」

「阿姐，我替妳介紹一個好不好？」吳添福笑嘻嘻地回答。

「我看你打著燈籠火把也找不到她這樣的人。」

吳添福得意地望望春梅，春梅笑著對許秋月說：

「小姐，妳太抬舉我啦！」

「不是我抬舉你，我怕他撿了珍珠不識貨。」許秋月瞟了吳添福一眼說。

「阿姐，妳不要以為我有眼無珠。」吳添福望著許秋月說：「我一眼就看上了春梅。」

「我看你祇有一雙色眼。」許秋月調侃地說：「她的好處你看不見。」

吳添福一點也不生氣，反而請許秋月陪春梅出去做衣服，許秋月沒有答應。春梅坦白地對她說：

「小姐，我是外行，麻煩妳作個顧問，免得糟蹋料子。」

「好，看在妳的面子上，我陪妳去一趟。」

許秋月把春梅拉進房，把吳添福關在房外。她刻意打扮了一番，戴了首飾，穿著最漂亮的滾邊繡花的銀灰色旗袍，古銅色短外套，還挑了一件彩鳳圖案的漂亮旗袍給春梅穿上。

「小姐，出去做衣服何必穿得這麼漂亮？」春梅看著許秋月像天仙下凡，自己也從來沒有穿得這麼漂亮，有點不好意思。

「春梅，狗眼看人低，到大店鋪買東西，穿得越好，越可以挑精揀肥，而且可以占大便宜，因為他們想圖二回生意，鄉下人花錢上當，真不值得。」許秋月輕輕地回答春梅：「再說，吳添福看妳穿得這麼漂亮，他絕不好意思買花洋布給妳做衣服。」

「小姐，有花洋布穿也不壞。」春梅並不希望和許秋月穿得一樣好，她不貪圖物質享受。

「妳不要這樣傻。」許秋月以大姐的口氣對春梅說：「現在妳是有求必應，他會百依百順。一旦結了婚，就要打折扣。男人都是這樣壞，妳不如乘這個節骨眼兒，多做幾件好衣服，何況妳母親又沒有要他家的聘金。其實，妳母親要他們三、五萬，他們也不能不給。」

「阿母祇希望我嫁過去公婆好好待我就行，她沒有把我當做搖錢樹。」春梅說。

「妳們母女都是好人，好人總會吃虧上當，惟願吳添福有良心。」許秋月把房門打開，領先走了出來。

吳添福望著她們眉開眼笑，連忙走過去拉著春梅的手，上上下下打量她。春梅有點害羞，掙脫他的手，他笑了起來。

許秋月看他得意忘形，指著他說：

「我先對你說明：你要我陪春梅做衣服，可不能買花洋布，丟我的人！」

「阿姐，不會啦！」吳添福身子一仰，笑著回答。「甚麼達克龍、愛絲龍，隨妳選好了。」

「你身上帶了多少錢？」許秋月打量他一眼。

他從屁股口袋掏出一卷鈔票，在許秋月面前一揚，許秋月掠了一眼，淡淡地說：

「這點錢夠買甚麼？一件大衣就得兩、三千。」

「阿姐，阿母說大衣結婚時再做，今天先做別的衣服。」吳添福被許秋月的口氣駭住，低聲下氣地說。

「要做就一次做好，省得麻煩。你沒有錢我給你墊。」許秋月大方地說。

「好，阿姐，依妳的！」吳添福胸脯一挺：「要是錢不夠，能賒的我賒，能墊的妳墊。」

「你母親認不認賬？」許秋月故意問他。

「阿姐，這種錢還能耍賴？」

「不要賴就好，我們走吧！」許秋月把春梅一拉，隨手把門鎖上，雙雙走出巷口。

許秋月帶他們到延平北路一家最大的百貨店去買衣料。男女店員見他們進來，都笑臉相迎。

春梅和吳添福都不在行，完全聽從許秋月的意見，許秋月替春梅想得很周到，洋裝、裙裝、旗袍，三式衣料，春夏秋冬四季，每季三件，選購的都是上等料子，顏色花樣春梅也十分滿意。

結賬時吳添福的錢不夠，相差六、七百塊，春梅輕輕地對許秋月說：

「小姐，退幾樣算了，他的錢不夠，我也穿不了這麼多。」

許秋月掏出錢來墊付，回頭望著春梅說：

「妳還沒有進門，何必替他節省？他大樹底下好遮蔭，不在乎這幾個錢，妳穿得漂亮，他也有臉面。」

吳添福聽得清清楚楚，許秋月故意轉向他說：

「阿福，你說對不對？」

吳添福笑著點頭，許秋月又吩咐他拿衣料，春梅連忙幫他拿了一半。

許秋月把他們帶到一家熟悉的大洋裁店，做裙裝、洋裝。洋裝店上上下下的人對她都十分歡迎，看她介紹了這筆大生意，說了不少「多謝」，她照顧春梅量身，說明哪裏該大？哪裏該小？量身的小姐看看皮尺的號碼又望著許秋月一笑：

「妳們兩位的身材簡直一模一樣。」

「麻煩妳費點神，手工做好一點。」許秋月說。

「許小姐，你介紹來的客人，我們還敢大意？」幾位裁縫小姐搶著說，又羨慕地望望春梅。許秋月挑起四件旗袍料，請裁縫小姐包好，交給春梅，又帶她到西門町一家外省人開的著名的旗袍店去。她的旗袍都是在這一家做的。

旗袍店的夥計看是許秋月介紹來的客人，特別去請老闆來親自替春梅量身。老闆平時不大出馬，遇到洋太太或是貴婦，名花名草，纔親自動手。許秋月是老主顧，他和她很熟，一請就來。他先打量了春梅一會兒，看她的旗袍非常合身，不禁點頭一笑：

「真好身材！」

然後拿起皮尺，小心地衡量，又和許秋月琢磨一番，許秋月告訴他春梅身上的旗袍是她的，老闆笑著說：

「那我更有把握做好，像兩位這樣好的身材，是最好的旗袍架子，洋女人穿旗袍總不對勁，沒有我們中國女人文雅，自然更比不上妳們兩位。」

春梅和許秋月聽了都很高興。許秋月和他約好取衣服的日期，又帶春梅到衡陽路一家大百貨公司做大衣。

春梅知道吳添福沒有錢，又怕做多了衣服他母親不高興，走到百貨公司門口，她突然拉拉許秋月的袖子，輕輕地說：

「小姐，大衣改天再做吧？」

「我難得陪妳出來一趟，希望這一次就能使妳一身光彩。」許秋月一面說一面走進去。又回頭望望吳添福：「我不怕你母親不還錢，我會要阿母扣賭賬。」

春梅聽了好笑，吳添福輕輕地說：

「阿姐，妳真厲害。」

「我厲害？」許秋月一笑：「聽說你父親、母親纔真厲害。」

吳添福乖乖地跟著她進去。許秋月帶春梅看看那剛剛掛出的一排排大衣，各種顏色式樣的都有，價格從幾百到幾千，隨客人選擇。許秋月看中了一件三千二的，春梅也很歡喜，許秋月身上沒有帶這麼多錢，付了五百塊錢給春梅訂做一件。

春梅心裏非常高興，也有幾分擔心，走出百貨公司門口，她不安地對吳添福說：

「今天花了這麼多錢，該不會挨罵吧？」

「妳何必替古人擔憂？」許秋月望望春梅說：「今天總共不過六、七千塊錢，阿福揀了妳這麼個大便宜，還會挨罵？」

第二十章 明處吃香暗處臭 背人飲泣見人歡

訂婚以後，吳添福到許家來得更勤，他完全以春梅丈夫的姿態出現，言談舉止更無顧忌。許秋月母女不在家時，他便和春梅親熱一番。春梅對他百依百順，祇有一件事情例外。因此他要提前結婚。春梅母親不答應，她要等春梅滿十七歲。許秋月母女也捨不得春梅離開，春梅也捨不得離開許家，她在許家自由自在，清清靜靜，晚上等門她早已習慣，要是一天不見許秋月，她就像失掉了甚麼，她們兩人已經和同胞姊妹一般親熱。

「妳不能再當下女，傳出去不大好聽。」吳添福以下女作藉口。

「她們沒有把我當下女。」春梅說。

「妳要替她們洗衣煮飯，這還不是下女?」

「我自己也要洗衣吃飯，她們纔兩個人，又沒有別的事，就算幫她們的忙也是應該。」

「外人不知道，總以為妳是下女。」

「阿福，你是不是瞧不起我當下女？」春梅有點感傷，惶惑地望著吳添福。

「我不是瞧不起妳當下女，」吳添福連忙改變口氣：「我是說妳用不著再當下女，一結婚妳就是主人，妳何必主人不做當下女？」

「阿母說我年紀太輕，結婚太早不好。」

「我們本省人不都是早婚？像妳這種年紀結婚的多的是，還不照樣下蛋？」

春梅臉一紅，嗤的一笑，白他一眼：

「你也不怕難為情？」

「嗨！這有甚麼難為情？」吳添福厚著臉皮回答：「結婚自然下蛋，開天闢地以來就是如此，不然人不早就絕了種？」

「阿福，你希望有孩子？」春梅紅著臉低著頭問。

「打開天窗說亮話，我祇想結婚，不管妳下不下蛋。不過阿爸有點想孫子，阿母沒有生兒子，他要我傳種接代。」

「阿母沒有生兒子？」春梅抬起頭來奇怪地望望他：「你是誰生的？」

「我也不知道！」吳添福聳肩一笑：「我是抱養的。」

春梅打量他一眼，難怪他不像吳多業夫婦和吳滿嬌。

「妳不要這樣看我，反正我姓吳。」吳添福滿不在乎地說：「阿爸自己生的兒子可不姓吳。」

「怎麼？阿爸自己生的兒子不姓吳？」春梅瞪著眼睛望著他，越弄越糊塗。

「那是他在外面跟野女人生的，比我還大，已經成家了。」

「我怎麼沒有看見？」

「我們各門別戶，祇是合夥做生意。」

「他生兒子沒有？」

「生了。」

「姓甚麼？」

「自然跟他阿母姓劉，還上得了姓吳的家譜？」

「真是亂七八糟。」春梅搖頭一笑。

「妳管它怎麼亂法，這種情形多的是。反正妳是吳家的媳婦，誰也不敢放屁，生了兒子算我的。」

春梅紅著臉不作聲。她沒有想到吳添福是養子，吳家是這樣的家庭，這種家庭臺北自然不少，她沒有想到自己恰巧碰上。

「阿姐是不是阿母生的？」停了一會兒春梅又問。

「阿母就祇下了這個金蛋。」吳添福笑著點頭：「所以讓她住在家裏。」

「我嫁過去不知道阿姐喜不喜歡我？」她想起菊妹、鄭桃和吳滿嬌的那個樣子，不免有點擔心。

「妳是嫁給我，又不是嫁給她，祇要我喜歡妳就成。」吳添福抱住她，在她臉上吻了一下。她又有點沉醉，躺在吳添福的懷裏覺得特別安全，她喃喃地說：

「好，我答應你早點結婚。」

吳添福重重地吻了她一下，快樂得抱著她打轉。他們約好時間一道去請求凌緞。

吳添福為了討好凌緞和秋蓮，特別花了七、八十塊錢替凌緞買了一件衣料，又買了一筒餅乾送秋蓮的孩子，兩人坐著三輪車來到秋蓮家。

凌緞本來不大喜歡吳添福，但是吳添福的嘴巴甜，左一句「阿母」，右一句「阿母」，叫得凌緞眉開眼笑，再加上孝敬了一件衣料，也就丈母娘看女婿，越看越有趣了。何況吳添福本來是個討人歡喜的小白臉。

吳添福看凌緞和秋蓮都很高興，向春梅遞了一個眼色，春梅望望母親，欲言又止，凌緞會意，連忙問她有甚麼事？春梅紅著臉，嘴裏像含了一顆魚丸，哩哩嚕嚕地說：

「阿母，阿福想早點結婚。」

凌緞和秋蓮都望著吳添福，吳添福臉都不紅一下，反而笑嘻嘻地說：

「阿母，是，我想早日結婚。」

「春梅還很年輕，再等幾個月不行？」凌緞說。

「阿母，十六歲半和十七歲結婚有甚麼分別？」吳添福笑問。

凌緞被他問住了，秋蓮嗤的一笑。凌緞望望春梅，又望望秋蓮，纔對吳添福說：

「女人結婚太早不好啦！秋蓮十八歲結婚，春梅無論如何也應該滿十七歲。你們訂了婚，春梅又不會跑掉，遲早是你的人，你何必這樣急？」

「阿母，不是我急，是阿爸想抱孫子。」吳添福故意扯謊。

「遲半年早半年還不是一樣，這又不是甚麼難事？」凌緞笑著說。「你們年輕人總是等不到飯熟。」

春梅羞紅了臉，低著頭抿著嘴笑。

「阿母，您既然知道他們等不到飯熟，讓他們早點結婚算了，免得妹夫偷冷飯。」秋蓮打圓場說。

凌緞聽了一怔，望望春梅，又望望吳添福：

「你該不是偷吃了冷飯吧？」

吳添福故意不作聲，春梅紅著臉搶著回答：

「阿母，您別相信阿姐的話，沒有那回事。」

凌緞輕輕地吁了一口氣，望望吳添福，無可奈何地說：

「既然你等著米下鍋，也得照老規矩，請媒人送日子過來。」

吳添福聽了輕輕地一跳，高興得說：

「阿母，這好辦，我先請算命先生選個黃道吉日，再叫媒人送來。」

「你父母由你？」

「這是我的事，不是他們的事，訂婚還不是由我？」吳添福得意地回答。

這件事就談到這裏為止。秋蓮留他們吃飯，林添財回來後吳添福和他談得非常親熱。林添財知道他們要提前結婚，又和春梅開玩笑：

「姨妹，妳真是打鐵趁熱，生怕冷場，妳姐姐是溫吞水，當初她可不像妳這樣急。」

春梅被他說得滿面羞紅，彷彿大火燒山，她對林添財沒有辦法，拉著秋蓮亂搖：

「阿姐，妳也不管管姐夫？他總是欺侮我，以後我真不敢來了。」

「現在妳有了保鏢，妳還怕他？」秋蓮笑著說。

春梅嬌羞地望望吳添福，吳添福嬉皮笑臉地對她說：

「妳不怕羞，姐夫就沒有辦法。誰叫妳此地無銀三百兩，自己臉上掛招牌？」

「都是你不好，膽大臉皮厚。」春梅柳腰一扭，伏在秋蓮肩上不敢抬頭。

林添財哈哈大笑，吳添福走過去把她攀開，笑嬉嬉地說：

「嫂嫂做鞋，嬸嬸有樣。人人都想結婚，又不是我一個人興的，怕甚麼羞？我看姐夫的臉皮比我還厚。」

春梅被他說得噗哧一笑，故意望望林添財，用食指在臉上連劃了兩下，大家都笑了起來。

飯後，吳添福帶春梅到天水路一位算命先生那裏去查看日子。本月底有個黃道吉日，下月有兩個大喜日子。吳添福想在本月底結婚，春梅怕姐夫笑話，也不想這麼快離開許秋月，她要延到下月十九日。吳添福想想還要粉刷房屋，買些家具，印發喜帖，需要一點時間準備，祇好同意，反正祇有一個多月。

「我們選的日子不知道阿爸、阿母同不同意？」走出命相館，春梅對吳添福說。

「阿爸不會看曆書，算命先生看的日子他們怎麼會不同意？」

「結婚要錢，不知道他有沒有準備？」

「我們生意好得很，這點錢用不著準備。阿爸正想藉這個機會大撈一筆，他有好多九流三教的朋友，很多董事長、總經理、議員，都和他有交情，有兩個紅議員還是他的拜把兄弟，我們結婚，包賺不蝕，這真是一筆大生意。」

春梅絕對沒有想到這是一筆賺錢的大生意。她聽母親說哥哥結婚賠了幾千塊錢，自己結婚卻交了好運，她也暗自高興。

吳多業真的同意吳添福選的日子，而且大張旗鼓地準備起來。許秋月也知道這件事，她看看春梅照常做事，沒有向她辭職，忍不住先問春梅。

春梅照實告訴她，說自己準備做到結婚前一天再走，現在正在替她物色下女，到時候一定有人接手。

「如果不是妳要結婚，我真不會讓妳走。」許秋月說。

「小姐，要是我能分身，我絕不會走。」春梅說。

「不要說癡話，還是丈夫要緊。」許秋月笑著說。

「小姐，妳現在有沒有合意的人？」春梅關心地問。

「我還能摘天上的星？」許秋月自嘲地一笑：「到頭來還不是跟個有錢的老頭子？還談甚麼合意不合意？愛情不愛情？」

「小姐，妳最近有沒有卜卦？」

「一副撲克牌都被我玩爛了，還是得不到紅心。」她笑著把春梅一拉：「走，我請妳看場電影。」

她們把大門鎖上，到附近的第一戲院看日本片子《愛染桂》。她們兩人都很少看電影，春梅感動得眼淚盈盈，她兩眼直直地盯著銀幕，不敢看秋月，生怕許秋月笑她，沒想到許秋月竟低聲飲泣起來。沒有看完，許秋月就要走，她也祇好一道出來。

走出戲院，春梅還是眼淚盈盈，許秋月卻換成一副笑臉了，春梅心裏有點奇怪，她真以為許秋月是在演戲呢！

許秋月沒有回家，直接去「五月花」酒家。春梅回家時，吳添福和許錦花卻坐在許秋月的房裏聊天，吳添福看春梅回來，三步兩步跳到春梅面前，拉著她的手說：

「我和阿嬸談過，妳不必再做了。」

「我剛纔對小姐說了要做到最後一天的。」春梅說。

「沒有關係，我已經找到了人。」許錦花接腔：「做新娘子應該先休息休息。」

「阿嬸，我真想替妳多做兩年。」春梅說。

「誰想到妳這麼早就動了紅鸞星！」許錦花望望她說。

第二十一章　養父厚愛送重禮

親嫂空手起貪心

春梅還是在許家多做了一個禮拜，結婚前幾天纔到姐姐家裏暫住。

秋蓮不讓她作任何事，春梅祇好陪母親聊聊天，逗外甥玩玩。在許家因為要等門，總是深夜兩、三點鐘纔睡，秋蓮他們睡得早，很少超過十點，早晨六點一定起來，她又得跟著他們把生活習慣改變過來。

晚上林添財在家，就很熱鬧，他愛說愛笑，秋蓮雖然暗自著急妹妹這份重禮沒有著落，他卻不以為意，仍然輕鬆自在，不時開開春梅的玩笑。不過他不再提李課長。

陳西德、鄭桃夫婦兩人和春梅養父林大牛，在春梅吉日的頭一天一道趕到臺北來。林大牛和淩緞是家長，要主持婚禮，鄭桃想藉這個機會在臺北多玩兩天，西德是哥哥，妹妹的婚事他也不能完全袖手旁觀，他心裏對春梅還有一點內疚。

春梅被淩緞領回之後，林大牛一直沒有看見她。這次見面，看她脣紅齒白，眉目如畫，臉色紅潤，新式頭髮，漂亮合身的旗袍、高跟鞋，風姿綽約，完全像個大人。他高興得流出了眼淚。他從長滿了老繭的手上，捋下一枚三錢重的新戒指，套在春梅的手上，把春梅的纖纖的秀手，合在自己的兩隻又粗又大的手掌中間，輕輕地搖搖：

「阿爸送妳一隻戒指，另外再陪一架縫紉機，一架收音機。阿爸是種田的，沒有力量送妳洋房、汽車，祇能盡盡心。」

春梅沒有想到養父會送這麼重的禮！想到他的養育之恩和去世的養母，以及菊妹的折磨虐待，她真的百感交集，頭一低，伏在林大牛的懷裏啜泣起來。

「阿梅，這是妳的好日子，應該高興。」林大牛拍拍她的肩說。

她抬起頭來，擦擦眼淚，又露出一個笑臉。

陳西德自從那次在攤子上把春梅氣走後，也一直沒有再見過春梅，他看見春梅長得這麼婷婷玉立，像一朵盛開的水仙，又高興又慚愧。他賺一天用一天，有時還不夠鄭桃花賞，他兩手空空，沒有陪嫁的禮物，他望著春梅不知道說甚麼好，鄭桃卻老著臉皮，裝得非常親熱地拉著春梅的手說：

「阿妹，恭喜妳一步登天，我們真沒有臉見妳。西德生意不好，妳這次出嫁，我們真不知道拿甚麼壓箱底？」

春梅初到臺北時，對哥哥、嫂嫂還有點生氣，日子一久，自己又事事順暢，過去的事也就不再放在心上。他們既然來了，也算是一番心意，何況她婚後馬上要同吳添福回娘家，她不想鬥氣，因為吳添福並不知道這些事。她希望和和氣氣，保持面子。她把母親沒有收聘金的事告訴他們，想使他們安心。

鄭桃聽說沒有收聘金，奇怪地望著凌緞。她不好責備母親，故意對春梅歎口氣說：

「阿梅，聽說妳婆家有錢，妳要三萬、五萬聘金也不算多，妳怎麼輕易地放過了這筆好財喜？」

凌緞對鄭桃的裝模作樣，已有反應，聽她提聘金更有點生氣，她堵住鄭桃說：

「冷是風冷，窮是命窮。我祇希望春梅嫁過去百年好合，不想在她身上發財。吳家就是給十萬聘金，我也會照樣陪過去。」

鄭桃聽聽凌緞的口氣不對，馬上見風轉舵，向凌緞陪個笑臉說：

「阿母，我知道妳人窮骨頭硬，既然妳沒有收他們的聘金，他們當然也不好要我們陪嫁了。」

「陪不陪全在各人一片心。」

「阿母，窮人掙出屎，富人不歡喜。阿妹不要見怪，回門時我們好好地招待妹夫一下就是。」陳西德說。

「春梅碰上了我這個窮姐姐，臉上也沒有光彩。」秋蓮也抱歉地說。

「阿姐，不要說這種話啦！」春梅對秋蓮說：「阿母有言在先，婆家不能怪我們失禮。」

「皇帝也有草鞋親，這又不是擺家當。我意思一下，你們免了。」林大牛打圓場。

「阿爸，全免好了，您也不必再破費。」春梅說。

「阿爸沾了三七五的光，這點禮我還送得起，談不上陪嫁啦。」林大牛笑著回答：「等會兒妳陪我上街去看看，阿爸是鄉下人，不識貨，妳自己挑好了。」

林大牛的話皆大歡喜。凌縵笑著對他說：

「妹夫，不但春梅叨你的光，我臉上也好看些。」

「阿嫂，自家人，何必客氣？」林大牛說：「要是雪娥在世，她看見春梅長得像個仙女，真會當了褲子陪嫁。」

大家都笑了起來，春梅又悲又喜，笑出了眼淚。

秋蓮張羅姑父和弟弟、弟媳婦吃過飯，便和春梅陪他們一道上街。林大牛自己買了一架霸王牌縫紉機，一架中廣收音機，一共花了一千八、九百。這是大家共同挑選的，春梅很滿意，林大牛像了了一樁大心願一樣，十分愉快。這兩樣東西都由店鋪派人送到秋蓮家去。

鄭桃看春梅有這兩樣好東西，手上戴著一枚大金戒指，身上又穿得比她漂亮，非常羨慕，同時心裏也有點慚愧，便盡量向春梅討好賣乖。

春梅陪他們逛了新公園、衡陽街，又請他們到新世界看了一場電影，去西瓜大王吃西瓜，然後找了一家小旅館把他們安頓下來。秋蓮的房子小，住不下。

第二天下午兩點多鐘，吳添福坐了轎車來把春梅母女和陳西德、鄭桃先接到一家觀光飯店去，他們的婚禮就在這家飯店舉行。租了一個新房、一個大禮堂。吳添福把他們安頓在大套房裏面。

陳西德、凌緞、鄭桃都沒有見過這麼漂亮的房間。這個大套房有一個接待室，一個雙人房間。接待室掛了名家字畫，有電唱機、對話機、電話，和許多精緻的擺設，還鋪了很厚的地毯。睡房有一張席夢思的雙人大床，漂亮的衣櫥和浴室以及各種擺設。鄭桃東看看，西看看，用手摸摸。

吳添福帶春梅到理髮部整理了頭髮，又打電話叫了一位女美容師來替春梅化妝。春梅經她一打扮，真的是粉妝玉琢，豔如桃李，使人不敢逼視。

吳多業夫婦和吳滿嬌一道來到新房。吳多業看了春梅一眼，不禁一怔，吳滿嬌用眼角瞟瞟春梅，臉上沒有一點笑容，顯得有點妒忌。吳太太皮笑肉不笑地讚美了春梅幾句，又虛情假意地和春梅母親、哥哥、嫂嫂寒暄一番。吳多業對凌緞他們好像溫吞水，對春梅倒很關切。

林大牛、林添財、秋蓮和孩子一道來。林大牛沒有見過吳多業夫婦和吳添福，春梅特別介紹了一番，因為他們是主婚人。吳多業對這一身土氣的親家，有點輕視。

林大牛一看見春梅就喜得眉開眼笑，眼角的魚尾紋打摺。吳添福親熱地叫他阿爸，他看吳添福長得漂漂亮亮，更是心花怒放，覺得自己陪嫁那兩樣東西十分值得。

吳多業夫婦在新房裏坐了一會兒就帶著兒子、女兒出去張羅。凌緞他們自然輕鬆起來，林添財又講笑話，逗得春梅格格地笑。

許秋月抽空趕來，她看春梅打扮得這麼漂亮，十分高興，說了幾句吉利話，塞給春梅一個紅包就走，春梅拉著她說：

「小姐，妳吃了喜酒再走。」

「妳知道我要上班。」她在春梅耳邊輕輕地說：「我的酒喝不完，客人在等我。」

她來也匆匆，去也匆匆。林大牛望著她的背影輕輕地歎了一聲說：

「到臺北來我算開了眼界！」

鄭桃上次沒有看見許秋月，現在見了廬山真面目，不禁歎口氣：

「難怪她這麼紅！」

「小姐心腸好，可惜是黃連命。」春梅幽幽地說：「把紅包悄悄塞給母親。」

林大牛以為許秋月是哪個富貴人家的千金、少奶奶，聽春梅這樣說，有點摸不著頭腦，他向春梅探問，春梅幽幽地回答；

「阿爸，這有甚麼好說？臺北這種女人多的很，我也差點走上她這條路。」

陳西德頭一低，鄭桃望著別處，裝作沒有聽見。

吳添福帶了一個女嬪相進來，介紹給春梅認識，春梅在臺北沒有要好的女友，由吳添福代她安排。這位小姐穿得很好，可惜生成一張扁臉，和春梅站在一塊，顯得更醜。禮堂佈置得富麗堂皇，掛滿了喜幛，多是「食人頭鐘酒，講人頭句話」的地方紅人。吳多業的私生子劉繼吳和女兒吳滿嬌，坐在入口的地方收禮金。

春梅披著白紗，由嬪相陪著緩緩走進禮堂，後面跟著金童、玉女牽著白紗，客人馬上響起比鞭砲更熱烈的掌聲，上千對眼睛都盯著她，兩邊的人擠過來，幾乎塞住了通道。

市長是證婚人，議長是介紹人，林大牛這一身土氣的主婚人，站在他們身邊，有點手足無措。他看到春梅這樣受人注意，心中暗自高興，望著春梅，他的膽子就壯了許多。

春梅的母親和哥哥、嫂嫂、姐夫、姐姐都坐在前排。凌緞看女兒像個天仙，來賓瘋狂地鼓掌，她喜得眼淚汪汪。女人們像半夜的老鼠打噴噴，輕輕誇獎春梅長得漂亮，誇獎他們是一對標準的小夫妻。

鄭桃看到這種熱鬧場面，看到春梅交了這麼個好運，既羨慕又妒忌。想想自己嫁了陳西德臉上沒有一點光彩，又自怨自艾，陳西德坐在她身邊，她看也不看他一眼，他和她講話她也裝作沒有聽見。

婚禮大約進行了個把鐘頭，證婚人、介紹人都講了話，彷彿競選演說，大談婚姻之道，大捧新郎、新娘一番，甚麼「郎才女貌」、「天作之合」，所有吉利好聽的話兒都講完了。吳多業的把兄弟有三位上臺講演，大捧吳多業的場，個個都是西裝筆挺，講起話來卻是一句沙糖，一句狗屎，不時引起哄笑，春梅也忍不住吃吃地笑。

開席時男女兩家主人陪著介紹人、證婚人和重要客人坐在一桌。鄭桃非常高興，這是她生平第一次和市長議長這類大人物同桌吃飯。她不時搔首弄姿，想引起大人物的注意。

春梅卸下白紗，穿著粉紅色的旗袍，更引人注目，頭上沒有遮蓋，客人看得更清楚。所有的眼光都集中在她身上，同桌的貴賓也多看她幾眼，鄭桃的搔首弄姿完全沒有別人注意。林大牛和凌緞也目不轉睛地看著春梅。

證婚人吃了三、四道菜，首先告辭，介紹人也想走，卻被吳多業一把拖住，硬按著他坐下來，他也嘻嘻哈哈地吃到終席。

客人散盡，女嬪相、凌緞和林大牛他們陪春梅回房休息。春梅喝了一點酒，兩頰紅豔欲滴。

「阿妹，妳哪天回門？我也好準備準備。」陳西德問春梅。

「我和阿福商量好了，再告訴阿母。」春梅說。

「阿梅，妳要先寫信通知我，我也要準備一下。」林大牛說。

「阿爸，您已經破費很多，不要再花錢了。」春梅體貼地說。

「阿梅，在妳身上花再多的錢，阿爸心裏也快樂。」林大牛喝了不少酒，興奮得很。

凌緞把春梅叫到臥房，咬著耳朵嘀咕了一陣纔出來，大聲地對大家說：

「我們回去，春梅喝多了酒，讓她早點休息。」

林添財向秋蓮做了一個鬼臉，大家會心地一笑。春梅的臉更紅。

吳添福由男嬪相陪著搖搖晃晃地走進來，在門口和大家相遇。男嬪相看見春梅，笑著把吳添福向她身上一推：

「新人進了房，嬪相摺過牆！」

春梅怕吳添福跌跤，連忙伸手把他抱住。男嬪相怪聲大笑。

第二十二章　春梅回門風光好
三叔接風禮貌周

春梅結婚真的賺了十來萬塊錢，吳多業的朋友送了重禮，幾百上千的不在少數，他的幾位把兄弟每人都是兩千。可是凌緞沒有得到一文錢，春梅回門想帶幾幅好喜幛送姐姐、哥哥他們作被面，婆婆和吳滿嬌都不大高興，勉勉強強給了三幅，吳添福過意不去，硬多要了一幅。

春梅先送了兩條給秋蓮和母親，她們兩人喜出望外。凌緞沒有東西陪嫁心裏一直抱歉，秋蓮到處張羅送了四百塊錢的現金，她也覺得寒酸，因為許秋月沒有吃酒，也送了春梅四百塊錢的紅包。凌緞要把這四百塊錢交還春梅，春梅不肯要。

「阿母，這是小姐私自送我的，您帶回去辦點酒菜，免得阿兄打腫臉充胖子。」春梅說。

凌緞也怕兒子在女婿面前丟人，聽女兒這樣說，她也減輕了幾分心事，搭訕地說：

「好吧，羊毛出在羊身上。我手掌也是肉，手背也是肉，就怕西德丟人。」

春梅告訴她回門的日期，請她先回去。

吳添福買了一部新的日本原裝貨摩托車，準備帶春梅出去度幾天蜜月。回門這天，他戴著白鋼盔、黑風鏡，要春梅坐在後座，春梅用大花手絹包著頭髮，他騎著車子風馳電掣地在馬路上飛馳，完全是一幅飛車載美的圖畫。

春梅看他騎得太快，生怕出事，不時提醒他。他為了表示英雄氣概，滿不在乎，一直向南急駛。從臺北到桃園，不到三十分鐘就到了。

陳西德看他們兩人來到，連忙取出一卷鞭砲，在門口霹霹啪啪放了起來，引來不少人觀看。這是春梅那次出走後第一次回家。別人不知道她到哪裏去了？今天這樣光彩地回來，人也長得更漂亮，大家都刮目相看，嘖嘖稱讚。凌緞忙著招呼左鄰右舍，分糖果給孩子們吃。鄭桃更是滿臉春風地和女人們唧唧喳喳，添油加醋地把春梅結婚的場面描繪了一番，使那些女人啊啊嚯嚯地張嘴吐舌，瞪著眼睛望著春梅和吳添福，彷彿一群伸長著頸子的呆頭呆腦的鵝。

女人的嘴就是一座廣播電臺，一傳十，十傳百，而且添油加醋，春梅更是身價百倍，這件事很快地傳到春梅的三叔陳福生和堂兄虎仔的耳裏，虎仔有點不相信，故意騎著摩托車從春梅屋門口經過，發現門口停著一輛摩托車，比自己的好，也看見了春梅和吳添福，他纔相信傳言不假。

春梅送了一幅紅喜幛給鄭桃作被面，鄭桃一看不是送禮的那種四、五十塊錢一件的一般貨色，比她自己床上的好，她非常高興，奉承了春梅好幾句。

春梅打聽出林好還在那家雜貨店當店員，沒有出嫁，她單獨去看林好。林好幾乎不認識她，起先以為她是來買東西的客人，直到春梅叫了一聲「林好」，林好纔驚喜地跳了起來，揉揉眼睛，仔細看看春梅。春梅送了她一個紅包，一雙玻璃絲襪，一條手絹，林好笑得合不攏嘴，說了好幾句多謝。

「林好，要不是妳那十幾塊錢，我哪有今天？」春梅飲水思源。

「好夫好妻命裏招，春梅，這是妳自己的造化啦！」林好說。

春梅問她有沒有婆家，她笑著搖頭。

林好的事忙，春梅不便和她多談，約她到家裏來玩，到臺北去時還要好好地招待她。林好高興地把紅包、玻璃絲襪、手絹摟在胸口，連連點頭。

春梅心裏特別愉快，林好的那樁人情她一直念念不忘，以前她賭氣不回家，林好又沒有去臺北，總沒有辦法了卻這樁心事，現在一身輕鬆，彷彿洗了一個大澡。

她沒有把這件事告訴吳添福，更不好在母親、哥哥、嫂嫂面前再提這件不愉快的事。

凌緞親自下廚，弄了一桌好菜招待女婿、女兒。

鄭桃殷勤地把好菜往春梅和吳添福的碗裏挾，她左一句阿妹，右一句妹夫，親熱得有點肉麻，把丈夫陳西德冷在一邊，正眼也不看他。

飯後，陳福生突然來訪，除了吳添福以外，春梅他們非常驚奇，自陳福田死後，他們兩家一直沒有來往。陳福生父子兩人眼睛都長在額角上，凌緞始終憋著一口冤氣，就這樣僵了十多年。陳福生現在是縣議員，是地方上的大紅人，凌緞不知道他為甚麼突然屈駕造訪？當著新女婿的面，又不好意思掏陳年糞缸，祇好點點頭說：

「三叔，請坐。」

「阿嫂，多謝妳賞我這個臉。」陳福生滿臉堆笑地說，沒有立即坐下。

「三叔，你無事不登三寶殿，有甚麼貴幹？」凌緞問他。

「阿嫂，我專門來看看姪女、姪女婿，想請他們在新桃園吃頓便飯。我們兩家人也好團聚團聚。」

鄭桃早就想高攀這位叔父，一直沒有機會。凌緞沒有回答，她就搶著說：

「三叔，一家人啦！何必這麼客氣？」

吳添福也是一張甜嘴，而且不知底細，也三叔三叔地叫起來，弄得凌緞和春梅都拉不下臉。

陳福生非常高興，笑嘻嘻地掏出紅包，往春梅手上一塞：

「春梅，誠心拜年，端午不遲，三叔補妳一份薄禮。晚上我再在新桃園請桌酒席，替你們兩夫婦接風，洗洗塵。」

「阿妹，三叔大人大面，妳還不趕快說聲多謝？」鄭桃大聲打邊鼓。

「春梅，我們多謝三叔。」吳添福馬上接嘴。

陳福生握住吳添福的手，用力搖搖，拍拍他的肩膀：

「姪女婿，承你賞臉，晚上我多敬你兩杯。嘿！你這一表人才，和我姪女兒真是龍鳳配。」

吳添福高興得眉開眼笑，春梅聽他誇獎丈夫，比誇獎自己還要中聽，不禁展顏一笑。

吳添福和陳福生馬上談開了，吳添福知道陳福生是議員，更加恭敬。陳福生知道吳多業在臺北吃得開，對他也更另眼相看。

春梅看吳添福和陳福生談得十分投機，不知不覺忘記了前嫌舊隙，她對吳添福的愛情已經壓倒其他的恩怨。凌緞也祇好把往日的怨氣埋在心底，不願破壞眼前的氣氛。

陳福生和吳添福談話，並不冷淡別人，他不時叫凌緞一聲阿嫂，叫春梅一聲姪女兒，連一直坐冷板凳的陳西德，他也沒有疏忽，完全像個叔父。臨走時他還親切地對凌緞說：

「阿嫂，全家，全家，我們藉這個機會團聚一下。」

晚上，陳福生真的在新桃園擺了一桌上等酒席，將凌緞全家都請去，他自己家裏人也全到，坐滿了兩桌。他吃了酒更是談笑風生，吳添福也愛喝酒愛說話，加上鄭桃的兩面討好巴結，無話找話，居然皆大歡喜。

散席後，春梅悄悄地問凌緞：

「阿母，三叔葫蘆裏賣的甚麼藥？怎麼突然請我們全家？」

「他是勢利眼，見風使舵。阿母也叨妳的光，妳要爭氣。」凌緞感傷地回答。

鄭桃為了抬高自己的身分，特別陪著春梅和吳添福逛街，遇見了熟人故意大聲打招呼，拉著春梅和吳添福向別人介紹：

「這是我妹妹，這是我妹夫。」

她還故意把他們兩人拉進「南風」冰果店去炫耀一番，冰果店的那幾個女孩子祇有美英一個人沒有走，她看見春梅穿得這麼漂亮時髦，羨慕得不得了，用手摸摸春梅的衣服，看看春梅的金殼手錶，嘴裏嘖嘖稱讚。女主人招待他們吃西瓜，不停地打量春梅，讚不絕口。

「嗨，真是女大十八變，春梅這一變，真的使我看花了眼。」女主人笑哈哈地說，她是更發福了。鄭桃又添油加醋，替他們吹噓一番，吳添福很吃這一套，也得意揚揚。

鄭桃還要繼續帶他們逛街，春梅生怕碰到她那些不三不四的男朋友，丟人現眼，對吳添福說要早點休息，鄭桃馬上笑她：

「阿妹，日子長得很，恩愛不在一朝一夕，妳難得回桃園一趟，應該陪妹夫走走。」

吳添福想找家旅館住，春梅祇好陪他。

吳添福看中了鄭桃和那個男的一道出來的那家旅館。鄭桃說不好。春梅知道她的心病，怕拆穿西洋鏡，也慫恿吳添福另找一家。吳添福很聽話，又找了第二家，鄭桃仍然不肯進去，吳添福也不想再走，春梅心裏明白，望望鄭桃說：

「阿嫂，妳早點回家休息，不必陪我們，明天我們會回去。」

「好，新婚甜如蜜，我不打擾你們。」鄭桃乘機抽身，說了就走。

第二天早晨鄭桃也沒有來，是陳西德來接他們。凌緞替女兒、女婿弄了一頓營養豐富可口的早餐，他們吃過之後就一道下鄉到養父林大牛家去。

春梅依稀記得五歲時同母親一道下鄉到姑姑家作養女的情形，更清楚地記得十四歲時母親把她領回的情形。要不是姑父、姑母的一片恩情，她真不想再來。菊妹和狗仔對她的虐待折磨，她想起來還有點心悸。菊妹還沒有出嫁，狗仔也沒有娶親，林大牛告訴她說菊妹想多幫他兩年，狗仔傻里瓜氣，一時討不到老婆。春梅知道是怎麼回事？但她不敢點破，一是怕林大牛說她挑撥，二來林大牛也實在需要一個洗衣弄飯的幫手，不然兩個男子漢，怎麼成個家？

兩年多不見菊妹和狗仔，不知道他們兩人變成甚麼樣子？他們會不會理她？她擔心會面時彼此都很尷尬，特別買了兩盒好糖，預備送給他們，打開僵局，也好讓他們回想一下，小時候為了幾粒糖怎樣折磨她。

想起為了糖挨打的事，她自然想起小學同學小蘭，她特別要吳添福彎一段路去看這位兒時好友。

小蘭完全沒想到春梅會突然來訪，她看春梅這麼時髦漂亮，幾乎不敢相認。她沒有上學，在家裏照顧小雜貨鋪，料理家務。春梅送了她一條裙子，她不好意思接受。春梅在她耳邊輕輕地說：

「小時候妳為我挨了手心，我真過意不去。妳不接受這條裙子，妳就打我的手心好了。」

小蘭望望她，笑著把裙子收下，在玻璃瓶子裏抓了一把糖往春梅手上一塞，輕輕地說：

「鄉下沒有好款待，吃幾顆糖甜甜嘴，我再也不會挨手心了。」

兩人開心地笑了起來。

她們談了一些別後的情形，談得很高興。吳添福見小蘭生得也很漂亮，不時插嘴搭上幾句。

林大牛的家離小蘭的家祇有里把路。吳添福和春梅一上車，很快就到了。

林大牛站在門口探望，發現他們坐著新摩托車來，臉上彷彿添了一層光彩。狗仔像隻呆頭鵝樣地望著他們，一臉驚奇；菊妹隔著窗口窺探，看見春梅心裏十分自卑，她用力揉揉眼睛，想不到被她剝掉衣服用竹枝抽、騎在身上打的小春梅，竟長得這麼臨風玉樹般地令她不敢逼視？而且丈夫也年輕漂亮，眉毛眼睛都會講話似的，完全不像狗仔那麼渾氣，她不禁倒抽了一口冷氣。

林大牛帶著吳添福、春梅走進來，介紹吳添福和狗仔認識，吳添福向狗仔伸過手去，狗仔連忙把手一縮，不敢握吳添福的手，吳添福好笑。春梅叫了他一聲「阿兄」，遞給他一盒糖，他馬上嘴一笑，滾出一團口水。春梅知道菊妹躲在廚房裏，她不想去看她，一是心裏有點疙瘩，不肯再向菊妹低頭，二是怕碰一鼻子灰，自討沒趣。但她也不故意冷落菊妹，反而給菊妹一點面子，她拿著另外一盒糖，交給狗仔，提高嗓門說：

「阿兄，這盒糖送給阿姐，請你代收一下。」

菊妹聽說有糖送她，連忙趕到廚房門口，佃佃伲伲地向春梅一笑，從狗仔手上接過那盒糖，又迅速地縮進廚房裏去。

菊妹的臉越長越扁，鼻子越長越塌，身體越長越橫。吳添福看了好笑，春梅看她那委瑣的樣子，不像以前對自己那麼凶狠，心裏也好笑。

春梅送了養父一幅大紅的龍鳳被面，林大牛喜出了眼淚，雙手微顫地說：

「現在是妳的世界，我這麼大年紀，還好意思大紅大綠？」

「阿爸，你可以再討一個。」吳添福笑著說。

「我黃土蓋了一大半，還想吃葷吃腥？」林大牛紅著臉說。

「阿爸，臺北很多年紀比你大的老頭子，還騷得很哩！」吳添福笑嘻嘻地說：「有錢闊佬誰不是明的暗的好幾個？」

「我不是三妻四妾命。」林大牛笑著搖頭：「你將來也不要學他們。」

春梅望望吳添福，吳添福向她做個鬼臉：

「妳別吃飛醋，我們正在度蜜月。」

第二十三章 度蜜月明潭似畫 貪早睡俗物如豬

春梅一望見平滑如鏡、碧綠澄清的日月潭，禁不住「啊！」了一聲，在吳添福耳邊輕輕地說：

「開慢一點，開慢一點！」

吳添福率性把車子停在路邊，春梅高興地跳下後座，望著四周青翠的山，密茂的樹，靜靜的湖水，浮在湖心的塔頂似的小島，又「啊！」了一聲。

「想不到妳這樣喜愛山水？」吳添福把手搭在春梅的肩上，在她臉上吻了一下。

「我在鄉下住了幾年，我就喜愛青山綠水。」春梅解開覆在頭上的大手絹，笑盈盈地說。

「日月潭真是神仙府，難道你不喜愛？」

「玩一天、兩天可以，要我住在這裏那可不成。」吳添福說。

「如果你不回去做生意，我希望你能陪我在這裏住一個月。」

「臺北燈紅酒綠，有歌有舞，賺錢又容易，住在這裏祇好喝水，人也寂寞死了。」

「那你陪我住兩、三天好不好？」春梅望望吳添福，懇求地說。

「這倒可以。」吳添福點點頭：「反正阿爸准我玩一個禮拜，玩了日月潭，我們再去關子嶺洗溫泉澡。」

春梅聽了十分高興，關子嶺她也沒有去過，祇看過描寫關子嶺的文章，那也是她嚮往了很久的地方。

湖上有汽艇駛往蕃社，還有一條獨木舟在慢慢地划動。吳添福把春梅一拉：

「走，我們先去找個旅館，趁早到蕃社去看看高山族的歌舞。」

春梅把大手絹包好頭髮，坐在摩托車的後座。吳添福風馳電掣地把車子一直開到涵碧樓。涵碧樓幽靜得很，完全不像臺北的那些旅社，像個日式公館。春梅一望見就很喜歡，走進來看看，更像個家庭，春梅選了個臨湖的榻榻米房間。吳添福高興得在榻榻米上翻了一個跟斗，翻到春梅腳邊，把春梅雙腿一抱，使春梅跌了一跤。春梅驚叫一聲，一點也不生氣，反而花枝輕顫地笑了起來。

他們洗過臉，休息了幾分鐘就手牽著手跑到湖邊，準備搭汽艇到蕃社去。

湖邊已經站了一對中年夫婦，看他們兩人蹦蹦跳跳地跑下來，不禁回頭一望。那女的看他們這樣年輕，面上浮起一絲笑容，仔細打量春梅一眼，想和春梅講話，又不便啟齒。吳添福膽大臉皮厚，馬上向她發問：

說：

「阿嬸，你們是不是也想去蕃社？」

那女的笑著點頭，於是他們就交談起來，不再拘束。

中年婦人歡喜春梅，兩人談得很投機，她知道春梅是來度蜜月，笑著望了丈夫一眼，打趣地

「那我們也算二度蜜月了。」

「太太，他們青春年少，有一雙蜜。我們老了，怎麼能和他們比？」男的笑著回答。

春梅嗤的一笑，往吳添福身後一縮，中年男人望望吳添福：

「老弟，你真好福氣！名山、勝水、嬌妻。」

「阿叔，託福，託福。」吳添福拱拱手說。

「老弟，人在福中不知福，日後可不要拈花惹草？」中年男人打量吳添福說。

吳添福望望他，看他兩鬢斑白，神閒氣定，亦莊亦諧，沒有一點冒犯自己的意思，便不作聲。

坡上又下來三個青年人，和吳添福差不多年紀，像兔兒下嶺一樣，笑著叫著跑到湖邊，溜了春梅一眼，先後跳上汽艇，駕駛這纔懶散地站起來，說聲「開船」，他們四個人也跟著上去。

春梅第一次坐汽艇，在這麼大的湖面航行，感到幾分新奇。氣艇在平靜如鏡的湖面滑過，十分平穩，比坐火車舒適。浪花從船頭分開，向後擴散，最後又歸於平靜。

船在光華島停泊，那三個青年人首先跳上去，春梅一上岸，其中一個持著照相機的對著她咔

喳一聲，吳添福不大高興，看看他們人多，也就算了。

上了光華島，春梅啊了一聲，她做夢也沒有想到人間會有這種地方，吳添福替她拍了幾張照片，也替那中年夫婦拍了一張。

「人生祇有一次蜜月，來，我替你們兩位拍幾張。」那中年人自告奮勇地接過吳添福的照相機。

他很內行，指導他們擺好姿勢，春梅不好意思和吳添福靠得太緊，他打趣地說：

「新娘子，別害臊，小夫妻不妨親熱一點，我替你們留個紀念。」

吳添福膽大臉皮厚，他把春梅往懷裏一摟，兩人在一株青翠的柏樹邊拍了兩張照片。

在光華島玩了十分鐘，汽艇直接開到蕃社。蕃社的少女們正在毛王爺門口的空場上歌舞，客人已聚了不少。

有些客人拉著全身山地服裝的少女拍照，她們祇要有錢，也樂意和客人拍照。吳添福借了一套山地男人的服裝，和春梅拍了一張，他要春梅換穿山地少女的服裝和他拍照，春梅害羞，不肯換衣。他找了一個漂亮的山地姑娘和他拍了幾張，樣子親熱得很，春梅心裏有點酸酸的，仍然站在一旁看他們拍照，臉上沒有一點慍怒。

他們在蕃社玩了很久，吃了飯，春梅還特地買了幾樣紀念品，吳添福不想要，他對春梅說：

「臺北好東西多的是，妳何必買高山族的這種玩藝?」

「我買回去送給秋月小姐，也許她歡喜。」春梅說。

「她甚麼東西都見過，我看她纔不稀罕這些。」

「各人一片心，我還買不起貴重東西。」

吳添福雖然不喜歡這些小弓小箭、菸斗、貝殼、獨木舟，春梅卻很高興，她準備把弓箭送給小外甥，菸斗送給姐夫，貝殼、獨木舟送給許秋月。

回到涵碧樓，已經燈火通明。山中很靜，不像臺北那麼喧囂，入夜很少雜聲。他們睡得很早，春梅早晨也醒得早，她發現有霧飄進房間，悄悄地抽身起來，生怕驚醒了吳添福。她本來想把窗子關上，等她躡手躡腳走近窗口，霧卻無影無跡。這時潭心浮著一層乳白色的輕霧，離水面有十來公尺，緩緩飄蕩，如凌波仙子，輕移蓮步。像散花的仙女，纏著一圈白綾腰帶，搖曳生姿。蕃社的雄雞的喔喔的啼聲，飄過水面，一聲聲傳來，悠揚悅耳。她在臺北好久沒有聽過凌晨的雞啼，現在突然聽見山谷湖邊傳來雄雞的聲音，感到十分親切。自然想起毛王爺那一大群可愛的大種雞，想起小時在鄉下養母家裏，總是被公雞叫醒，背著書包上學，從來沒有遲到。她特別歡喜這些小動物和自然環境。一進入城市，便和雞鴨大自然完全隔絕了，以後便沒有機會和小動物親近，婆婆和大姑娘都不喜歡小動物，連貓都沒有養一隻，進城後唯一收穫是吳添福，她意外地得到他，也無條件把自已獻給他。她不禁回頭望望吳添福，看他側著身子，一隻腳一隻手壓在被子上面，睡得很甜。想起他的輕狂，仍然不免有點臉紅。

霧漸漸散了。湖面如鏡，青山如畫。蕃社有位山地姑娘到湖邊汲水，她看得有點出神，她雖然不是畫家，她覺得這是一幅更好的圖畫。

空氣十分清新，彷彿有種甜甜的味道，在臺北吸多了煤煙，一吸到這裏清晨的空氣，她覺得全身的血液也流得格外舒暢。她想把吳添福叫起來，和她併肩站在欄杆旁邊，看看風景，呼吸新鮮空氣。她輕輕地走過來，雙腿跪在吳添福的身邊，看他睡得很甜，不忍叫他，跪了半天，她纔低頭伏在他的耳邊輕輕地叫喚：

「阿福，起來看看風景，呼吸新鮮空氣，早晨的日月潭更美。」

吳添福沒有反應，她悵然一笑，深情地望著他。停了一會兒，又再叫喚，用手在他臉上輕輕地撫摸，吳添福這纔睜開朦朧的睡眼，他不起來，反而用力把她往懷裏一拉，她一面掙扎，一面急促地說：

「有人，有人！」他手一鬆，她連忙跳開，掠掠頭髮，笑著對他說：

「阿福，剛纔的霧真美，可惜你沒有看到！」

「霧哪有妳好看？」吳添福伸伸懶腰，骨節格格響。

「別說瘋話，快起來看風景。」春梅聽了他的話心裏十分高興，還是催他起來。

「昨天已經看夠了，還有甚麼好看的？」他仍然賴在榻榻米上，不肯起來。

「早晨更美，空氣也特別好，你不要錯過了機會。」

她彎下腰來拉他，他乘機在她臉上吻了一下，鯉魚挺身，一躍而起。

她拉他出去，一走出房門，就看見那對中年夫婦，坐在欄杆的盡頭，各人手上捧著一壺清茶，面對優美的湖山，悄然無語。女的發現他們，笑著點頭打個招呼。

「你們真早！」吳添福馬上搭腔。

「我們不是來度蜜月，賴在床上不肯起來，天未亮就坐在這裏了。」男的調侃地說。

「阿叔，我也早起來了。」春梅怕他笑話，連忙分辯。

「我們怎麼沒有看見妳？」女的問。

「阿嬸，我一個人不敢出來。」春梅回答。

「最好的時刻已經過了，老弟，你真是入寶山而空還。」男的捧著茶壺，對吳添福說了幾句，笑著走進房間。

他太太也笑著跟進去。

「阿福，你真不該貪睡。」春梅惋惜地說。

「男人的天堂，女人的胸膛。少年夫妻老來伴，他們老了睡不著，祇好起來看風景，我纔不發神經病。」吳添福得意地說：「今天的山水還不是和昨天的一樣？」

「阿福，今天再住一天，明天我們起個早。」

「明天我還是起不來。一天無事，難過得很。吃了飯我們到關子嶺去。」

春梅雖然很愛日月潭，想在這裏多住兩天，吳添福要走，也祇好依他，她一切以他為主，祇要他快樂，她也覺得快樂。

早餐由侍應生送到房裏，每人一份火腿蛋、一杯牛奶，蛋太嫩，蛋黃全是生的，味道也太淡，春梅吃不慣，讓給吳添福吃了，她祇喝了一杯牛奶準備到山下再吃，或者在路上買幾條香蕉充飢。

臨走時他們向那對中年夫婦告辭，女的想留春梅多住一、兩天，吳添福問他們哪天走？那男的笑著回答：

「老弟，臺灣祇有這處名山勝水，我想賴在這裏。」

「對不起，我不能奉陪。」吳添福搖搖頭，走了出來。

他跨上摩托車，春梅一坐定，他就發動馬達，噗噗噗地沿著下坡路直衝下去。

春梅留戀地望了日月潭最後一眼。

他們一路風塵僕僕，遇上大城小鎮都停下來玩玩，到達關子嶺時已經下午四點多了。

關子嶺是個山谷，旅社很多，但是沒有日月潭的旅社大，他們住進小街的一家旅社。

關子嶺的溫泉很有名，可是渾得像泥漿。春梅沒有洗過溫泉，祇聽許秋月說過，她沒有到過北投，不知道北投溫泉是不是這樣泥泥漿漿？她想許秋月那樣細皮白肉，泡在泥漿裏那不非常委屈？她自己望著滿池子的泥漿水就遲遲不敢下去。

可是一路灰塵很重，又出了汗，身上十分難過，祇好下水。洗過之後她又感到從來沒有這麼舒服，皮膚好像特別滑嫩，彷彿洗臉後擦過雞蛋白一般。她換了裙裝，和吳添福在小街上溜溜，在附近散散步，吳添福在小石橋上替她拍了幾張照片。

這裏有山無水，祇有一條小澗，澗上架了不少引水的粗竹子，別有風味。上山的陡峭的石級，也是此地的特徵。

他們在小館子裏吃過晚飯，天就黑了。山谷裏天黑得似乎特別早。吳添福突然覺得這小地方太無聊，還是臺北好！在臺北這時他不是看電影，就是打彈子，彈子房的計分小姐可以隨意調笑，他就是捏她們一把，她們也不生氣，彷彿還很高興的樣子。

春梅看他突然沉默下來，有點奇怪，笑著問他：

「阿福，你在想甚麼？」

「我想生意上的事情。」他隨口扯謊。

「既然出來玩，就不必想那些事，阿兄、阿爸自然會照顧。」春梅說。

「好，我們回旅館去。」他伸手攬著春梅的腰，雙雙走進旅館。

第二天上午，他們遊了水火同源，他們都沒有看過這種奇景，吳添福要春梅站在旁邊拍了一張照片。

他們在碧雲寺玩了不少時間，吃了一頓午餐，纔又回到關子嶺，他們兩人都不想再住了，打道回臺北來。

春梅一回到臺北，首先去看許秋月，把那兩樣小玩藝送給她，許秋月看見春梅，彷彿久別重逢似的，一把將春梅拉進房裏，仔細打量一番，弄得春梅面紅耳熱。

「怎麼一結婚我就見不到妳？吳添福把妳帶到甚麼地方去了？」

「小姐，我回了娘家，去了日月潭、關子嶺。」

「去日月潭度蜜月，這主意倒不錯。」許秋月讚賞地說。

「小姐，妳去過日月潭沒有?那地方真是神仙府。」

「三年前我陪一位客人去玩過兩天。」

「小姐，妳將來結婚時，不妨再去度個蜜月。」

「春梅，我殘花敗柳，不做那個夢。」許秋月自嘲地說：「要是還有那麼一位雅客，要我陪他去日月潭，我倒樂意再去一次，那地方的確比北投好，我這個俗人也可以沾點山水靈氣。」

春梅把貝殼和小獨木舟交給許秋月，許秋月高興得收下，放在梳妝臺上。問吳添福待她怎樣?春梅笑而不答。許秋月看她滿心歡善，笑著打趣：

「糞坑也有三天新，吳添福正在興頭上，難怪妳像吃了蜜糖。」

第二十四章 新媳婦重當下女 虎姑婆惡語傷人

吳添福家裏本來請了下女，春梅度蜜月回來的第二天，婆婆就把下女辭掉，要她洗衣、弄飯、打掃，做下女的工作。她不敢反抗，躲在房中暗自流淚。吳添福有點過意不去，請母親不要辭掉下女，他母親譏諷地說：

「怎麼？委屈了她？她原來不是在許錦花家當下女的？」

「阿母，她剛過門，怎麼好意思要她當下女？」

「多一個人多一張嘴，我們家是外表好看，裏面空空的，下女連吃帶拿，一個月七、八百塊，能省怎麼不省？」

「阿母，我們的生意很好，也不在她一張嘴。」

「哼！你倒闊氣！」母親瞪了兒子一眼：「你們父子兩人用錢如水，你阿爸還想競選議員，得準備好幾十萬，我不節省怎麼行？」

吳添福不再作聲。他不怕吳多業，倒有點怕母親。他知道吳多業想競選下屆議員，現在應酬交際更多，開支更大，他自己用錢也不少，劉繼吳還有一個家，也要一筆開支。

春梅聽到他們母子的對話，知道下女當定了，想到婆婆那句刻薄話，更加傷心落淚。

「妳委屈一下，反正家裏人口不多。」吳添福摟著她安慰她說。

她靠在吳添福懷裏，彷彿漁船進了避風港，祇要吳添福愛她，一切不如意都能忍受。她在他胸前擦乾了眼淚，笑著對他說：

「阿福，為了你屎我也願吃。」

從這天起，她是吳家的新媳婦，也是吳家的下女。她默默地洗衣，弄飯，打掃。她要洗公婆、丈夫的衣服，也要洗吳滿嬌夫婦的衣服，吳滿嬌自己的內衣、三角褲都交給她洗，對待她像對待下女一樣，一點也不客氣。吳滿嬌自己的臥房也要春梅打掃，她甚麼事也不做，擺出大姑娘的身分，坐著享福。春梅忍氣吞聲，讓眼淚往肚裏流。

吳滿嬌生孩子時，春梅可累苦了，每天要替她洗那些血污的東西，她隨時要春梅弄東西給她吃，想到甚麼就要春梅去買，一不如意就板著臉罵春梅，春梅絕不回嘴。因為她生的是男孩子，母親對女兒更加寵愛，惟恐媳婦服侍不周，更隨時督促，使春梅忙得團團轉，一點不敢大意。

「吳添福白天很少在家，晚上要到十二點以後纔能回來。晚上，她總是一個人關在房裏看小說，或是暗自落淚。她覺得自己生活在冰窖裏，沒有一點暖氣。」

一天晚上，她等到三點多鐘，吳添福纔回來，她的眼睛哭腫了。

「阿福，你能不能早點回家？」她裝出笑臉迎著他說。

「明天幾家觀光飯店接待一批洋人，菜單弄晚了，我和阿兄費了很大的心思，纔把明天的菜單安排好，所以回來遲了。」吳添福望望春梅說：「妳不是三歲的毛丫頭，怎麼又哭了？」

「阿福，我心裏難過。」春梅說：「白天你不在家，婆婆和阿姐沒有好臉色，我並不是好吃懶做，祇要婆婆、阿姐把我當一家人，我就是多吃點苦，多做點事，也很高興。」

「阿母、阿姐的脾氣古怪，妳對她們多陪點小心好了。」

「阿福，我不會講假話，討好賣乖。她們叫我做甚麼，我一定做好，罵我也不作聲，我不想惹你生氣。你晚上回早一點，我就心滿意足，婆婆、姐姐給我多大的委屈，我都不計較。」

「沒有事我一定早點回家。」吳添福脫掉外衣，春梅連忙接住。

「你每天都是十二點以後回來，從來沒有早過。」

「作我們這行生意，和開店鋪不同，要等飯店、酒店開菜單，他們是夜晚生意，天天換花樣，不等他們打烊，我拿不到新菜單。」吳添福脫下皮鞋，春梅立刻遞上拖鞋。

春梅服侍吳添福洗澡，直到四點多纔睡。

第二天春梅起晚了。吳添福一走，他母親就刻薄地罵起來：

「妳還想天天度蜜月？迷住阿福不起來？我們是正正當當的人家，又不是綠燈戶！」

春梅沒想到婆婆會說這種話，她身子一震，眼淚一滾，她不能再不解釋。

「阿母，阿福昨天晚上三點多鐘纔回來，我四點多纔睡，白天忙了一天，人實在太累，所以起晚了一點。」

婆婆正要接腔，女兒卻搶著說：

「哼！我看妳是晚上忙了一夜，早晨自然起不來！」

春梅羞紅了臉，怔怔地望著吳滿嬌，吳滿嬌撇撇嘴說：

「妳孫悟空還想翻過如來佛的手掌心？妳有多深的道行？我不當面掀妳的底，以後妳還想迷人。」

「阿姐，我實在是睡得太晚，妳不要多心。」春梅低聲下氣向吳滿嬌解釋。

「妳雞食螢火蟲，心知肚明，莫要我挑起屎臭，我告訴妳，不要迷壞了阿福的身體，吳家祇有這條根！」

吳滿嬌的橫蠻，使春梅百口難辯，她啊的一聲哭了出來，躲進房裏，吳滿嬌母女兩人，還在外面冷言冷語，春梅越哭越傷心，她有點後悔沒有聽母親的話，果然要受婆婆、大姑娘的折磨。想到婆婆那張無情的馬臉和鷹嘴鼻，不禁打了一個寒噤。

她不敢賴在床上，悄悄地揩乾眼淚，提著菜籃，上市場買菜。在菜市場碰到隔壁的黃太太，黃太太看她眼睛紅紅的，心裏明白，好心地問她：

「春梅，妳受了誰的委屈？」

春梅想到家醜不可外揚，沒有作聲。黃太太望望她，同情地說：

「妳不說我也想得到，不是英國就是虎姑婆。」

春梅聽了莫名其妙?甚麼「英國」、「虎姑婆」?她怔怔地望著黃太太，黃太太也奇怪地望著她，停了一會兒纔說：

「怎麼?妳不知道英國、虎姑婆?」

春梅搖搖頭。黃太太接著說：

「我們那條巷子的鄰居都叫妳婆婆英國，叫妳大姑娘虎姑婆。」

「阿嬸，那是甚麼意思嘛?」春梅問。

「妳婆婆陰險刻毒，妳大姑娘凶狠潑辣，她們母女兩人是有名的壞貨，我們都不理她，我看妳誤上賊船，不能不告訴妳，希望妳少吃點苦頭。」

「阿嬸，多謝您。」春梅連忙道謝，自怨自艾地說：「我走錯了一步棋，有甚麼辦法?」

黃太太同情地望望春梅，沒有再說甚麼。

春梅買好了菜，和黃太太一道回來，走到巷口，黃太太要她走在前面，春梅和黃太太客氣一番，黃太太輕輕地對她說：

「妳在前面走快一點，我不想惹那兩個潑辣貨。」

春梅祇好上前，黃太太故意掉在後面，和春梅越拉越遠。

春梅回到家裏，接到姐姐一封信，說母親到臺北來了好幾天，想看看她，問她怎麼許久都不去玩?春梅看了姐姐的信，十分難過。她連許秋月的家裏都沒去，一方面是家務太忙，同時又怕他們問起自己的生活情形，不知道怎樣回答?

她趕著洗好衣服，替婆婆和大姑娘把臥房打掃乾淨，把飯弄好，纔對婆婆說到姐姐家去一趟。婆婆打量她半天，突然問她：

「妳是不是想去訴苦？」

「阿母，不是啦，我是去看看阿母，她從桃園來了好幾天，阿姐寫信叫我去。」春梅說。

「妳心裏放明白一點，訴苦也是白訴。」吳滿嬌說。

「阿姐，我還有臉訴苦？」春梅學會了許秋月的自嘲：「再辣的酒我也捏著鼻子喝一盅。」

「真看不出來，妳倒是糞缸裏的石頭？」吳滿嬌冷笑一聲。

春梅祇想能去姐姐家看看母親，不願和吳滿嬌鬥嘴。婆婆看她不作聲，又做好人，改用溫和的口氣對她說：

「早去早回，不要耽誤了家裏的正事。」

僅僅這兩句話，春梅就覺得她特別仁慈。

春梅匆匆地吃完了飯，回到房裏特別打扮一番，蜜月旅行回來之後，她就沒有擦過口紅，沒有穿過旗袍和高跟鞋。現在她又打扮得和作新娘子那天一樣，希望母親、姐姐看了高興，她更怕姐夫看出破綻，傳到李課長耳裏，惹人笑話。

吳滿嬌看春梅打扮得這麼漂亮，心裏十分妒忌。她的長相比菊妹高明不了多少，卻有菊妹同樣的心理。她掠了春梅一眼，嘴巴一撇，鼻子一哼：

「這哪是去看阿母？簡直是去看情人！」

春梅一震，停了下來，望望吳滿嬌，忍住氣，從皮包裏掏出信遞給吳滿嬌看：

「阿姐，妳不要多心，有信為證。」

吳滿嬌不相信，看了春梅一眼說；

「去看阿母要這樣花枝招展？」

「阿姐，我總不能丟吳家的人，像個叫化子？我穿得好也是吳家的面子，不是我一個人的光彩。」

「哼，想不到妳倒有一張利嘴？」吳滿嬌斜著眼睛歪著嘴巴看春梅。

「阿嬌，妳別和她扯，讓她快去快回。」母親出來打圓場，女兒得意地回到房裏。

春梅一走出大門，就用手絹掩著嘴哭了起來，一直哭到巷口。她心裏像塞了一塊石頭一樣難過，哭了一會兒輕鬆許多，她覺得婆婆和大姑娘比狗仔和菊妹還要難應付得多，難怪鄰居叫她們是「英國」、「虎姑婆」，她不知道以後的日子怎麼過？

「我真是黃連命，怎麼偏遇上這些魔星？」她這樣想。「說不定前生作了孽？今生來受折磨？」

她不知道過去未來，不知道前生自己是個甚麼？又作了甚麼孽？這是她母親凌緞的觀念，她不知不覺受了母親的影響，遇到解不透的問題，她也歸之命運。

她神思恍惚地搭上了十三路公共汽車，沒有坐位，像一隻大蘿蔔在人群中撞來撞去，有些輕薄的男人故意往她身上擠，使她無法閃避。

車到了中正橋頭，她狼狽地下車。她怕自己哭紅了眼睛，被母親、姐姐發現，她站在堤邊無人的地方，打開皮包，利用小鏡子照照，她發現臉上的淚痕，連忙拿起粉撲在臉上勻了幾下，又用小手絹抆抆眼睛，對著小鏡子做了一個笑容，看不出哭相，這纔放心地向姐姐家走去。

秋蓮看她像朵彩雲飄到，跑到門口迎接，故意埋怨她說：

「阿妹，妳嫁了好婆家，就忘記了我這個窮姐姐了？」

「阿姐，我時刻想念妳，就是不能抽身。」春梅說。

「甚麼事絆住了你的腳嘛？」

「阿福生意忙，我要作他的幫手，還要管家，家裏家外，分不開身。」春梅把在車上想好的話，背了出來。

秋蓮打量她一眼，羨慕地說：

「阿妹，妳真好命，一嫁過去就當家，不知道是幾世修來的？」秋蓮說後便去準備東西。

秋蓮的話像刀子一樣刺進她的心裏，可是她臉上還盡量裝出笑容，不露出一點馬腳。

凌緞抱著外孫出來，春梅叫了聲「阿母」，連忙跑過去。她這纔想起沒有帶糖給外甥吃，連在日月潭買的弓箭、菸斗也忘記帶來，她腳一頓，罵了自己一句「該死」，從皮包裏掏出十塊錢塞給外甥，自譴地說：

「阿姨該打，忘記買糖給小添添吃，你自己去買好不好？」

小外甥拿到十塊錢，高興得很，吵著要去買糖，秋蓮衹好抱他出去。

「春梅，姊妹是親骨肉，秋蓮時常念妳，她又怕失了妳的面子，不好意思過去，妳怎麼老不過來？」凌緞望望春梅說。

「阿母，我初過門，一切都摸不著頭，以後我會常來。」

「婆婆對妳怎樣？」凌緞關心地問。

「阿母，婆婆對我很好，把我當做自己的女兒。」春梅說。

「哦，那我看錯人了。」凌緞紅著臉一笑。「大姑娘呢？」

「阿母，大姑娘把我當作阿妹，和阿姐對我一樣。」

「那我真沒有想到。」凌緞高興得望望春梅：「真是世界變了，壞人也變成了好人。」

「阿母，說不定我交了好運，脫了魔星？」春梅為了使凌緞快樂，故意湊興。

「妳這話很對！」凌緞雙手一拍，頭一點：「人要是鴻運當頭，自然福星高照，要是走了霉運，真是喝涼水也塞牙，看樣子妳是矮子爬樓梯，節節高了。」

春梅望著母親一笑，笑出了眼淚，她連忙把小手絹拭拭，凌緞以為她太高興，反而打趣地說：

「真是千里姻緣一線牽，三生石上早註定。妳和阿福的事，我做夢也沒有想到。」

春梅沒有接腔，凌緞越是高興，她心裏越加酸楚，不安，她從來沒有這麼存心欺騙過別人，現在卻不得不欺騙母親，而凌緞又信以為真，她的良心在受譴責，她真想揭穿自己的謊言。

凌緞望望女兒滿懷高興，她忽然想到秋蓮一結婚就有喜，禁不住輕輕地問春梅：

「春梅，秋蓮一打雷就下雨，妳有沒有喜訊？」

春梅紅著臉搖搖頭。凌緞打量她一眼，壓低聲音說：

「我囑咐妳的話記住沒有？」

「阿母，我還年輕，您說了命裏有時終須有，命裏無時莫強求。怎麼這種事您又焦心？是不是急著抱外孫？」春梅望著母親說。

「春梅，我是為妳著想，吳家人丁不旺，妳要是早點生下一男半女，公婆會對妳更好。」

春梅從來沒有想到這個問題，凌緞這一說，給她帶來一線希望，也增加了心理負擔，吳添福對於生兒育女的事一點也不放在心上，如果自己不生，公婆又抱孫心切，那她的命運就更慘了。吳滿嬌就因為生了一個男孩子，更不可一世，婆婆更寵她了。

秋蓮和丈夫一道回來，林添財穿著工作服，推著腳踏車，他是檢查附近一處高壓線路，在雜貨店蹚著秋蓮，聽說春梅來了纔順道回來看看她。

他看春梅打扮得和結婚時一樣，開玩笑地說：

「姨妹，妳真是天天作新娘，看樣子妳是坐著享福。算妳有眼光，有福氣，我這個媒人雖然沒有作成，還是服了妳。」

「姐夫，你又炒冷飯！」春梅故意嬌嗔地說。

林添財笑著道歉，隨後又問她怎麼許久不來？吳添福的生意作得怎樣？春梅都支吾過去了。

閒聊了一會兒，春梅看看錶，發覺到了弄飯的時間，連忙說聲要走，林添財雙手一張，像大鵬展翅，足有五、六尺長，攔住春梅說：

「姨妹，姐夫再窮，也不在乎妳吃頓便飯。妳長久不來，板凳都沒有坐熱，好意思走？」

「姐夫，多謝你的好意，有人請我和婆婆吃酒，婆婆等我回去，我不能不陪她。」

林添財像洩了氣的皮球，兩隻手自然垂下去，失意地說：

「那我就不敢強留了。」

「阿妹現在真是水漲船高。生就了富貴命，遲早有肉吃。她去別人家作客吃酒，我也高興。」秋蓮說。

凌緞也很高興，他們三人把春梅送出大門，秋蓮還要再送，春梅攔阻，凌緞對春梅說：

「妳自己得意，可別忘記了我和姐姐，我們不想叨妳的光，祇希望妳常來走動走動，親熱親熱。」

春梅喉嚨裏像哽住了甚麼東西，說不出話來，她點點頭，轉身就走。

春梅上了高堤，走了幾步，眼淚像泛濫的淡水河水，洶湧而出，她連忙用手絹蒙住嘴，生怕哭出聲音。

回到家裏，婆婆的臉拉得更長，大姑娘的臉色像豬肝，婆婆說她回來遲了，大姑娘說沒有開水沖奶粉，還罵了幾句。她一言不發，連忙換了衣服走進廚房，打開煤球爐門。

她蹲在地上淘米，眼淚一顆顆地掉進鍋裏。

第二十五章 秋月不管人富貴 春梅難當助選員

吳多業決心競選議員，一、兩個月前就展開活動。這一區他有兩個勁敵，都有錢有勢。一位是錢通玄，一位是武樹聲。他為了想打敗這兩個勁敵，老早就組織一個助選團，春梅也派上了用場，因為她生得漂亮，國語、閩語都講得很標準。

吳多業的票源是酒家、飯店、旅館，公開競選前酒家的生意特別興旺，吳多業除了和私生子劉繼吳、養子吳添福，天天跑這些地方拉交情做工作之外，他特別想到許秋月，他知道春梅和許秋月的交情很好。一天吃過早飯之後，他把春梅叫到面前，滿面笑容地對她說：

「春梅，妳家務事作得很好，我很高興，不過妳辛苦了一點，我已經和婆婆商量，要她馬上請個下女，讓妳輕閒一下。」

這完全出乎春梅的意料之外，她反而不敢輕信，她望了吳多業一眼，低沉地回答：

「阿爸，我已經習慣了，辛苦一點沒有關係，請下女又要增加開支。」

「哈！妳真是個好媳婦！」吳多業拍拍她的臂膀，她本能地身子一縮，吳多業咧嘴一笑：「想不到妳有心替我省錢！」

「阿爸，多一個人多一張嘴，我自然不能吃閒飯。」

「妳不會吃閒飯，這次我競選議員，還要妳幫大忙。」

春梅受寵若驚，怔怔地望著吳多業，惶惑地說：

「阿爸，我年輕無知，能幫你甚麼忙？」

「妳可以幫我很多忙。」吳多業打量春梅說：「第一件事，妳替我和白牡丹多聯絡。她是紅酒女，恩客多。錢通玄、武樹聲，常常上『五月花』，叫她當番，她從他們那裏一定可以套出不少情報，如果能夠給我參考，我就可以打勝仗。」

「阿爸，客人是衣食父母，恐怕她不肯作這種事？」春梅估量許秋月不是這種人，她以為許秋月不會受他利用。

「所以我要借重妳。」吳多業哈哈一笑。「縱然她不肯買我的面子，一定會買妳的交情。」

「阿爸，她對我雖好，到底她是主人，我哪有那麼大的面子？」

「春梅，人很奇怪，祇要交情好，甚麼都好辦，尤其是妳們女人，手帕交，勝過我們男人的拜把兄弟。我不但希望白牡丹給我通風報信，也希望她給我拉拉票。」

春梅聽吳多業的要求這麼多，更擔心不能完成任務，因此對他說：

「阿爸，我看這兩件事，恐怕要您親自出馬。」

「妳先給我開開路，探探她的口氣，我另外拜託許錦花，雙管齊下，她總不好意思推辭！」

春梅聽他這樣說，祇好硬起頭皮擔當這件事。吳多業看她答應，十分高興，笑著對春梅說：

「聽說酒家也打算選舉酒國皇后，將來我也可以支持她。遲幾天我再去看看她，向她道謝，妳先替我搭個橋好了。」

春梅好久沒有去看許秋月，也實在想去和她談談，現在奉了旨，有了題目，名正言順，婆婆、大姑娘也不好干涉她了。

下午兩點多鐘，她估計許秋月吃過午飯，自己刻意打扮了一番。她希望不要讓許秋月看出一點不愉快的樣子，免得許秋月東問西問。

她走進許家時，許秋月正坐在梳妝臺前玩撲克牌。許秋月一看見她，連忙站起來歡迎，把她往身邊一拉，打量一番，笑著說：

「春梅，別人結婚以後會發胖，妳怎麼反而瘦了？」

「小姐，我倒一點也不覺得。」春梅自然地回答。

「我不騙妳，妳自己照照鏡子看？」許秋月把春梅往衣櫥前面輕輕一推。

春梅知道自己的臉比從前尖了一些，她故意對著鏡子摸摸兩頰，向許秋月一笑：

「小姐，我真的看不出來。」

「真怪，一結了婚妳的眼光也不同了。」許秋月不禁失笑。

春梅望望梳妝臺上的撲克牌，笑著問許秋月：

「小姐，紅心的分數多還是方塊的分數多？」

「方塊。」許秋月黯然回答。

「有錢萬事足，那也很好。」

「春梅，我是左手進，右手出。」許秋月歎了一口氣：「最近阿母牌運不好，輸了三、四萬，弟妹的學費也去了好幾千，我自己還是個空殼子。」

春梅自己一肚子苦水，不敢吐出來。聽了許秋月這樣說，她反而替許秋月難過。

許秋月對於金錢不十分介意，何況這種事又不是第一次，她歎了一口氣就算了。隨後拉著春梅問東問西，春梅支吾幾句，她也信以為真，因為春梅從來沒有向她扯謊。

「今天妳怎麼有空來？」許秋月問。

「小姐，我無事不登三寶殿，有事拜託妳。」春梅回答。

「妳有甚麼事拜託我？」許秋月歪著頭看春梅，那樣子十分優雅。

春梅把來意說明，許秋月突然哈哈地笑了起來，一疊連聲地說：

「我纔不管這種鬼事！誰當選議員和我還都沒有關係。這是有錢有勢的大爺的玩藝。他們走他們的陽關道，我過我的獨木橋，誰上『五月花』，五百塊錢一番我白牡丹都去，我管他甚麼忘八烏龜？」

春梅聽許秋月這樣說，半天不敢作聲。想到吳多業交給她的任務，她不禁打了個冷噤。

「小姐，妳縱然不肯給我公公套情報，替他拉拉票該沒有問題？」春梅鼓起勇氣說：「不然我交不了差。」

「春梅，看妳的面子，我投他一票就是。」許秋月溫婉地說：「其他的事免談。」

「小姐，公公要我來，抱了很大的希望。」春梅無可奈何地說。

「妳公公這種人都是人心不足蛇吞象，他想把全臺北塞進口袋，我能幫忙？」

春梅又啞口無言，許秋月雙手扶著春梅的兩肩說：

「春梅，恕我說句直話，妳公公並不是甚麼好人，最近我聽到他很多壞話。」

「小姐，說不定那是謠言。」

「謠言？」許秋月一笑：「有些話是我們『五月花』的一位姊妹親口告訴我的，她恨死了妳公公，不然她不會當酒女，她罵妳公公是老騷狗！」

春梅像挨了一耳光，滿臉通紅，她也看出公公像個老色迷，但從許秋月嘴裏講出來，她就覺得失了面子。

「如果他是個正派人，真的替老百姓講話做事，少不得我要幫他拉拉票，傳點消息。我既然知道他不是好人，就犯不著幫這個忙。」

「小姐，別人也未必比他好？」

「春梅，別人的事我不知道，也沒有人叫我做情報，拉票。好我就投，不好我在家裏睡覺，當不當選，與我無關。」

「小姐，妳真的不肯幫我公公的忙？」春梅望著許秋月說。

「春梅，我說了看妳天大的面子，投他一票，否則這一票我也不投。」

春梅看許秋月說得斬釘斷鐵，心裏像塞了一塊石塊，生怕吳多業罵她無用，又不好意思再要求許秋月幫忙，輕輕歎口氣，向許秋月告辭，許秋月挽留她說：

「春梅，我們真不該談這些鬼事！妳難得來一趟，我們再說說笑笑不好？」

春梅心情本來就很沉重，這件事情沒有辦好，更輕鬆不起來，她不想再談，她還是硬著頭皮回家。

吳多業已經出去，春梅想好了一套話準備回答他。夜晚吳多業回家時，問起這件事，她委婉地解釋一番，根本沒有提起老騷狗的話，說許秋月的票一定投他。

吳多業很失望，不過沒有發春梅的脾氣，他是個工於心計的人，笑了一聲說：

「白牡丹到底是紅酒女，看樣子我得親自出馬，登門求教了。」

第二天上午，他買了一大簍日本蘋果，和春梅一道來看許秋月。許秋月不肯接受，他卻笑容滿面地說：

「許小姐，我知道這不成敬意，您不收下叫我這張老面皮放到甚麼地方去？」

春梅又一再打圓場，許秋月不好峻拒。吳多業見她收下蘋果，馬上開門見山地說：

「許小姐，這次酒家和旅館業以及許多好朋友要兄弟出來競選，我不便辜負大家的好意，祇好獻醜。成不成功，就看您支不支持？」

「吳大爺，別開玩笑，我哪有這個大力？」許秋月說。

「許小姐，說真話，您如果肯當我的助選人，我一定可以當選。」

「吳大爺，不瞞你說，錢通玄、武樹聲二位也都要我當助選人，我一個也沒有答應，如果我再答應你，那我這碗飯就吃不成了。」

「您放心，我當您的保鏢好了。」吳多業把胸脯一拍。

「吳大爺，多謝，多謝，我一個酒女，還敢驚動您的大駕？」許秋月自嘲地一笑。

「許小姐，您要是肯支持我競選議員，我一定支持您競選皇后，我們攜手合作好不好？」

許秋月哈哈地笑了起來，望著吳多業說：

「吳大爺，我做夢也沒有想到要當皇后，酒女就是酒女，何必猴兒戴帽子？」

「許小姐，您錯了！一當上皇后就身價百倍，比女明星還要吃香。」吳多業慫恿地說。

「吳大爺，我鴨兒上不了架，多謝你的好意。」

吳多業打量許秋月一眼，非常識趣地站起來，笑容滿面地說：

「許小姐，不看金面看佛面，就算明裏您不便幫我的忙，暗地給我一點消息，拉點票，錢通玄、武樹聲絕不會知道。助選本來就有地上地下，隨您樂意好了。」吳多業望望一直沒有作聲的春梅。「春梅，妳在這裏陪陪許小姐好了，以後許小姐有甚麼差遣，妳要和從前一樣服侍她，我先走一步。」

吳多業笑嘻嘻地走了出去。許秋月望望他的背影，轉身對春梅說：

「妳公公不但是隻老騷狗，也是隻老狐狸。」

「小姐，您到底幫不幫他？」春梅關切地問。

「春梅，我對妳講真話，我絕不幫他。」許秋月拿起一個蘋果笑著回答：「不過得人錢財，與人消災，這簍蘋果就算我一張票的代價。反正他也送別人的毛巾、肥皂，人家還不一定投他。妳對他不必直說，就說我暗中拉票好了。對妳公公這種人，不能實心眼。」

春梅怔怔地望著許秋月，許秋月把蘋果往春梅手上一塞：

「羊毛出在羊身上，妳是他的兒媳婦，助選人，先吃一個好了。」

第二十六章 綠燈戶罵老騷狗

許秋月勸陳春梅

三點多鐘，春梅還沒有睡覺。她不是等許秋月，是等吳添福。

吳添福今天會不會回來？她不知道。有時他三點回來，有時四點回來，有時整夜不歸。不管怎樣，她一直等他，他甚麼時候回來，她甚麼時候睡覺，他一夜不歸，她也一夜不睡，不看見他，她就放心不下，也睡不著覺。

除了取菜單之外，她不知道他在外面搞些甚麼？菜單通常在十二點左右可以取到，交給劉繼吳，十二點以後有甚麼事？甚至通宵不歸又有甚麼事？她很少查問，總是他向她解釋，她都信以為真。

可是最近他越回越遲，整夜不歸的次數也比以前多了。

長夜無事，她只能以看小說和流淚消磨時間。自從婆婆和大姑娘把她當下女看待，甚至故意侮辱折磨之後，眼淚便成了她的家常便飯，她一個人在房裏時，只有兩件事做，一是暗自飲泣，一是閱讀小說。

她房裏的小說堆了很多，有些是租的，有些是買的。這些小說吳添福不看，他褲子口袋裏偶然塞一、兩本薄薄的武俠，或是《某夫人的豔史》、《俏寡婦》之類，甚至一些不堪入目的照片，他都不避諱，有時還向春梅推薦。看春梅臉紅耳赤，他反而格外高興。

春梅最擔心的就是這一點，怕他在外面拈花惹草，最近的情形更使她心神不安，甚至看書也看不進，只好以淚洗面了。

突然窗欞上輕輕地彈了兩下，她跳了起來，馬上破啼為笑。三步兩步趕出去開門，吳添福意興闌珊地走了進來。

吳添福看她臉上淚痕未乾，眼睛還是紅紅的，在她臉上輕輕地擰了一下，調侃地說：

「怎麼妳又淌了貓尿？」

「阿福，你哪裏去了？害我擔心呢。」春梅望著他輕言細語地說。

「臺北祇有這麼大，我還會走掉？」吳添福懶散地回答。

「阿福，你最近越回越遲，到底甚麼事絆住了你的腳？」

「阿爸競選，我的事情自然更多。」

「三更半夜有甚麼事好辦？」

「阿爸的票源不同，都是些夜貓子，越是深更半夜，越好辦事。」吳添福得意地抹抹鼻子。

「阿福，你不騙我？」春梅抱著他眼淚盈盈地問。

「我何必騙妳?妳看妳又淌貓尿了!」他用襯衣袖子擦乾她的眼淚。

「阿福，我真怕——」春梅的聲音有點顫抖。

「怕甚麼?」

「我怕你變心。」

「我說了我不會變心。」

「阿福，祇要你不變心，甚麼委屈折磨我也能忍受，為你死我也甘心。」

「別說瘋話，天快亮了，早點睡覺。」

巷子裏寂靜無聲，外面一片黑暗。她替他把領帶解開，衣服、鞋襪脫掉，服侍他上床，替他蓋好。

她像貓樣蜷臥在他懷裏，像從洶濤惡浪中回來停泊在港裏的小船，安心，疲倦，立刻熟睡了。一切委屈，一切痛苦，都煙消雲散。她心裏祇有一個吳添福。

第二天早晨七點，吳多業就敲他們的房門，春梅一驚而醒，悄悄起身，她不想驚醒吳添福。吳多業看春梅走出房間，不見吳添福，連忙問她：

「阿福還沒有起來?」

「阿爸，他昨夜四點多鐘纔回家，可不可以讓他再睡一下?」春梅回答。

「胡鬧!他怎麼不早點回家?」吳多業有點不滿。

「阿爸，我不知道。」春梅惶惑地搖搖頭。

「他回遲了妳也應該早點起來！」婆婆插嘴：「現在又不是蜜月，妳還纏著他睡懶覺？」

春梅看婆婆那副嘴臉，不敢作聲，她知道怎樣解釋，婆婆也不會同情她，要是婆婆知道丈夫常常深夜遲歸，甚至不回來，那更會輕視她。

「妳叫阿福起來，」吳多業對春梅說：「現在正是密鑼緊鼓，我已經花了上十萬，錢不能丟進水裏。」

春梅回到房裏，看吳添福睡得那麼甜，不忍叫他，站在床邊呆了一會兒，才慢慢地彎下腰，附在他的耳邊，輕輕地叫喚，吳添福翻個身面朝裏睡，她倒抽一口冷氣。停了一會兒，攀著他的肩膀輕輕地搖了兩下，吳添福猛然睜開眼睛，生氣地望著她，她連忙道歉：

「阿福，對不起，不是我吵你，是阿爸要你起來。」

「這麼早要我起來做賊？」

春梅哭笑不得，輕輕地對他說：

「還不是競選的事？」

「乾脆，我以後不回來，讓他找我好了。」

「阿福，不要這樣，」春梅急得眼圈一紅。「你不回來我會失眠，阿母又會怪我不會伺候你，阿爸自然更會生氣。」

吳添福望望她，十分不願意地坐了起來，她連忙遞上衣服，幫他穿上，連鞋襪都替他穿好。

吳多業看吳添福懶散地走出來，一句話也沒有責備他，反而笑著對他說：

「阿福，現在競選正在節骨眼上，要是我們父子兩人打勝了這一仗，我要重重地犒賞你一下。」

「阿爸，你怎樣賞我？」吳添福將信將疑地望望父親。

「隨你喜歡。」吳多業輕鬆地回答，又望望春梅：「媳婦，妳也有一份，希望妳也好好地幫我打這一仗。」

「阿爸，但願你高中，我不要你犒賞。」春梅覺得自己是媳婦，自然應該幫公公的忙，她根本沒有想到任何報酬。如果公公當選，婆婆大姑娘對她好一點，她就心滿意足了。

「妳真是個好媳婦！」吳多業誇獎春梅：「快洗臉吃飯，我們一道上印刷所去。」

吳滿嬌聽父親誇獎春梅，馬上白了春梅一眼，繃著臉向父親抗議：

「阿爸，你把功勞都記在別人頭上，我和阿母該做無名英雄？」

「滿嬌，妳是我的掌心肉，我怎麼會忘記妳？」吳多業向女兒笑眯眯地說：「祇要我當選，你們都是功臣。」

「阿爸，要是您落選呢？」吳滿嬌望著父親說。

「胡說！」吳多業馬上拉下臉：「除非你們不盡力，不然我絕不會落選，我的基本票就有三千多張。」

吳滿嬌碰了一鼻子灰，生氣地跑回房裏。

吃完早飯，吳多業帶著吳添福和春梅到一家印刷所去取傳單。

傳單是六十四開小張，正面印了吳多業的照片履歷和登記號碼，背面印了十條政見，其中幾條重要的如下：

發展觀光娛樂事業，促進社會經濟繁榮。

改善環境衛生，增進公眾福利。

辦理慈善事業，解決鰥寡孤獨問題。

替選民服務，隨交隨辦，不避艱難困苦。

這些政見，是吳多業的軍師們擬訂的。他看照片印得很清楚，樣子也比本人年輕，十分高興，他塞進大旅行袋，另外分了一部分給春梅，輕輕地囑咐她：

「妳特別替我爭取街坊鄰居，和酒家綠燈戶的婦女票，多發點傳單，多拜託拜託。」

春梅最不願意到那種地方去，尤其是綠燈戶，平時她也繞著彎子不從保安街經過，生怕別人誤會她不是良家婦女。現在公公指定她去，她心裏十分不願意，可又不敢拒絕。吳多業看出她面有難色，笑著對她說：

「沒有關係，現在她們和我們一樣平等，她們的票同樣神聖。錢通玄、武樹聲他們都在爭取綠燈戶的票，我自然不能放棄。妳說我當選後第一件事就是替她們謀福利，妳一句話抵男人十句。」

「阿爸，你替她們謀甚麼福利？」春梅問吳多業。

吳多業嘻嘻一笑，欲言又止，猴子眼睛翻了幾下，輕輕地對春梅說：

「隨妳編好了，反正都是空頭支票。」

春梅不作聲，她最不慣於口是心非。

「妳把好話說盡都沒有關係。」吳添福附著春梅的耳朵說：「現在是三頭政策的第一頭，每一個候選人都裝孝子，拍馬屁。」

吳多業哈哈一笑，拉著吳添福跳上轎車。

春梅望著他們父子兩人的背影，在街沿怔了半天，最後只好硬著頭皮向綠燈戶區走去。

她一家家地散發傳單，講了許多拜託的好話。那些臉上脂粉已經褪盡，雲鬢蓬鬆、睡眼惺忪的女人，多半無動於衷，那些有幾分姿色的女人和老鴇，卻特別打量她，甚至和她攀談幾句。

春梅走進一家甲級戶，迎面碰著一位十八、九歲的漂亮女人，衣飾不整地從小房間出來。春梅笑著遞給她一張傳單，她看了一眼，隨手撕得粉碎，拋在地上用腳踐踏，咬著牙齒咒罵：

「呸！老騷狗，你還想我投你的票？我要吃你的肉！」

春梅震驚得呆頭呆腦，她忽然抬起頭來朝春梅臉上「呸！呸！」地唾兩口，春梅慌張地跑了出來，她趕到門口嘲罵：

「賤貨，妳怎麼有臉替老騷狗拉票？妳沒有吃他的虧？他給了妳多少好處？」

春梅羞得滿面通紅，氣得想哭，她想到許秋月那些話絕不是謠言。她恨不得把手上的傳單都摔到陰溝裏去。

她沒有勇氣再在綠燈戶散發，也不想去酒家，一逕跑來看許秋月。

許秋月剛剛起來，看春梅手裏拿著許多吳多業的傳單，調侃地說：

「妳真是個好媳婦，妳這樣賣力，妳公公一定當選。」

「小姐，我看這是海底撈寶，難說的很。」春梅疲倦地坐在沙發上。「我真不明白，公公何必花這麼多錢競選？到底有甚麼好處？」

「他還會比我們蠢？沒有好處的事他肯幹？」許秋月笑著回答：「妳別看他花了許多錢，他是小魚釣大魚。」

「萬一釣不上呢？」

「也不會破產。瘦死的駱駝比馬大，我們還抵得上他？」

「小姐，麻煩您帶點傳單到『五月花』散發一下好不好？」春梅自己不想去，只好拜託許秋月。

「我說了不幫他拉票。」許秋月搖搖頭。

「小姐，您幫我一個忙好不好？不然我交不了差。」

許秋月看看春梅，有點同情，要她留點下來，春梅數了三、四十張給許秋月，央求地說：

「小姐，妳可不能摔進垃圾箱！」

許秋月嘴角微微一揚，笑著對春梅說：

「春梅，我看妳不宜去那種地方，我也不便捲進這潭渾水。」

「小姐，我何嘗想去那種地方？公公一定要我拉婦女票，我推不了。」

「你公公這著棋倒下的不壞，但是他不應該要妳去那種地方拋頭露面。」

春梅覺得許秋月的話很對，她怕再被別的女人吐一臉口水，她打算散發了附近的街坊鄰居就回去交差。

每一家鋪子裏都接到了好幾位候選人的傳單，他們生意忙，她除了說句「請賜吳多業一票」的話之外，簡直沒有機會替吳多業宣傳。

巷子裏的人家，她倒有機會替吳多業說幾句好話，可是反應都很冷淡。越是接近自己家的老鄰居，反應越壞，有的女人對春梅說：

「新娘子，幸好是妳，要是『英國』和『虎姑婆』，我絕不准她們進門，我不會投那老騷狗的票。」

有的人家一句話不講，乾脆把傳單扔了出來。

春梅受了委屈，回來還不敢講。

吳多業另外還設了一個競選辦事處，和幾位把兄弟輪流坐鎮指揮，吳添福和另外幾位助選人，專門替他跑票，搜集對手情報。吳多業平時不大看報，現在卻特別注意競選新聞和婚喪喜慶啟事。不管識與不識，他一定親自準時趕去，喪事送個大花圈或一副輓聯，喜事送幅喜幛或一兩百塊錢的現金，而且，他一定要春梅盛裝同去，以吸引別人注意。他逢人拱手作揖，一有機會就講話，但是絕不吃酒席。政見發表會他也帶春梅同去。

競選最激烈的幾天，春梅日夜坐著宣傳車揑著宣傳稿子，在街頭巷尾用客家話、閩南語、國語輪流叫喊：

「親愛的父老兄弟姐妹們，請投九號候選人吳多業一票，吳多業是最熱心、最公正的候選人，是大眾喉舌，敢說話，肯跑腿，肯做事……。拜託，拜託！請投吳多業一票……」

吳多業每天也有幾次親自隨車出動，站在車上向大家拱手作揖，敞著喉嚨大叫：

「拜託！拜託！請賜九號候選人吳多業一票！」

他為了爭取選民同情，他同幾位把兄弟常常製造高潮，在街上大貼「吳多業危險！請救救吳多業，讓好人出頭！」之類的紅綠紙條。他自己更在宣傳車上以哀兵姿態向路人聲嘶力竭地哀求：

「請賜無錢無勢的吳多業一票！兄弟吳多業如果當選，一定替諸位父老兄弟姐妹講話、跑腿、做事，隨時聽候吩咐……。」

春梅看公公做出那副可憐相，聽著公公的話，身上在起雞皮疙瘩，心裏有點想嘔。他的喉嚨嘶啞，不時要春梅幫他叫喊，春梅一直睡眠不足，這一向過度勞累，她已經感到精疲力盡，但又不能不對著麥克風講那些她自己聽了都覺得肉麻的話。她真想不透，公公為甚麼要競選？為甚麼要講些騙人的話？

投票這天，大家更加緊張，春梅和吳添福忙著請人去投票，甚至叫好三輪車，請人家坐著去。

晚上開票，春梅沒有出去，她太疲倦，九點鐘就上床去睡，一上床就睡著了，這是很少有的事。

半夜，她突然被拍桌子的聲音驚醒，她聽見吳多業在破口大罵：

「幹他娘！白白地丟了四十多萬！」

「大哥，只差一百多票，實在冤枉！」吳多業的一位把兄弟說。

「老二，是不是有弊？」吳多業問。

「大哥，還沒有發現有弊，聽說你的街坊鄰居，都投了別人的票。」

「這些王八蛋，專挖我的牆腳！」吳多業咬牙切齒罵。

「大哥，你們平常和街坊鄰居是不是處得不大好？」

吳多業沒有作聲，他太太卻搶著說：

「我河水不犯井水，沒有那回事，除非是媳婦得罪了人！」

春梅聽了一怔，想不到婆婆含血噴人，心裏不禁熱血沸騰，卻不敢出聲，吳滿嬌又火上加油：

「這真是個掃帚星，給我們家裏帶來了敗運！」

春梅一口冤氣化作滾滾熱淚，她咬緊被子，生怕哭出聲音。

大家你一句我一句，春梅辛苦了這麼多天，沒有落到一句好話，婆婆和大姑娘還故意中傷，她越想越傷心。

她始終沒有聽見吳添福的聲音，助選人散去之後，也未見吳添福進房，她睜著眼睛直到天亮，吳添福還是沒有回來。她非常擔心，以為吳添福也受了氣，跑到別處去了，其實吳添福在綠燈戶過夜，他忙了一陣子，也風流了一夜。

第二天夜裏三點多鐘，吳添福才回來，像往日一樣在窗櫺上輕輕彈了兩下，彷彿彈在春梅的心上，她又驚又喜，碎步跑去開門，輕輕地問他：

「阿福，你昨夜哪裏去了？」

「我一個人悶得很，逛逛臺灣頭。」吳添福回答。

「阿福，我也是啞子吃黃連，還替你擔了一夜的心。」春梅眼淚盈盈地說。

第二十七章　虎姑婆打雞罵狗
陳春梅亂箭穿心

吳多業競選失敗，勞民傷財，他覺得臉上沒有光彩，跑到北投去住了幾天。吳滿嬌母女兩人，心痛損失了這一大筆錢，怨氣沖天，罵街坊鄰居是「陰死鬼」，罵春梅是「掃帚星」，又振振有辭地辭退了下女，要春梅洗衣弄飯。

春梅並不怕吃苦，可是實在受不住婆婆和大姑娘的冷言冷語，吳滿嬌常常打雞罵狗，彷彿吳多業的失敗，完全是春梅的責任。

「當初阿爸不信我的話，要她去拉票，結果票越拉越少，冤枉送掉幾十萬。」吳滿嬌對母親說。

「老鬼壞了心，以為她生得漂亮，討人喜歡。」母親說。

「拉票又不是拉客，生得漂亮有甚麼用？」

「千不該，萬不該，不該讓她在宣傳車上廣播，她笨嘴笨舌，哪是別人的對手？」

「阿爸聰明一世，糊塗一時，這次算是鬼迷了心竅。」

「他走了十幾年的好運，這次真是遇上了掃帚星。」

她們母女兩人一拉一唱，春梅彷彿亂箭穿心，她不得不要求吳添福帶她到外面去住，吳添福另有鬼胎，不同意。

「阿福，我韓信功勞一場空，阿母、阿姐還要冷言冷語，我實在受不了。」春梅說。

「她們心痛的是錢，過些時自然不炒冷飯了。」吳添福說。

「阿福，你是花腳貓，很少在家，不知道我的苦處。」

「家家都有一本難念的經，又不是妳一個人作媳婦？」

「阿福，要是我們住在外面，跟你受苦我也快樂。」

「家裏又不是沒有房子住，搬出去人家更會笑話。」

「那你能不能少往外面跑跑？你在家裏阿母、阿姐對我好些。」

「男子漢大丈夫，怎麼能一天到晚守在家裏？」

「阿福，你能不能早點回家？不在外面睡覺？我心裏苦得很。」

吳添福看春梅流淚，有點內疚，托著她的下巴說：

「妳不要演悲旦好不好？見了我就哭哭啼啼，我不歡喜看眼淚。」

春梅連忙把眼淚擦乾，裝著一副笑臉，望著他說：

「阿福，我也不歡喜哭，可是我想笑總笑不起來。」

「妳真是悲旦。」吳添福調侃地說。

「阿福，要是阿母把我當媳婦，你把我當妻子，我就不是悲旦。」

「這次競選妳也做了出頭的柱子。誰不知道妳是吳家的媳婦？誰不知道妳是我的妻子？」

春梅聽他這樣說，心裏也感到一點安慰。她不再談搬出去住的事。

吳添福也有一個多月沒有在外面過夜，每天夜裏三、四點鐘以前一定回來，有時十二點多就回家了。

春梅漸漸感到一身軟弱無力，昏昏欲睡，提不起精神做事，婆婆看了很不順眼，說她偷懶，甚至當著親戚朋友的面批評春梅：

「別看她年紀輕輕的，倒生成了一副懶骨頭，又不知道節儉，要不是我和滿嬌，這個家早就垮了。」

春梅一句也不敢反駁，雖然她是照常洗衣、弄飯，她不知道自己為甚麼軟弱無力，老是想睡。

她要吳添福陪她去醫院檢查，事後婦科大夫笑著對他們說：

「不要大驚小怪，恭喜你們有小寶寶了。」

春梅又驚又喜，吳添福也非常高興，兩人牽著手離開醫院，吳添福笑著對春梅說：

「我還以為妳不會下蛋呢？」

春梅羞紅了臉，輕輕地白了他一眼：

「誰叫妳像隻花腳貓，三更半夜不回家？」

兩人回到家裏，吳添福的母親劈頭就問：

「是不是懶病？」

春梅差點氣出了眼淚，吳添福笑嬉嬉地回答：

「阿母，不是懶病，春梅有喜了。」

吳太太懷疑地打量春梅一眼，春梅不想挺在她的面前，低著頭走進房去。

「阿母，醫生要她多休息，是不是再請個下女？」吳添福說。

「阿福，你倒會憐香惜玉。」吳滿嬌嘲笑地說：「就算有喜，也不是甚麼了不起的事，哪個女人不生孩子？哪個女人不做事？」

「阿福，起家有如針挑土，敗家好比浪推沙。老鬼發瘋一下搞掉幾十萬，現在不比從前，能省一點還是省一點。」吳太太說。

「阿福，萬貫家財也是你的，不能養成她好吃懶做的習慣。」吳滿嬌說。

吳添福對吳滿嬌一向有幾分畏忌，她的口氣又好像是完全為他，他雖然希望春梅休息，但不願意和她們母女兩人爭執。

後來吳多業發現春梅有孕，纔又請了下女。

春梅雖然受了吳滿嬌母女兩人許多冤屈，心裏還是有一份難言的喜悅。她聽母親講過「母以子貴」的話，她希望孩子將來真能提高她在家庭中的地位，不再受婆婆和大姑娘的歧視；孩子能拉住吳添福的心，不再像個花腳貓。她知道母親凌緞盼望她早生貴子，她不做家事就清閒多了，她又有好久沒有去看母親，她想讓母親、姐姐驚喜一下。

她突然來到秋蓮家裏，凌緞和秋蓮的確十分高興，林添財笑著對她說：

「姨妹，我的朋友都投了你公公的票，想不到馬屁沒有拍上。」林添財不在吳多業那一選區，他拜託了住在那邊的朋友。

春梅不好意思說出公公落選的原因，反而向姐姐、姐夫道謝。

她沒有向凌緞和秋蓮報告喜訊，秋蓮眼尖，看出她的小腹有點隆起，笑著問她：

「阿妹，妳是不是有喜了？」

春梅笑而不答。凌緞這纔上下打量春梅一下，拉著春梅說：

「春梅，妳說真話，這又不是甚麼醜事。」春梅紅著臉點點頭。林添財笑著對秋蓮說：

「姨妹無事不登三寶殿，我看她是專來向妳示威。」

林添財一語道破春梅的心事，春梅不禁嗤的一笑。凌緞高興地說：

「好，妳們姑嫂三人，生兒子也趕大伴，我看都是前後不久的日子。」

春梅聽說姐姐、嫂嫂都有喜訊，彷彿在路上撿了一個紅包。

「姨妹，臺灣人口膨脹，如果一年增加一個高雄市，妳們姑嫂三人又趕熱鬧，將來這些小傢伙不要吊起來？」

「船到橋頭自然直，一隻螞蟻有一條路，你擔甚麼憂？」凌緞說。「有人就有勢，妳們生的再多，我也高興。」

「阿母，秋蓮生了這一個就不能再生，讓姨妹一個人加油吧！反正她不愁吃，不愁穿，不像我這個小公務員。」林添財說。

凌緞聽林添財這樣說不禁欣喜地望望春梅。原先她有點替女兒擔心，現在看來似乎一切如意。她想春梅就是生十個八個，也絕無問題。春梅不願意讓母親知道實情，祇好打腫了臉充胖子，默不作聲。

春梅難得到秋蓮家來一次，為了和母親、姐姐多聚一下，直到晚上九點多纔回去。

在懷孕最初四、五個月內，春梅雖然不做家事，還是照常活動。許秋月家近，她每隔幾天就去和許秋月談談天，自己家裏是吳滿嬌母女的天下，她祇有挨駡的分兒，很少開口，在許秋月家裏，她卻可以自由地談笑，許秋月知道吳滿嬌母女對她不好，她也毋須隱瞞。彼此談談心裏倒輕鬆許多。此外她要吳添福抽空陪她看看電影，去動物園玩玩，去基隆河邊散散步，吳添福倒很少拒絕，因為他自己愛玩。她養父送她的那架收音機聲音很好，也消磨她不少的時間，她一打開收音機就會想起養父對她的恩情。小說仍然是她始終不變的嗜好，是她的密友良伴，看小說時，吳滿嬌母女冷言冷語她也聽不進去，一切不如意事她都可以暫時忘記。

吳添福又漸漸地回來晚了，一個禮拜總有一兩次整夜不歸。吳多業不問這件事，他自己也是如此。吳滿嬌一發現吳添福沒有回來，反而高興，婆婆更無所謂，她彷彿覺得丈夫、兒子整夜不歸不是甚麼稀奇事兒，正如她整夜打牌一樣。而吳添福本人總是有很好的藉口，很充足的理由，春梅經他一陣油嘴滑舌的解釋，一陣甜言蜜語，吳添福即使給她一杯毒藥，她也願意喝下去。

一天深夜，春梅突然肚痛，吳添福沒有回家，下女和吳滿嬌母女已經睡覺，她不敢大聲哼叫，生怕吵醒了婆婆和大姑娘，惹她們譏笑謾罵。

一陣一陣地痛，痛得她額上冒出豆大的汗珠，眼淚直流，她咬著牙齒不敢出聲，一直挨到窗口有點濛濛的光亮，一陣爆炸似的痛苦，使她再也無法忍受，纔哭叫一聲。

下女首先聽到，趕了過來，但是房門是關著的，下女在外面無法進來，春梅叫她去請助產士，她叫了吳滿嬌母女幾聲，纔打開大門出去。

吳滿嬌母女走到春梅房門口，要她起來開門，春梅有氣無力地說：

「阿母，我不能起來。」

「妳不起來開門我們怎麼進去？」

「阿母，請您把門撬開。」

她們母女兩人互相望了一眼，這才想起吳添福，如果他在家裏，就用不著撬門，而她們兩人實在不知道有甚麼方法可以把門撬開。

吳滿嬌找了一把大剪刀來試了幾下，沒有效果，失望地說：

「阿母，除非把門劈開。」

「一個門要兩、三百塊，怎麼能劈？」吳太太瞪著女兒。隨即大聲地對春梅說：「門撬不開，妳爬過來拉開，不然助產士也進不來。」

春梅牙一咬，忍著痛爬到門邊，伸手把鐵門拉開，痛得往地上一滾，哭叫起來。

「大清早別殺豬樣地嚎叫！這又不是甚麼稀罕事兒，哪個女人沒有生過孩子？」吳滿嬌賣老資格，厭惡地望了春梅一眼。

下女和助產士匆匆趕來，看春梅雙手抱著小腹蜷在地上，連忙把她抬到床上，助產士檢查了一下，說了聲「還早」，吳太太彷彿抓住把柄似的，馬上接嘴：

「一開頭就這樣大聲鬼叫，真到了刀口上，那不叫得天翻地覆？」

「老太太，頭難，頭難，第一胎是不相同的，難怪。」助產士笑著說。「妳們休息一下，我一個人照顧好了。」

「好，妳要甚麼吩咐下女好了。」吳太太的馬臉向中間一擠，擠出一絲笑容：「我這個頭痛的老毛病，不睡足覺更不行。」

她們母女兩人一道出來，吳太太走進女兒的房間，看看熟睡的外甥，在他的小臉上親了一下。她覺得這纔是她的親骨肉。

吳滿嬌心裏有個鬼胎，她生怕春梅生了一個兒子，奪去了自己兒子的地位。她以一種酸溜溜的口氣對母親說：

「阿母，要是她生了一個男的，恐怕您就不疼小麟了？」

「誰說的？」吳太太回過頭來望著女兒：「小麟是我一脈流傳，她隨便生甚麼也是借來的種，不是我的血脈。」

「阿母，借來的種倒能姓吳，您自己的血脈連冷豬肉也吃不到。」

「妳放心，將來哪怕祇有四兩豬頭肉，也少不了你們母子一份。」

「阿母，您說話算數？」吳滿嬌激了母親一句。

「我會要老鬼先立遺囑，我的私房全部給妳，妳該心滿意足？」

母女兩人相視一笑，春梅痛苦的叫聲突然傳來，驚醒了小麟，吳滿嬌連忙把兒子抱起來，拍拍呵呵，吳太太輕輕罵了一聲，不得不走到春梅房裏看看。

助產士正在仔細按摩春梅的小腹，貼著耳朵傾聽嬰兒的動靜，忽然神情嚴肅地把吳太太拉了出來，輕輕地說：

「老太太，可能是難產，最好送醫院。」

「送醫院要花多少錢？」

「連手術費一起，總得三、四千。」

「唉，我又不能呼風喚雨，一下子哪裏去籌這筆錢？」吳太太兩條眉毛擠在一塊。

「老太太，救人要緊，先送醫院再說。」

「妳有沒有別的辦法？」

「老太太，有錢我還不賺？」助產士一笑：「可是我沒有辦法。胎位不正，我看祇有開刀。」

吳太太歎了一口氣，罵了一句「掃帚星」，祇好出去打電話。

春梅痛得死去活來，額上爆出豆大的汗珠，臉上像黃鼠狼吸了血，聲音也微弱下來。醫院裏髹著紅十字的救護車，半小時以後纔開來，用擔架把春梅抬上車去。吳太太帶著下女隨車去醫院辦住院手續。

春梅躺在車上有氣無力地呻吟，吳太太一清早就被叫醒，又心痛這筆錢，一肚子的怨氣直衝上來，她望望春梅把嘴巴一撇：

「哼！做愛都不會，還想下蛋？」

第二十八章　春梅得子忘憂苦
秋月臨淵羨鯉魚

手術後春梅非常衰弱，她迷迷糊糊地睡了兩、三小時。當她微微睜開眼睛時，發現吳添福坐在床邊，她的眼淚如泉水般地湧了出來。深夜腹痛時，她是多麼渴望他在身邊？結果她單獨地咬著牙齒撐到天亮，彷彿被遺棄在沙漠中掙扎在死亡邊緣的孤獨旅人，她想抓住他，卻看不到他的影子。想到婆婆、大姑娘對她的那種冷漠態度，和婆婆在車上那句諷刺的話，她真的心碎了。

「我昨天晚上配菜配到天亮，沒有想到妳生得這麼早？」吳添福搭訕地說：「我趕來時剛好看到一個胖兒子。」

春梅到醫院時已經不知人事，動手術時又上了麻藥，她根本不知道是男是女？是死是活？聽丈夫說是個胖兒子，她臉上自然浮起一絲笑容，同時滾出兩顆淚珠，一切痛苦，一切委屈，又拋到一邊，而急於想見見自己的骨肉。

「他在哪裏？你抱給我看看。」

「在嬰兒室，我去抱。」吳添福看她沒有一點責備自己的意思，高興地跳起來，跑了出去。

過了一會兒，他和護士小姐一道進來，孩子抱在護士小姐的手裏，胸口掛了一個牌子。春梅看他臉孔又紅又嫩，閉著眼睛，和吳添福一模一樣，她含著眼淚笑了。

「好漂亮的小寶寶，長大了一定風流的很。」護士小姐打趣地說，同時瞟了吳添福一眼。

吳添福得意地摸摸鼻子，春梅伸手摸摸兒子的小臉蛋，眼淚盈盈地說：

「阿婆說我不會下蛋，想不到下了你這個漂亮的蛋，死了我也甘心。」

「有妳這樣漂亮的母親，自然會生個漂亮的兒子。」護士小姐說，笑著把孩子抱走。

「小姐，拜託妳不要把他弄錯了。」春梅連忙對她說。

「放心，」護士小姐回眸一笑：「妳的小寶寶是七號，是最漂亮的男孩子，錯不了。」

「阿福，為了他我差點送了這條命。」春梅紅著眼睛對丈夫說。「當時我真想死。」

「現在呢？」吳添福笑嘻嘻地問。

「現在我又捨不得他。」春梅紅著臉一笑。

突然吳多業春風滿面地走了進來，這是他競選失敗以後，臉色最好的一次。他站在床邊和媳婦談了一會兒，問東問西，十分關切。婆婆太冷淡，公公又太熱心，使別人看了覺得有點兒不對勁。臨走時他還特別誇獎了春梅幾句。

吳滿嬌沒有來看她，春梅並不介意，她忽然想起母親，她生了一個兒子，母親應該特別高興，怎麼沒有來？

「阿福，你向外婆報訊沒有？」她禁不住問丈夫。

「去過了。」吳添福回答。

「阿母怎麼不來看我？」

「阿嫂先生了一個女兒，阿母回桃園去了。」

「阿姐呢？」

「她也挺著大肚皮，不敢出來，怕生在路上。」

春梅想起母親「生兒子也趕大伴」的話，不禁好笑。

下午，許秋月帶了奶粉、水果來看春梅，春梅更加高興。許秋月看了春梅的孩子，非常喜愛。一種做母親的慾望也在她心底浮動。

「春梅，妳真好福氣，第一胎就生了一個好兒子。」許秋月說。

「小姐，託妳的福。」春梅客氣地回答。

「我哪有半點福？」許秋月自嘲地一笑：「養兒防老，積穀防飢，一旦我變成打春的蘿蔔立秋的瓜，將來靠誰？」

「小姐，妳有沒有中意的人？」

「有一個人想娶我做二房，條件還沒有談好。」許秋月說。

「甚麼條件？」

「阿母要一個特獎，他祇肯五十萬。」

春梅聽了這麼大一筆錢，不禁輕輕地「啊」了一聲。許秋月接著說：

「阿母的算盤精，她估計我還可以賺幾十萬，不想鬆手。她要我抱個養女，作為將來的靠山。」

「將來酒家也許會禁掉。」

「阿母看的準得很，頂多是換湯不換藥，開天闢地以來，就少不了飲食男女。」

「小姐，您自己打算怎樣？」

「我前生作了孽，不想再要別人接我的腳。人總是要老的，幹我這一行嫌老不嫌嫩，我沒有多少好光景了，不如趁早收攤子。要是也能和妳一樣，生下一男半女，就算不枉作了一次女人。」

「小姐，那位先生多大年紀？」

「坐四望五。」許秋月作了一個手勢。

「小姐，您不嫌大？」春梅覺得這種年紀可以做許秋月的父親。

「男人不到這種年紀，不能金屋藏嬌。我殘花敗柳，還想作少年夫妻？」

春梅望望許秋月，覺得她還像出水芙蓉，嬌豔欲滴。如果她自己不講，誰也猜不出她是酒女。春梅認為她應該嫁一個旗鼓相當的好丈夫，她卻沒有半點幻想，使春梅暗自替她抱屈。

許秋月知道春梅開了刀，看春梅臉色蒼白，不便多談，在春梅身邊坐了一會兒，就去上班。

晚上九點多鐘，吳添福又來看春梅，春梅心裏特別舒貼。她柔聲地對他說：

「阿福，你把小寶寶抱給我看看好不好？」

吳添福得到護士小姐的同意，把兒子抱了過來，春梅在兒子的小臉上親了又親，像小時候喝了姑姑的甜酒釀，有點陶醉。

吳添福知道春梅一向害羞，和自己都不敢親近，現在這樣毫無顧忌地吻著兒子的臉，他看了有點想笑，輕輕地問她：

「妳不害羞？」

「這有甚麼羞？」她反而奇怪地望望吳添福。

「妳對我怎麼不來這一手？」

「誰像你膽大臉皮厚？」春梅蒼白的臉上馬上泛起了一層淡淡的紅暈。

吳添福懷著幾分妒忌的心情把兒子抱開。春梅想多看一會兒，吳添福指指自己的鼻尖說：

「他還不是跟我一樣？看我不就是看他？」

春梅望著他們一大一小，心裏有一種奇妙的情感。兒子是丈夫的化身，她分不出誰輕誰重？她覺得有點像魔術，轉眼之間吳添福作了父親，她作了母親。她還清清楚楚地記得他們初見面的情形。甚至自己跟母親到姑姑家作小養女的情形。現在自己也作母親了，真怪得很。

吳添福坐到十點鐘，春梅就催他回去休息，怕他睡眠不足，她以為他昨天晚上真的忙了一夜。

春梅在醫院住到第七天，吳太太為了節省開支，要吳添福把他們母子兩人接回家。

春梅和丈夫坐著三輪車，帶著孩子高高興興地回家。她覺得街上的人都羨慕地望著她，大姑娘生了一個兒子婆婆那樣高興，自己還不是也生了一個，而且漂亮得多。這不證明自己同樣會下蛋？

車子一停在門口，吳多業就劈劈啪啪地放了一大掛鞭砲笑臉相迎，春梅十分高興，彷彿戰士凱旋。鞭砲吸引了左鄰右舍不少孩子，門前顯得格外熱鬧。平時大人不來，小孩也不在他們門口玩耍。吳滿嬌看父親放鞭砲歡迎春梅，心裏很不高興，一肚子氣都出到那些孩子們身上，她揮著兩手，指著禿子罵和尚：

「滾、滾、滾！又不是皇后、太子，有甚麼好看的？」

孩子們瞪著眼睛望著吳滿嬌，膽小的悄悄溜走。

春梅彷彿頭上澆了一盆冷水，一直冷到心裏，她怔了一下，連忙抱著孩子跑進房去，一陣心酸，忍不住掉下幾滴眼淚。

吳多業隨便講了女兒兩句，吳滿嬌馬上撒潑，哭叫起來：

「阿爸，我知道你兩樣心腸，外孫不如孫兒親，嫁出的女兒潑出去的水，我帶著阿麟走好了！」

吳太太不容丈夫答話，指著吳多業的鼻尖罵：

「老鬼！我知道你葫蘆裏賣的甚麼藥！你別在老娘面前耍花槍！借題目，做文章！」

吳太太一下擊中丈夫的要害，吳多業倒退兩步，一言未發，夾起尾巴溜走了。

吳添福知道吳滿嬌的厲害，從小向她討好賣乖，不敢惹她。現在看吳多業被她們母女兩人一拉一唱駭跑了，他更不敢捋虎鬚，一聲不響地走進自己的房間。

吳滿嬌給了春梅一個下馬威，心裏非常得意，她想攏絡一下吳添福，故意把他叫住。

「阿福，你不要會錯了意，剛才我是罵那群野猢猻，阿爸喜歡孫子我不怪他，你的兒子還不是和我的兒子一樣？我昨天才買了兩聽新鮮克寧奶粉，恐怕姪兒的奶水不夠，你拿過去餵他，不要把他餓成了瘦皮猴。」

她拿出兩聽奶粉，吳添福乖巧地收下。

春梅一言不發，始終不開那兩聽奶粉。

孩子滿月時，吳添福想請一桌酒，吳太太故意叫窮：

「阿福，你沒有當家，不知道艱難困苦。現在不比從前，我們家裏是空了心的老樹，這次春梅生孩子用了好幾千，再請酒就得上萬。你們結婚時我可省過錢？我都是為你著想，將來我和你父親兩腳一伸，百萬家財也是你的，我們還能帶進棺材去？」

吳多業為了討春梅的歡心，他不聲不響地請許錦花、許秋月母女出面，在館子裏請了一桌酒席，除了自己家裏人之外，把凌綴也請了過來。春梅以為真是許秋月母女兩人替她臉上貼金，十分感激，許秋月悄悄地告訴她：

「羊毛出在羊身上，這是妳公公買鞭砲給我們放，我可不敢領這個情。」

春梅心裏自然感激公公。吳太太認為許錦花母女請客，失了自己的面子，賭氣大請一頓，至親好友都下了帖子，請一桌自己家裏人吃，那是硬賠，大宴親友，反而可以賺錢，她的算盤也精得很。

果然，客人沒有一個是白吃的，像結婚時一樣送禮，十來桌酒席，裏外兩面光，還賺了一筆生產費用。

凌緞不知道內情，十分高興，春梅又不便點破，只好在母親和客人面前打腫了臉充胖子。

吳滿嬌心裏更加妒忌，因為客人都讚美春梅生了一個好兒子。大家還替孩子取了一個好名字：鳳翔。當初她自己的孩子請滿月酒時，連十分之一的讚美也沒有得到，更沒有人替他取名字。

第二十九章　丈夫留下風流病
姑婆反罵掃帚星

春梅滿月後不久，突然得了一種奇怪的病，她從來沒有得過，也不知道是甚麼病，她不敢講，生怕婆婆和大姑娘知道，那她就無地自容。她悄悄地把病情告訴許秋月，許秋月打量她一眼，欲言又止。春梅一再追問，她才說：

「我看是淋病。」

「小姐，我規規矩矩，怎麼會得這種病？」春梅紅著臉說。

「妳規矩吳添福未必規矩？」許秋月嗤的一笑。

「小姐，不要冤枉阿福，說不定是在醫院傳染的？」

「春梅，妳真是死心眼！」許秋月笑著責備她：「妳以為吳添福是個規矩人？」

「他從來沒有說過他在外面拈花惹草，生產以前我也沒有得過這種病，所以我不懷疑他。」

「你最好去醫院檢查一下，再問問他，看是不是我冤枉他那個規矩人。」許秋月笑著說。

「小姐，妳陪我去檢查好不好？我實在沒有臉去。」春梅無可奈何地說。

許秋月望望她，也有點為難，最後又自嘲地說：

「好吧！我不是良家婦女，我陪妳去。」

許秋月換了一身素裝，戴了一副闊邊黑眼鏡，帶春梅到附近一家私人醫院檢查。春梅一看是男醫生，羞得不敢啟齒。在醫院生產時她不省人事，又打了麻藥，不知醫生是男是女。許秋月看她像個大姑娘，自動代她說明病情，醫生聽了已經明白七八分。

第三天春梅一個人悄悄地來看檢查結果，許秋月的話一點不錯。她傷心地哭了，她沒想到吳添福真的在外面拈花惹草。

吳添福一直沒有談起他自己的病，春梅一直捉摸不定，沒有問他。現在經過檢查證明不是她母親說的十女九帶，她不能再悶在肚子裏。

她把檢查結果告訴吳添福，吳添福沒有作聲。她不忍心責備他，反而輕言細語地說：

「阿福，我不怪你，你說真話，是不是在外面惹來的風流病？」

吳添福在外面尋花問柳不知道有多少次，一直安然無事，他也不知道是怎麼染上的？他自己偷偷地吃藥，想瞞過春梅，沒料到春梅突然揭了底，又沒有一點責怪他的意思，他不能不承認，但又不完全說真話，他故意在自己腦袋上拍了一下：

「真該死！從來不做賊，一做賊就失風！我是上了朋友的當，他把我灌醉了，帶進綠燈戶。」

「阿福，你講的是真話？」

「一點不假！」

「既然惹了這身禍害，我怪你也沒有用。趕快醫好，以後千萬不能再去。」

「吃一次虧，學一次乖，王八蛋再去那種鬼地方！」吳添福賭咒起誓地說。

春梅相信他的話，和過去一樣愛他。她陪著他偷偷地上醫院，可是醫生好像怕走了主顧，故意留一手似的，斬草不除根，春風吹又生。他們認為那個醫生存心釣魚，另外換了一家，看了幾次，還是沒有好。

突然，吳添福奉到入營征集令。他很不高興，他知道軍隊生活嚴格，規律，沒有他在臺北自由自在，在臺北他名義上是幫劉繼吳作生意，除了在酒家飯店接接頭，拿取菜單之外，偶爾幫幫劉繼吳配配菜，大部分時間是吃、喝、嫖、賭、看電影、打彈子，他每天在彈子房要玩幾個鐘頭。

春梅知道他去當兵有一兩年時間分別，自然捨不得他離開，但也希望軍隊生活能把他改變一些，更希望能把他的風流病診好，他不在家，她自己的病可能也好得快些。

吳添福入營前幾天，親戚朋友輪流請他們兩夫妻吃飯，春梅把孩子抱去。孩子才兩個多月，長得白白胖胖，非常逗人喜愛，親戚朋友個個誇獎，也開他們兩夫妻的玩笑，他們知道吳添福愛喝酒，都拚命勸酒，吳添福不敢喝，又說不出理由，每次最少要灌幾杯，春梅替他乾著急，沒有辦法阻止，因為那些年輕人都愛胡鬧。

林添財知道吳添福要去當兵，也特地請他們兩夫婦吃飯。正好就著秋蓮生產滿月，特別多備了一些酒菜。

春梅生產後第一次來秋蓮家裏，姊妹兩人長久不見特別親熱，又都生了孩子自然更有話談。秋蓮生的是女兒，看春梅的兒子長得像麵粉團子，更加喜愛。她抱著女兒笑著對春梅說：

「阿妹，你們要是不嫌我的丫頭醜，我們就親上加親吧？」

「秋蓮，妳想我們的女兒飛上梧桐樹，那太高攀了。」林添財笑著接嘴。

「姐夫，現在我們作不得主，」春梅笑著回答：「要是將來他們自己願意，親上加親那不更好？」

凌緞看看外孫和外孫女兒，眉開眼笑。她從秋蓮、春梅手中，把他們接過來，一手抱一個，左邊親親，右邊親親，女兒、女婿看了都好笑。

吳添福知道林添財服過兵役，向他請教軍中生活情形。林添財鼓勵他說：

「你放心去，我們老百姓過過軍營生活也好，像螞蟻蜜蜂一樣，團體生活，很有規律。」

「姐夫，你打過仗沒有？」吳添福除了怕過那種紀律嚴格的生活，更怕打仗。

「打過。」林添財興奮地說：「我服兵役時剛好碰上八二三砲戰。」

「危不危險？」

「打仗當然危險。」林添財輕鬆地回答：「不過船到橋頭自然直，真到了戰場，砲彈從你頭上飛過，你也不怕了。」

吳添福和春梅互相看了一眼，春梅有點擔心，吳添福皺眉苦臉地說：

「姐夫，要是光數數饅頭，倒也罷了。如果碰上打仗，那就糟糕！」

林添財笑了起來，在他肩上一拍：

「妹夫，但願你的運氣好，祇數饅頭不打仗。不過我在槍林彈雨中過了那麼久，還是活著回來了。」

「姐夫，你真命大！」吳添福搭訕地說。

「妹夫，不是命大。」林添財搖頭一笑：「不過我沉得住氣，抱著天塌下當被臥蓋的心理，反而死不了。那些怕死鬼，倒真的死了。」

吳添福搖頭苦笑。春梅安慰他說：

「阿福，不要著急，老天爺會保佑你平安無事。」

「妳要在廟裏多燒燒香，許許願。」吳添福望著春梅說。

「阿福，你放心，我會替你燒香許願。」凌緞說。

吳添福聽丈母娘這樣說，彷彿得到了保證，又輕鬆高興起來。

秋蓮擺了一桌子菜，一瓶紅露酒，催他們兩夫妻入席，林添財把吳添福按在首席坐下，先替他斟了一滿杯酒。吳添福連忙把杯子移到林添財的面前，說他不能喝酒。林添財又把酒杯移到他面前，故意責備他：

「妹夫，你太不賞臉了，姐夫雖窮，一瓶紅露酒還敬得起，今天我們要痛快地喝幾杯，替你壯壯行色。當兵不作興娘娘腔，應該有幾分英雄氣概。姨妹，妳說對不對？」

林添財想用激將法，望了春梅一眼。春梅卻替吳添福解圍：

「姐夫，阿福不會喝酒，你不要逼他。」

「你們結婚那天，他喝了那麼多酒，今天怎麼不肯賞我的臉？」

春梅望望丈夫，吳添福只好扯謊：

「姐夫，不瞞你說，就是喝酒喝得太多，喝成了胃病，現在一喝就胃痛。」

「添財，阿福既然有了胃病，你就不必勉強。以後的日子長，你們兩連襟喝酒的機會多，今天你多喝一點好了。」凌緞出面打圓場，她以為吳添福真有胃病。

林添財祇好把杯子移到自己面前，要吳添福多吃菜。

凌緞不時看著春梅和吳添福，看看白白胖胖的小外孫，喜得多吃了一碗飯。春梅的病和其他的情形一概不知道，她看到的沒有一樣不好，沒有一樣她不滿意，真是十全十美。

吳添福入營的這天，春梅顯得有點不安。這是他們婚後的第一次別離，吳添福在家時，不管晚上多晚回家，她都要等，寧可自己整夜失眠，他不回來她絕不睡覺，他這一入營，她更感到孤孤單單，無依無靠了。

吳添福離家時，放了一大串鞭砲。春梅抱著孩子和公婆一道送他到火車站。林添財和凌緞已經先到，他們也是來送行的。

吳添福斜披著紅帶，看來像個英雄，林添財拍拍他的肩說：

「妹夫，這才像英雄好漢，遇事沉著一點，天塌下來也壓不倒你。」

春梅看他和那些同伴站在一塊，比很多人高，比所有的人都漂亮，心裏暗自歡喜。

一位中尉軍官，把哨子一吹，所有入營的壯丁都跑過去集合。吳添福遲疑了一下，慌慌張張地在春梅耳邊輕輕地說了一聲：

「放心，數完饅頭我就回來。」

春梅看他跑過去排隊，跟著伙伴走進車廂，消失不見，她的心一沉，彷彿再也看不到他似的，有點想哭。看看婆婆站在身邊，又咬咬嘴唇，忍住眼淚。

突然，吳添福在窗口出現，她心中一喜，反而掉下兩滴眼淚，她向吳添福揚揚手，吳添福伏在窗檐，揮動右手。春梅抱著兒子過去，想和他講幾句私話，人未走到，火車卻嗚的一聲開走，她也「啊」的一聲哭了出來。

她跟著車子趕了幾步，趕不上，廢然停止，蒙著眼睛哭泣。吳添福不在家，她不知道這兩年日子怎麼過?想想婆婆和大姑娘的臉色，她更淚如泉湧。

林添財把她拉過來，讓他和公公、婆婆一道坐車回去。

吳添福在家時，春梅手邊還比較活動，診病的錢，吳添福會想辦法，零用錢也可以向吳添福要，吳添福一走，她就變成了沙灘上的黃鱔。她不願向公公開口，更不願向婆婆開口。

吳添福沒有留錢給她，卻留下了風流病，停了一個禮拜沒有吃藥打針，病又重了。沒有辦法，她祇好硬著頭皮向婆婆講，要點錢診病。

婆婆一聽說她有那種病，不問清紅皂白，朝她臉上唾了一口，指著她的鼻尖叱罵；

「好哇！小淫婦！阿福走了幾天？妳就得了這種病！妳丟盡了我們吳家的人！」

「阿母，是阿福在外面惹的。」春梅忍氣吞聲地說。「我怎麼會做那種丟臉的事？」

「小淫婦！妳不要栽誣。阿福在家時怎麼沒聽見妳講？他自己怎麼好好的沒有病？」

「阿母，我怎麼會講阿福的冤枉話？不信妳到延平醫院去查，他和我一道去診的。」

「阿母，別信她的鬼話！」吳滿嬌插嘴：「是她傳給阿福？還是阿福傳給她？這筆糊塗賬我們怎麼弄得清楚？妳想想看：哪有良家婦女得這種風流病？」

「阿姐，我行得正，坐得穩，妳講話要憑良心？」春梅氣得眼淚直流，身體發抖。

「妳行得正，坐得穩？」吳滿嬌鼻子嗤了一聲：「妳每次出去都打扮得像個狐狸精，那不是勾引野男人？」

「阿姐，捉賊捉贓，捉姦捉雙，妳拿出證據來？不能血口噴人。」

「妳的風流病不就是證據？」吳滿嬌輕輕地回答。

「人無理，說橫話。妳存心栽我也栽不上，妳寫信去問阿福好了。」

「妳有理？」吳太太插嘴袒護女兒。

春梅知道再辯無益，祇好忍住這口氣，診病要緊。婆婆看她不作聲，臉上彷彿有了光彩。數了一疊十元一張的票子，往地上一丟，嘴裏吱吱喳喳咒罵：

「掃帚星！妲己敗紂王！去醫妳的下流病，不要過給我們！」

第三十章　春梅啞子吃黃連
秋月仗義說春秋

丈夫入營，下女辭了，家事又全落在她的身上，自己的病，再加上婆婆和大姑娘的惡言惡語，使春梅白天吃不下飯，晚上更睡不著覺。白天忙忙碌碌，日子還容易打發，長夜失眠，比甚麼都痛苦。

吳添福在家時，她也常常等到深夜，但他回來了之後，他的甜言蜜語，卻能使她偎在他懷裏熟睡三四小時。現在她毫無依靠，孩子除了哭鬧之外，完全無知。她滿腹幽怨，化作點點淚珠。

她開始吸菸。白天她不敢吸，怕婆婆、大姑娘罵。夜深人靜，她讓煙霧陪伴，望著煙霧出神。她沒有一點癮，甚至怕那種辛辣的味道，但噴著煙霧，彷彿噴出胸中一口悶氣，覺得舒服一些。

她唯一的安慰是吳添福的來信。他生成了一張甜嘴，信寫得更甜，他對於自己惹的禍也一再道歉。

我時刻想念你，恨不得插翅飛到妳的身邊。……

晚上我說夢話，第二天別人都笑我。他們看到了妳的照片，搶來搶去，哇哇鬼叫，眼睛睜得像個鵪鶉蛋，說妳是賽西施，羨慕我好福氣。這些傢伙都是一群色中餓鬼，離家不久，好像一輩子沒有見過女人，結過婚的比光棍更饞，有時我故意拿妳的照片吊他們的胃口，讓他們神魂顛倒，跑步掉隊……

我的病已經治好，挨了醫官不少官腔！……以後再也不去那種鬼地方。請妳原諒我一次，那是我第一次做賊。……

這是多少信中的一封，他所有的信，春梅都放在枕頭底下，不時翻出來看看，彷彿每一個字都塗了蜜。一看到他的信，她就暫時忘記一切痛苦。

一天許錦花來打牌，發覺春梅瘦了許多，不免有點驚奇，禁不住問：

「春梅，妳怎麼瘦成這個樣子？」

吳滿嬌怕春梅向許錦花訴苦，連忙插嘴：

「阿嬸，她害了相思病，茶飯無心。」

春梅一句話不講。許錦花是明眼人，她委婉地對吳太太說：

「他們小夫妻，最怕別離，妳能不能讓她先休養一、兩個月？讓她散散心？」

「越沒有事做，越想心事。」吳太太回答：「做事累不倒人，她在妳家裏還不是當下女？」

「我們那個小缸子裏養不了大魚。」許錦花世故地一笑。「她到底是富貴命，到妳府上來享福。」

「我還沒有享福呢，她就享福。」吳太太提高嗓門說：「反正我一不少她的吃，二不少她的穿，做做事，活活血，對她有好處。」

許錦花不好再講。看春梅的孩子長得非常可愛，找個機會下臺，隨便誇獎孩子兩句：

「真是龍生龍，鳳生鳳，孩子倒養得白白胖胖的。」

許錦花沒有想到她的話會打翻吳滿嬌的醋罈子？吳滿嬌冷笑一聲，刻薄地說：

「甚麼龍？甚麼鳳？還不是薦頭行裏找來的？烏鴉飛上梧桐樹，也能充鳳凰？」

許錦花像挨了一耳光，顯得十分尷尬。春梅一陣心酸，躲到房裏哭泣起來。

吳滿嬌非常得意。許錦花牌也不想打，找個藉口走了。

許秋月聽許錦花談起春梅的情形，憤憤不平，打發下女把春梅找了過去。春梅心裏實在悶得快要爆炸，別人在婆家受了一點氣，會跑回娘家哭訴一陣，她因為沒有聽母親的話，不但不敢向母親、姐姐哭訴，反而好強好勝，打腫了臉充胖子，把母親、姐姐蒙在鼓裏。凌緞、秋蓮看她嫁了這麼個好婆家，不敢高攀，非請不來。吳家祇有在訂婚、結婚和吃滿月酒時請過她們，又都是在外面，平時盡量避免和他們來往。春梅怕他們知道底細，也不請他們到家裏來。因此成了啞子吃黃連，有苦說不出。許秋月是唯一知己，找她去，她自然答應，她沒有別的意思，只想和許秋月談談天，散散心，解解悶。

可是吳滿嬌的反應快得很，春梅一抱著孩子出來，她就叫住春梅說：

「妳不要想左了，白牡丹不過是個大爺們玩玩的酒女，不是法官，向她吐苦水那是找錯了門！」

春梅不願意理她，一直朝外走，婆婆又在後面冷言冷語：

「那不是娘家，可以住上十天半月，早去早回，吃自己的飯，做自己的事。」

婆婆的話像刺，一句句刺在春梅百孔千瘡的心上。

春梅一路走一路流淚，到許秋月家時眼睛還是紅紅的。見了許秋月彷彿見了親人，一陣心酸，又掉下幾滴眼淚。

許秋月從春梅手裏接過孩子，看她像帶雨梨花，同情地說：

「我又不是外人，妳怎麼不常到我這裏來談談？何必一個人悶在肚子裏？」

「小姐，我是黃連命，打落門牙和血吞，我不想要您操心。」春梅說。

「要不是阿母親口對我講，我真不敢相信。」

「只怪我當壞了下女，在她們面前矮三尺。她們纔不把我當媳婦看。」春梅擦擦眼淚說：

「要是我父親沒有死，也有錢有勢，他們絕不會這樣待我。」

「他們又是甚麼了不起的家世？」許秋月有點不服氣。「不過現在有幾個臭錢，有點惡勢力，他們老老少少沒有一個有妳清白，阿母最清楚他們那筆爛賬。吳滿嬌說妳烏鴉飛上梧桐樹，假冇鳳凰，他們纔是糞坑裏爬上來的蛆，不知道屎臭。現在也猴兒戴帽子，看來像人！」

春梅第一次聽見這種話，不免有點驚奇。許秋月接著說：

「妳婆婆年輕時還不是藝旦？妳公公是個蛇仔。有甚麼了不起？吳滿嬌又是甚麼千金小姐？有甚麼值得驕傲？吳添福是買來的。妳清清白白，哪一點配不上他們？當初我要是知道他們的底細，我一定反對妳嫁到這種狗屁倒灶的人家去。」

「小姐，我被阿福迷住了心竅，那我真的走錯了一步棋！」春梅幽幽地歎口氣。現在我祇希望阿福不要變心，不然我真活不下去！」

許秋月不願再說吳添福，怕春梅受不了。把孩子交給春梅，打趣地說：

「這是吳添福的化身，妳的心肝寶貝，還給妳吧！」

春梅連忙接過孩子，破涕為笑，在他的小臉上親了一下。

「春梅，我看妳真有點癡！」許秋月望著她好笑。

「小姐，不怕您見笑，我是真愛阿福，自然愛我們的兒子。看見小鳳翔，我真像看見阿福一樣。」

「春梅，也許我不瞭解妳，我沒有像妳一樣愛過任何男人。不知道是妳不幸還是我不幸？」

「小姐，看來還是您好。」春梅感慨地說：「我為阿福啞子吃黃連，受盡了苦還說不出來。」

和許秋月這樣談談，春梅心裏不知不覺輕鬆了許多。許秋月笑著說：

「你有了吳添福就把我丟開了。現在他不在家，妳總該常來走動走動？」

「小姐，我何嘗不想來？大姑娘的嘴太毒，我怕她在阿福面前搬是非，那我真受不了。」春梅想起吳滿嬌說她勾引野男人的冤枉話，自然起了戒心。

「妳這眞是秀才遇到兵，有理講不清。」許秋月知道春梅為吳添福受了那麼多的委屈，祇好搖搖頭。

春梅從許秋月家裏回來以後，心裏不再那麼自卑，她不再把吳滿嬌母女看得那麼高，她覺得自己的家世的確比吳家清白，下女並不下賤，她要是肯當酒家女，不已經紅透了半邊天？不已經很有錢？

吳多業對她一直很客氣，有時甚至故意討好。吳添福入營以後，他時常避著太太、女兒的耳目，藉買東西送給孫兒的機會，送春梅香水、手帕、口紅、玻璃絲襪之類的東西，使春梅受也不是，不受也不是。

有一天他買了兩聽奶粉送到春梅房裏，春梅隨手放在梳妝臺上，因為兒子的奶粉還沒有吃完，不必急於打開。吳多業看她那麼大意，輕輕地對她說：

「你打開看看，裏面有獎品。」

說完以後，他就匆匆溜走。

春梅知道現在的商人愛耍花頭。買牙膏送花園洋房，買香皂也有特獎，甚至醬油也來這一套，彷彿他們不是做生意專開獎券行，奶粉是大生意，公公說有獎一定不會假。她連忙把包皮紙拆開，並沒有發現獎券。她想獎券也許放在聽子裏，不打算開聽，把上面一聽奶粉拿起來準備放在收音機上，就在這時她發現一張摺疊的愛國獎券，上面用鋼筆歪歪倒倒地寫了兩行字：

明天上午九點我在綠園旅社樓上三十七號房間等你

春梅心裏一怔，起初她不知道是誰寫的？隨即想起公公那種鬼鬼祟祟的態度，她衝口罵了一句「下流！」，把獎券撕得粉碎，伏在床上哭了起來。她覺得受了很大的侮辱，比吳滿嬌說她在外面勾引男人，比婆婆把藥錢丟在地上，更使她難受！

第二天上午十一點多，吳多業從外面回來，頭髮理得整整齊齊，鬍鬚刮得乾乾淨淨，西裝筆挺，不過臉色灰白，像打了敗仗。他又羞又惱地瞟了春梅一眼，春梅板著臉連正眼也不看他。

以後他不再買東西給春梅，也不買奶粉給孫兒，還向春梅擺起公公的架子。吳滿嬌母女罵春梅，他有時還火上加油，不過春梅不再生氣，她已經看透了他們，看不起他們，只是更加傷心。她想不透自己為甚麼偏偏遇上這種人？

吳滿嬌母女看吳多業對春梅態度冷淡，甚至替她們幫腔，非常得意。尤其是吳滿嬌，完全掛在臉上，隨時給春梅過不去，不是說她飯菜沒有弄好，就是衣服沒洗乾淨，甚至對春梅的孩子也加以歧視。春梅自己的奶不夠，奶粉吃完了也不願意向公公開口。吳滿嬌的孩子已經會走路，奶粉還是源源不斷，每天還有一個雞蛋。春梅祇好在煮飯時留點米湯，加點糖給兒子當奶。

春梅在這個家庭當中完全孤立。不管吳滿嬌母女罵她怎樣好吃懶做，怎樣浪費，她絕不回嘴，她唯一的武器是不理她們，做完了家事就躲在房裏看書。

可是看書也引起吳滿嬌母女的妒忌。因為吳滿嬌的母親識字不多，吳滿嬌小學畢業後很少拿書本，平時連報紙也不看，那點「學問」早就還給老師了，她們母女兩人認為春梅看書一是偷懶，二是向她們「示威」，所以白天一發現春梅看書，總要找點事情給她做做。

一天下午，春梅看小說正看到高潮時，婆婆突然拉長著臉，站在房門口，春梅沒有注意，她以為春梅故意搭架子不理她，氣憤尖酸地說：

「妳家務事不做，一天到晚看書，在我們面前賣學問是不是？」

春梅突然聽到她的聲音，像觸電一樣，書落在地上，連忙站起來，不得不申辯兩句：

「阿母，我是抽空看書，不是沒做家事。」

「妳做了多少事？我的衣服還沒有洗哩！」吳太太指指腳盆裏的衣服。

春梅一看，腳盆裏果然有兩件衣服。她記得上午把所有的衣服都洗完了，這分明是剛放進去的。

她知道婆婆是雞蛋裏找骨頭，故意作弄她。心裏雖然很氣，但是不想和婆婆吵架，因為她們母女有兩張嘴，兩拳難敵四手，為了圖個安靜，祇好忍受。

春梅剛蹲在腳盆邊洗衣，吳滿嬌又拿出一套換洗的內衣，遠遠地向春梅一拋，汗衫掉進腳盆裏，三角褲卻落在春梅的頭上，剛好把春梅的臉遮住，像掛著一面粉紅色的三角旗。

第三十一章　賣金戒養女弔孝
受凌辱苦媳輕生

陳西德突然來到春梅家，看她在洗衣，人也瘦了許多，不禁一怔，春梅看見陳西德，更尷尬萬分。連忙站起，用手掠掠頭髮，驚問：

「阿兄，你來有甚麼事？」

「姑父死了，請妳回去弔孝。」陳西德低沉地說。

春梅聽了陳西德的話，突然啊的一聲大哭起來。

「春梅，我是來報喪的，妳到底去是不去？」陳西德看春梅祇是哭，沒有表示去不去，因此追問一句。

春梅怕他看出婆婆和大姑娘對她的真實態度和自己的下女生活，連忙抹抹眼淚回答：

「阿兄，你先回去，我隨後來。」

「我和阿母在火車站等妳。」陳西德匆匆地來，又匆匆地走了，連開水都沒有喝一杯。

春梅等哥哥走後，才對婆婆說：

「阿母，我養父死了，我要回去弔孝。」

「妳走了家裏的事誰做？」婆婆望望她輕描淡寫地說。

「阿母，我不知道誰做？」春梅望了吳滿嬌一眼：「養父養育了我一場，現在去世了，我總要見他最後一面。」

「人死了不能復活，妳去一趟又有甚麼意思？」

「阿母，人要良心樹要根，我去看他一面也盡盡我的心。」

「妳一個人去，鳳翔沒有人照顧；妳帶他去，我怕碰上煞氣。」婆婆又出難題目。

「阿母，養父是壽終，又不是橫死，他愛我，他的陰魂也會保佑小鳳翔的。」

婆婆望望女兒，吳滿嬌刁鑽地說：

「阿母，她既然有這番孝心，您要是不讓她去，她會怪您不通人情。不過鳳翔是我們家的人，要是遇了煞，受了驚，她負不負得起這個責任？」

「阿姐，妳不要拿大帽子壓我！」春梅看透了吳滿嬌的心思，立刻回答：「鳳翔是我生的，沒有人比我看得更重，天塌下來我一個人頂，絕不會怪您們。」

「妳的話講得這麼硬氣，我自然不能不讓妳去。」婆婆馬臉上擠出一絲笑容。「不過妳不當家，不知道艱難。我這幾天正在唱空城計，妳公公死活不管，沒有錢妳怎麼去弔孝？」

春梅知道要她的錢好似要她的命，自己診病受夠了侮辱。她想到結婚時養父送她的那枚三錢重的戒指，她一直不忍變賣，現在養父死了，羊毛出在羊身上，用來弔孝，她也比較安心，她掠了手上的戒指一眼，傷心地說：

「阿母沒有錢，我爬也要爬回去。」

她想到自己在許秋月家作下女，每月還有四百塊錢的工錢，沒有這麼多的事，也不受氣。現在完全白幹，還要受這麼多折磨，不禁落淚。

吳滿嬌母女再沒有理由阻止她。春梅馬上回房裏收拾。

她為了母親、哥哥，把兒子打扮得漂漂亮亮，活像個小王子。自己雖然不施脂粉口紅，也穿得整整齊齊，完全一副少奶奶的樣子。

她在一家首飾店裏，把戒指換掉，坐著三輪車趕到火車站。哥哥、母親正在車站焦急地等她。

「春梅，妳怎麼不快一點？」凌緞望望她說：「我們是去弔孝，又不是去吃酒，妳何必打扮？」

「阿母，真不湊巧，下女請假回家，事情絆住了我的腳，耽擱了一下，我連口紅都沒有搽，哪裏打扮了？」春梅裝著笑臉回答。

「難怪妳自己洗衣服。」陳西德望望她說。

凌緞聽說春梅自己洗衣服，望了女兒一眼。隨後又勉勵春梅說：

「妳年紀輕，享福不能太早，對下人應該體貼。就是下女在家，自己也該做點家事，免得將來折福。」

「阿母，我知道。」春梅不願多談自己的事，剛纔那句話掩飾過去就行。

她打腫了臉充胖子，替母親、哥哥買了票。

陳西德替她抱孩子，像個跟班一樣，跟在她的後面走進月臺。他對妹妹十分敬重，一方面他覺得妹妹已經水漲船高，一方面對過去把妹妹氣走了的那件事心裏還有點內疚。

春梅扶著母親上了火車，找好坐位，再從哥哥手上接過孩子。

在車上她問起養父的病和死，陳西德兩手一拍，搖搖頭說：

「我甚麼也不知道，狗仔匆匆忙忙來報喪，說姑父死了，請妳和阿母去一趟，他就趕著去買東西，我就趕來臺北。」

「養父生病時他怎麼不通知我？我也好服侍服侍。」春梅自言自語。恩情未報，她覺得對不起養父。

他們在桃園下車，先到自己家裏。春梅和鄭桃很久沒有見面。鄭桃看春梅帶著白白胖胖漂漂亮亮的兒子，對春梅十分巴結地說：

「阿妹真好命！嫁了好婆家，生了好兒子，羨了多少人？」

「阿嫂，妳也生了個好姪女。」春梅打量了姪女兒一眼，也捧捧她的場。

春梅給錢請哥哥上街買祭品，陳西德買回之後，春梅就急著要動身。鄭桃笑著對她說：

「阿妹，不要急，三叔打過招呼，有車子送你們去。」

春梅完全沒有想到這一著，有點受寵若驚。要是自己的處境被三叔知道，他又會改變態度。她為了不讓三叔看出破綻，悄悄地到母親房裏梳梳頭髮，在臉上撲點粉，她出來時正好與陳福生見面。

陳福生一看見她就滿臉堆笑，看到她打扮得像洋娃娃一般的兒子，馬上掏出一百元一張的新票子往孩子懷裏一塞。鄭桃看了又羨又妒，因為她生了女兒陳福生沒有送禮，初次見面也一文未給。但是她不敢得罪三叔，她知道三叔有錢有勢。

門口停了一部漂亮的黑轎車，陳福生指指車子炫耀地對春梅說：

「這是議長的車子，特別借給我用。走，我們一道去。」

春梅有孩子，有祭品，正需要車子。養父的家交通不便，公路局的車子班次少，根本不能進去，小轎車可以坐一段路。她也不客氣，和母親、哥哥一道上車。

在車上陳福生不談姐夫的喪事，卻不時打聽春梅婆家的情形，他很想和春梅公公見面，準備去臺北發展。

「要是妳公公肯和我合作，我們可以賺大錢。」陳福生說：「他下次競選一定馬到成功。」

想到公公，春梅自然會想到那張字條，她想要是三叔和公公勾結在一塊，那正好狼狽為奸，不知道要作出多少見不得人的事。

她對公婆和叔叔現在幾乎同樣鄙視，同時心裏正為養父的去世十分悲傷，她支吾了幾句就不作聲。陳福生以為她是擺架子，不但不生氣，反而把她看得更高。

車子在離林大牛家兩、三里路的地方停下。陳福生囑咐司機等一會兒，他說他馬上回來。

林大牛門口搭了涼棚，圍了白布，有些人在幫忙料理喪事。大家看見陳福生和春梅來到，都肅然起敬。

狗仔和菊妹都戴了重孝。菊妹看春梅和陳福生來到，突然誇張地大哭起來。

林大牛還沒有入殮，春梅看他直挺挺地躺在靈堂的門板上，大哭一聲，暈了過去。

陳福生在靈前上了香，行了禮，看看林大牛的遺體，吩咐了狗仔、菊妹和陳西德幾句，裝作有要事的樣子先走了。

春梅甦醒過來，又跪在養父面前哀哀地哭泣，想到自己的遭遇、養父的恩情，她越哭越傷心，她心裏悶了很久，老早就想找個地方大哭一場，現在兩種情形一湊合，像火山一樣爆發了，眼淚變成了滾滾的岩漿。

菊妹本來是哭給別人看的，只有聲音，沒有眼淚，看春梅哭得這樣傷心，她心裏有點慚愧，聲音越哭越大，像敲破鑼，和春梅的哭聲完全不同，春梅的聲音一點也不刺耳，哀傷中透著柔和。

凌緞抱著外甥坐在一旁流淚。陳西德和狗仔商量喪事，狗仔還是有點渾氣，要陳西德給他出主意。在他面前，陳西德顯得很能幹。

春梅的孩子哭著要吃奶，她一面餵奶，一面望著養父的遺體啜泣。

菊妹看春梅沒有哭出聲音，她一個人哭著好像也沒有甚麼意思，自然住了嘴，用力揉揉眼睛，站了起來，故意歎口重氣。

「阿姐，阿爸得的是甚麼病？」春梅問菊妹。

「阿妹，」菊妹把聲音裝得輕柔一些，親熱一些。「我也不知道。」

「請醫生沒有？」

「阿爸說耳不醫不聾，眼不醫不瞎，小毛病自己會好的，想不到燒了兩天就……」

「阿姐，妳怎麼不早點通知我？」春梅遺憾地說：「早知道了我會請醫生的。」

「阿妹，妳貴人事多，我們怎好驚動妳？」

菊妹說的是恭維話，春梅啞子吃黃連，一陣傷心，眼淚又汩汩地流。

林大牛入殮時，春梅又大哭起來，她看著養父的屍體放進黑色的棺材，辛苦了一輩子，結果如此，人生有甚麼意思？棺蓋一合，生死永隔，她更傷心欲絕，伏在棺蓋上痛哭。生父的記憶已經模糊，養父的恩情仍然銘刻在心，他的容貌、聲音、舉止，她還記得清清楚楚。但是她再也不能透過棺蓋看見養父，養父的血肉很快地就要腐爛了。

這天晚上，春梅、菊妹、狗仔三人守靈，春梅自然想到小時三人在一起生活的情形，想到他們兩人對自己的虐待。菊妹不時瞟春梅一眼，覺得春梅戴了重孝透著幾分楚楚可憐，更加漂亮。狗仔不大敢正眼看春梅，他覺得春梅現在和他是在兩個世界，高不可攀，小時候的助紂為虐，春梅雖然沒有報復，自己心裏不免有幾分內疚。同時他覺得春梅太美，美得使他不敢和她的眼光相遇。

天亮前，陳西德換下春梅，她摟著孩子睡了一會兒。

上午，她送養父的靈柩上山，就便看看養母的墓。養父葬在養母旁邊，養母的墓上長了一尺多深的草，碑石上長了綠苔，被荒草掩蓋了一大半，顯然狗仔、菊妹沒有照顧。

林大牛的棺材放進預先挖好的坑穴，然後七手八腳地把泥土、石頭填進去，石頭打在棺材上咚咚響，春梅覺得彷彿打在自己的心上，她央求鏟泥土的人說：

「請你們輕一點。」

有的人望望她笑了起來，有的人說：

「人死如燈滅，林阿伯不知道痛。」

春梅一直看到泥土堆成了墳堆，大家收拾鍬鏟回去，她哀傷地看了最後一眼，纔跟著狗仔、菊妹他們回去。

「完了，養父的一生就這樣完了。」她這樣想。「人活到一百歲還是要死，真沒有意思！」

吃過午飯，她和哥哥、母親動身回去。狗仔、菊妹送到稻場外邊。春梅想想自己是再也不會來了，回頭對狗仔、菊妹說：

「阿兄、阿姐，阿爸、阿母的墳拜託你們多去看看，祭掃祭掃，不然他們是白養了我們一場。」

狗仔渾氣地點點頭，菊妹帶點醋意地回答：

「阿爸、阿母真沒白疼妳，算妳有良心。」

春梅不和她計較，和哥哥、母親一道上路。

回到桃園家裏，凌緞要春梅住一夜，讓春梅好好地休息一下，同時凌緞平日也很少同春梅在一塊，母女兩人更沒有同榻而眠的機會。春梅雖然擔心婆婆、大姑娘罵她偷懶，但想到母親這麼大的年紀，說不定哪天也和養父一樣，兩腳一伸，她就是想孝順也沒有機會，因此留了下來。

鄭桃對春梅十分奉承巴結，親自上菜市場買些葷菜弄給春梅吃，春梅的奶水不夠，她又自動餵春梅孩子的奶，她有個大胸脯，奶水很足。

春梅也買了兩套漂亮的嬰孩衣服送鄭桃的女兒。鄭桃受寵若驚，把衣服在女兒身上比比，誇張地教孩子說：

「多謝阿姑！託阿姑的福，將來也嫁個好婆家。」

春梅聽了「好婆家」，心裏像挨了一刀，凌緞卻很高興，她以為春梅總算出了頭，當初自己實在多心。

晚上，母女兩人同床。凌緞又和春梅說她婆家的事，春梅支支吾吾，裝作非常疲倦，纔過了一夜難關。

第二天下午，凌緞和春梅一道來臺北，春梅把她送到姐姐家，在桌上看到李課長的結婚喜帖，春梅心裏微微一怔，秋蓮笑著對她說：

「春梅，李課長禮拜天和他局裏同事王小姐結婚，已經租好了房子，請好了下女，據說結婚以後還要環島旅行。他想請妳吃喜酒，又怕妳不肯賞臉？」

「阿姐，阿福不在家我一個人不想去。」春梅冠冕堂皇地說。

秋蓮識趣，馬上把話題轉到姑父的喪事上去。

春梅在姐姐家休息了一會兒，就匆匆忙忙趕回家。

吳滿嬌母女一看見她就把臉孔拉長，吳太太的馬臉拉得更難看。春梅叫了她一聲「阿母」，她從鼻孔裏哼了一聲說：

「妳真好寬的心！家裏的事放下不管，一出去就兩、三天，妳到甚麼地方遊魂？」

「阿母，妳不要多心，死了親人，我還有心思遊蕩？」春梅回答。

吳滿嬌上下打量她一眼，發覺她鬢邊髮上戴了一朵大白花，顯得更標致，心裏自然妒忌起來，撇撇嘴說：

「古話說得不錯：若要俏，須戴三分孝。生怕別人沒看到，難怪妳捨不得回來！」

春梅沒有想到吳滿嬌會有這種想法，真是哭笑不得。

「阿姐，誰有這種想法，最好進綠燈戶。」春梅邊說邊走進房去。

吳滿嬌碰了這個軟釘子，嘴裏作不得聲，心裏的疙瘩更大。

春梅為了免得她們母女兩人再講閒話，連忙換上布衣拖鞋，到廚房裏弄晚飯。她兩天不在家。廚房裏沒有打掃，碗筷凌亂，還有幾隻碗浸在水裏，等她回來洗。她輕輕地歎口氣，彷彿這種下女的事應該她做似的。

吃晚飯時，吳多業在家，吳滿嬌發覺春梅手上的戒指不見了，向母親遞了一個眼色，婆婆打量了她一眼。馬上問春梅：

「妳的戒指呢？」

「換了。」春梅照實回答。

「好哇！妳這個掃帚星，敗家精！膽子好大！」婆婆用筷子指著春梅罵：「全不把我們放在眼裏，那麼重的戒指隨便換掉，將來房產落在妳的手上，妳不也要賣掉？」

「阿母，妳不給我一個錢，我怎麼回去奔喪？」

「妳說了妳爬也要爬回去，妳怎麼不爬？」吳滿嬌問她。

「阿姐，妳也是人生父母養的，等我爬回去，養父的屍體早臭了。」

「臺北到桃園，能有幾步路，妳要花那麼多錢？」婆婆說。

「阿母，他養我一場，我也該買點紙燒。」

「燒紙不是燒鈔票，妳那麼闊氣？」

「妳不經過我們准許，怎麼能隨便換東西？」吳多業也打春梅的官腔。

「那本來是養父送我的，妳們不念一點親戚情分，我拿他的錢用在他的身上，總不犯法！」春梅傷心氣憤地回答。

「好！妳要造反了？」婆婆一個耳光打過去：「妳敢犯上？」

春梅氣得全身發抖，不敢回手，蒙著臉哭著跑進房去。

「呸！」吳滿嬌向春梅背後唾了一口：「親戚？我們纔沒有這種上不得臺面的親戚！丟盡了

我們的臉！」

這幾句話傷透了春梅的自尊心，她關起房門哭泣，越想越氣。她想不到他們這樣刻薄、寡情、無義，公公又是那樣下流。

吳滿嬌母女要她出來做事，她也不理，他們尖酸刻薄地諷刺咒罵，她也懶得回嘴，她一直哭到深夜。

她想到剛剛去世的養父，越想越沒有意思。人生百年也不免一死，自己這以後的日子更不好過，真是生不如死。雖然她捨不得丈夫，捨不得孩子，可是她也忍受不了這種折磨、侮辱、痛苦。

由於吳添福離家後她長夜失眠，她曾經陸陸續續買了一些安眠藥片，不得已時她就服一顆，還剩了不少，她統統放在一個小藥瓶裏。

她打開梳妝臺的抽屜，拿出小藥瓶，望望那些藥片，潸然淚下，她把瓶蓋打開又塞好，塞好又打開，反反覆覆五、六次。最後她拿出一支原子筆，在一張信紙上寫下這樣的字句：

阿福：

我實在忍受不了，我活不下去，我祇好走上絕路！

請你原諒我，我不能等你回來，不能和你同偕到老。但是我愛你！死了還是愛你！請你好好地待小鳳翔，我在陰間會保佑你們……

她一面寫一面哭，眼淚點點滴滴地落在信紙上，字跡模模糊糊。一放下筆她就伏在梳妝臺上痛哭。

她慢慢地抬起頭，擦乾眼淚，在熱水瓶裏倒了一杯水，把藥瓶打開，把藥片全部倒在掌心，一手舉起杯子。她忽然遲疑了一下，回頭望望睡在床上的兒子，她的眼淚又像缺了口的堤，洶湧出來。

她兩手發抖，臉色蒼白，慢慢地右手按住胸口，仰著頭喃喃地說：

「阿爸，我來跟您作伴，請您保佑小鳳翔，保佑阿福……阿母，我對不住您，騙下去，我自己忍受不了，騙了您許久，現在我不能再騙，請您原諒女兒不孝……」

她突然嘴一張，藥片全部塞進去，咕嚕咕嚕地喝了幾口水，吞了下去。她悄悄地上床，在兒子臉上親了一會兒，輕輕地在他旁邊躺下，把他攬在懷裏。

深夜，寂靜無聲，巷子裏沒有貓打架，沒有狗叫。吳多業夫婦和女兒吳滿嬌睡得正甜。

平時，他們早晨起來總在七、八點鐘，一起來就有洗臉水，早餐也擺在桌上。這天早晨起來，不見春梅忙上忙下，房門緊閉，甚麼也沒有準備。吳滿嬌首先光火，朝著春梅房裏破口大罵。

「好吃懶做的賤人！這麼晚了還在床上挺屍，妳和誰鬥氣？」

房裏沒有春梅的聲音，小鳳翔卻哭鬧起來。婆婆生氣地趕過去捶門，責罵，除了孩子的哭鬧之外，仍然聽不見春梅的聲音。

吳多業反應很快，他連忙趕過去，輕輕地對她們母女兩人說：

「該不是出了事吧？」吳滿嬌母女兩人聽他這樣講，馬上面面相覷。吳多業朝內叫了幾句：

「媳婦，媳婦！我是公公，妳快點開門。」

仍然聽不見春梅的聲音，他慌了，連忙用力撞門，撞不開，他跑到廚房裏找了一把斧頭，乒乒砰砰把門劈開，衝進房裏，看春梅像死了一樣，說聲：「糟糕！出了人命！」吳滿嬌母女臉色發白，不敢作聲，也不敢走過去。

吳多業到底是男人，他伸手在春梅的鼻子上試探，發覺還有呼吸，連忙說了一聲：

「快叫車子！」

吳滿嬌馬上跑出去。吳多業把孩子抱起來，交給太太，發現梳妝臺上有春梅寫的那份遺書，連忙收起來往褲子口袋一塞，又在梳妝臺上、抽屜裏檢查一番，沒有發現他寫的那張獎券，也沒有發現其他不利的證據，他纔吐了一口氣。

醫院的救護車很快地開了過來，把春梅送到醫院，立刻灌洗腸胃，打強心針。

春梅終於從死亡的邊緣漸漸甦醒過來。她像做了一場噩夢，像到了另外一個世界，在那裏看到了養父。她感到全身無力，微微睜開眼睛，眼角滾出兩顆黃豆大小的淚珠。

吳多業看她甦醒過來，輕輕地吁口氣，把手按在春梅的頭上摸摸。吳滿嬌把他的袖子一扯，他臉一紅，回過頭來望望女兒。吳滿嬌聽醫生說春梅已經脫險，立刻拖著父親回去。

春梅一個人躺在病房裏，除了護士小姐偶爾來看她之外，沒有一個人來。這天晚上她也是一個人孤孤單單地度過，她淒涼地流了一夜的眼淚。

她想念孩子，想念丈夫，想念母親，但他們都不在身邊。她祇好以淚洗面。

第二天早晨，吳滿嬌把孩子送來，春梅一看見兒子就哭了出來，把他緊緊地摟在懷裏。

「不識好歹，虧妳作出這種丟臉的事來！」吳滿嬌罵了春梅兩句，篤篤篤地衝了出去。

早飯後，護士小姐剛剛替春梅打完針，凌緞和秋蓮匆匆趕來，看春梅面色蒼白地躺在床上，啊啊啊地哭了起來。凌緞摟著春梅邊哭邊說：

「女兒，妳好好地怎麼想不開？妳要是有個三長兩短，我怎麼活得下去？」

春梅聽了母親的話抱頭大哭，哭了半天纔說：

「阿母，您的話對，我走錯了一步棋！」

「妳怎麼不早對我說？把我蒙在鼓裏？我真以為妳嫁了個好婆家，真的享福！」

「阿母，我打落門牙和血吞，您說了不許我向您哭哭啼啼的。」

母女兩人又抱頭大哭，秋蓮站在床邊傷心落淚。

第三十二章 許秋月情深義重 陳春梅水漲船高

許秋月已經不當酒女，作了一位闊佬的二房，單獨住在一座洋房裏。她聽說春梅自殺，連忙坐了計程車趕到醫院看春梅，恰巧碰著吳多業夫婦替春梅辦出院手續，吳多業看見她先打招呼，許秋月問他：

「春梅可以出院了？」

「本來沒有甚麼事，」吳多業故作輕鬆地聳聳肩：「她一向失眠，那天晚上多吃了兩顆安眠藥，我們怕誤事，才送她進醫院。」

「吳先生，我不是刑警，」許秋月打量他一眼，風致嫣然地一笑：「我是來看看她。既然她可以出院，我想接她去休息兩天，不知道兩位准不准？」

吳多業兩夫婦相互看了一眼，他們都知道許秋月跟了一位大闊佬，比自己強十倍，他們兩夫婦都是聰明人，吳多業見風使舵，滿臉堆笑地說：

「許小姐，本來我也想找個地方讓她休養休養、既然妳有這個好意，我就多謝。」

吳多業向許秋月拱手作揖，許秋月看他這種小丑動作，心裏好笑，轉身向春梅房間走去。

春梅看見許秋月，眼圈一紅，一發現公公、婆婆又強作歡笑。許秋月向她說明來意，她望了公婆一眼，婆婆把馬臉往中間一擠，擠出一個笑容：

「許小姐大人大面，她看得起妳，妳就去叨擾兩天吧，日後我再填情。」

春梅真不想回到那個家，回到那個傷心之地。她覺得那個家比牢獄更可怕，婆婆和大姑娘，無異牛頭馬面，能到許秋月家去住一天、兩天也是好的。她還沒有去過許秋月的家。

春梅把孩子抱起來，隨著許秋月走出病房。吳多業夫婦跟在後面，婆婆假情假義地要她好好地照顧孩子，注意自己的身體。

「以後就是睡不著覺，也不要吃安眠藥，免得誤事。」婆婆故意提高聲音說給許秋月聽。

春梅沒有理她，許秋月故意望她一眼，她搖搖頭，做作地歎口氣：

「唉！年輕人真不懂事。」

吳多業乘機對許秋月說：

「許小姐，妳過的橋比她走的路多，拜託妳照顧兩天。」

「吳先生，春梅不是三歲的小孩子，她心裏比我明白的多。」許秋月朗朗地回答。

醫院門口停了一部紅色計程車，許秋月揚揚手，車子就駛了過來。她讓春梅先上車，自己隨後進去，故意向吳多業夫婦揚揚手。吳多業一臉假笑，車子一開動，吳太太向地上唾了一口，臉孔拉得更長。

「春梅，妳怎麼這樣傻？自己和自己過不去？」許秋月望望春梅，溫柔地說。

「小姐，一言難盡！」春梅歎口氣說：「我自己何嘗不想活？」

「我聽阿母說起這件事，心裏很氣，我猜想妳一定受了很多委屈。我要妳到我家住幾天，一方面使妳散散心，一方面也是給吳家一點顏色，希望他們以後對妳好一點。」

「小姐，他們狗眼看人低，對我不會好，恐怕連您都會帶上。」春梅擔心地說。

「就因為他們狗眼看人低，我才要妳來住幾天。妳公公知道我們這位拔根汗毛比他的腰還粗，他巴結還巴結不上哩！」

春梅聽許秋月這樣說，纔完全放心。

許秋月住的是花園洋房，有汽車間，有草地，花木扶疏，春梅一進門就十分喜歡。房子很寬敞明亮，地板也光溜溜的，客廳裏掛了字畫和一張看來祇有三、四十歲的男人放大照片，照片最突出的地方是當中那個通天鼻，和一對精明的眼睛。

「小姐，這是您先生？」春梅輕輕地問。

許秋月點點頭。

「看樣子倒很年輕。」

「大概是他十年前的照片？」許秋月自嘲地一笑。

這個家除了許秋月之外，春梅祇看到一位二十來歲的能幹的下女和一條鎖著的大狼狗。許秋月告訴她先生白天不在家，晚上纔回來，清靜得很。

下女已經替春梅收拾好了一個小房間，春梅看了很滿意，也很感動。

「小姐，我真不知道怎樣報答您？」春梅輕輕地對許秋月說。

「不要見外，」許秋月搖搖頭：「紅顏薄命，我們只有彼此照顧。」

春梅把這次自殺的原因，和吳家待她的種種情形，都告訴了許秋月，祇有公公的那件事，瞞著未講。許秋月十分同情春梅的遭遇，待她更好。

春梅在許秋月這樣好的環境中住了兩天，心情好了很多。許秋月陪她談天，散步，抱著孩子在草地上坐坐，兩人都很愉快，許秋月平日也很寂寞，先生白天向例不在家，她祇好看看書，看看電影。她先生因為愛屋及烏，對春梅這位客人也很客氣。可是這到底不是春梅的家，住了三天她就要回去，許秋月調侃她：

「吳家又不是天堂，妳何必念念不忘？」

「小姐，我在您這裏住久了，他們會講閒話。」

「妳要是真的死了呢？他們還有甚麼話講？」許秋月望著春梅：「告訴妳，他們不來接，妳就不要回去。」

「小姐，他們不會給我這個面子。」春梅搖搖頭說。

「妳住的地方不同。」許秋月胸有成竹地說：「妳公公是混起來的，會看風色，要是他們不來接妳，妳就在我這裏住一輩子好了。」

「小姐，那怎麼成？」春梅望著許秋月說：「您雖然有這番好意，您先生也會不高興。您這裏是小公館，又不是飯店。」

「放心，妳吃他不垮，」許秋月笑著回答：「我要是開出伙食錢，妳公公還敢不給？」

春梅想起和吳添福訂婚時，許秋月墊錢的事。許秋月對她是不能再好，但是她對公公這類的人，似乎另有一套。她也就放心住下去。

她住到一個禮拜，吳多業真的邀許錦花坐了轎車來接她。吳多業看許秋月住的房子這麼漂亮，派頭不小，對許秋月更另眼相看，春梅也跟著水漲船高。

「媳婦，我是專門來接妳的。原先我以為妳祇住三兩天，想不到住了一個禮拜？打擾了許小姐這麼久，現在總該回去了？」

春梅沒有作聲，許秋月馬上問他：

「吳先生，您該不是等她回去洗衣、弄飯吧？」

吳多業尷尬地一笑，連忙搖頭。許秋月又調侃他：

「吳先生，我這裏也需要下女，要是春梅給我做，事情輕鬆得多，連吃帶住，另外還可以拿五、六百塊錢一個月。」

吳多業沒想到許秋月會講這種話，弄得面紅耳赤。為了面子，他挺挺胸脯，大聲大氣地說：

「許小姐，您別多心，我絕不會讓她在家裏當下女。」

「是呀！吳先生，你們是體面人家，怎麼會讓春梅這樣如花似玉的媳婦當下女？你還在乎那幾百塊錢？」許秋月順著吳多業的話說。

吳多業尷尬地乾笑，許秋月故意吩咐下女拿出洋菸來敬他。吳多業雖然不認識英文字母，但他見過，知道這是外國貨，他是最崇拜外國的，因此有點受寵若驚的樣子。

許秋月在吳多業面前的這幾手，乾淨俐落，不但春梅心裏暗自佩服，許錦花也望著她笑，吳多業更是服服貼貼，他的那一套一點也耍不出來。

吳多業一邊抽菸，一邊打量許秋月的房屋，禁不住問：

「許小姐，您這房子是自己做的還是買的？」

「買的。」許秋月回答。

「多少錢？」

「五十幾萬。」

「不貴，不貴。」吳多業連聲說。「胡先生是真有錢！」

「這是他送我的一點小意思。他究竟有多少錢？我也不清楚。」許秋月輕鬆地說。

吳多業還說了一些套交情的話，抽完了菸纔起身告辭，春梅也抱著孩子跟著他走。許秋月把她送到朱紅大門口，揚聲對她說：

「要是沒有錢用，妳到我這裏來拿，可千萬不能買安眠藥！」

春梅知道許秋月是幫自己的場，吳多業卻怔怔地望著許秋月。許秋月笑著把大門關上。

轎車還停在門口，春梅抱著兒子先鑽進去，吳多業隨後跟進。

車子開動後，吳多業責問春梅：

「我們自己家裏的事，妳怎麼可以對外人講？」

「公公，我怕丟人，我還留了一手。」春梅正色地回答：「愛國獎券的事我沒有告訴她。」

吳多業臉一紅，頭一低，手在坐墊上一拍，大聲對司機說：

「車子開快一點！」

第三十三章　虎姑婆虛情假意
吳多業人面獸心

春梅回家時，吳滿嬌母女的臉上像結了一層冰，她心裏一涼，像掉進冰窖裏。

房門是新的，她不知道為甚麼要換房門？她記得她寫了一封遺書放在梳妝臺上，現在不見了。另外有一封吳添福的信，彷彿誰拆開過？信有撕裂的痕跡，高低不平。她拆開看了，還是那些老話，她心裏卻得到無比的安慰。這封信已經來了好幾天，她心裏也有很多話，想向他訴說，連忙覆信，但提起筆時她又有點遲疑，應不應該把自殺的事告訴他？她考慮了很久，怕影響他的心情，還是一字不提，像過去一樣，祇講些情意綿綿的話。

她出來寄信時，發覺吳滿嬌母女的臉色突然和善起來，她起初莫名其妙，隨後想到許秋月的那些話，大概是公公對她們講了，她們纔改變一點態度，春梅心裏十分感激許秋月。

在巷口春梅碰到鄰居黃太太，黃太太看她沒有死，非常高興，拍拍她說：

「以後不要這樣傻！妳死了還不是白白地送掉一條命？誰敢替妳申冤？」

春梅想到那封遺書不見，覺得黃太太的話很有道理，幸好自己沒有死，要是那天死了，現在不是睡在土裏，開始腐爛嗎？想到這裏，彷彿棺材閉著她，泥土壓住她，透不過氣來，她的身子不禁一顫。

「阿嬸，多謝您的金言。」春梅輕輕地說。

「春梅，我很歡喜妳，本來我應該請妳到我家玩玩，但是我不敢惹『英國』和『虎姑婆』，我吵不過她們。」黃太太抱歉地說。

「阿嬸，我心裏明白，多謝您的好意。」

黃太太怕吳滿嬌母女發現她和春梅談話，連忙走開。

春梅走到郵局時，突然發現牆壁上的大日曆快撕完了，她纔想到過陽曆年。現在機關、學校、部隊興過陽曆年，有三天假，她連忙在信封背後加了兩句話：

「陽曆年快到了，你能不能回來看看小鳳翔？」

她小心地把信封投進郵箱，懷著幾分空虛悵惘的心情回到家裏。

吳滿嬌母女一連幾天都沒有罵春梅，這是少有的事，而且又請了下女，春梅難得這麼清靜，躲在房裏看看書，她也不想到姐姐家裏去，姐姐和母親已經知道真相，她覺得更沒有面子，尤其怕見姐夫。

吳添福回了信，說一定請假回來，而且附了一封信給吳多業夫婦。

春梅接到這封信，心裏暗自高興，希望日子過得快一點，早點見到他。

「見到了他，死我也甘心！」她心裏這樣自語。

吳添福寫給吳多業夫婦的信，春梅交給吳多業。吳多業一看，滿臉尷尬，馬上沉著臉說：

「年輕人就是這樣不識大體！國家的事放在一邊，自己的事放在第一。兵役還沒服完，就請假回來，要是打仗他不開小差了？」

「公公，陽曆年有三天假，阿福請假回來看小鳳翔也沒有甚麼不對？」春梅說。

吳多業打量春梅一眼，把信往口袋裏一塞，低沉地問：

「妳吃安眠藥的事沒有告訴他吧？」

「公公，那又不是甚麼喜事，我何必告訴他？」

吳多業聽了點點頭，隨後又冠冕堂皇地說：

「妳最好寫封信勸他不要回來，服兵役的時間不長，轉眼就滿了，要留給長官一個好印象，免得說他存心數饅頭。」

春梅覺得公公的話堂堂正正，大颱風都吹不倒。但是她已經寫過信，希望他回來，又寫信勸他不要回來，實在不好啟齒。

「公公，我不便寫，您寫好了。」春梅望望吳多業說。

吳多業以為春梅不同意，他自己固然可以寫信給吳添福，但他知道自己的話沒有媳婦的話有效，而且他心裏有鬼，萬一他們兩人一對，自己自然露出馬腳，反而不妙。他立刻換了一張笑臉說：

「我是為阿福好，我何嘗不想他回來……那張獎券是我放錯了地方，也不是寫給妳的，妳不必告訴他，免得他會錯了意。」

春梅這才恍然大悟，他兜了這麼大的圈子，原來為的是那件事。

「公公，為人不做虧心事，半夜敲門心不驚。」春梅一說完就走進房去。

吳添福回家的頭兩天，又寫了一封限時信回來，告訴春梅坐哪一班車，甚麼時間到臺北。這天下午三點多鐘，春梅抱著孩子到火車站去接。她很久沒有穿得這麼整齊、漂亮，今天心裏特別興奮，也把孩子格外打扮了一番。

火車站人來人往，計程車、三輪車，在出口處停了兩排，她突然想起當初一個人負氣逃到臺北，那種舉目無親、徬徨悵惘的情形，覺得她真像作了一場夢，甜、酸、苦、辣都嘗遍了，差點作了冤魂怨鬼，真是感慨萬千。

她站在出口外面，來往的人都看她幾眼，看得她面紅耳赤，她抱著孩子到車站大廳看看，也有不少男人的眼睛跟著她轉；她到休息室去坐坐，坐在長凳上打瞌睡的男人，一看見她連忙睜開眼睛，不再想睡，她怕那一對對貪婪的眼睛，坐了幾分鐘又出來。她走到哪裏，都有眼睛盯著她。

她希望車子快點到站，又不自覺地走到出口。這時已經站了不少人，她連忙和那些人排在一塊。兩個站員走了過來，把閘門打開。大家都把頭朝向月臺。

沒有多久，一列長長的火車，從南面開來，直衝進站，客人紛紛下車，湧向天橋。她祇注意那些穿綠制服的士兵，好在坐這種快車的士兵不多，吳添福一走下天橋，她就發現了，她眼圈一紅，滾出兩行眼淚。

吳添福沒有要她到車站來接，他走到剪票口，春梅向他揚揚手，叫了一聲：「阿福！」，他纔看見春梅，連忙跑過來抱住她，春梅激動得哭了起來。

「妳應該笑，怎麼哭呢？」吳添福攬著她說。

春梅抹抹眼淚，臉上露出一絲笑容。

幾個三輪車伕趕到他們面前，吳添福帶著她坐上第一部三輪車，把孩子接過來，在他臉上親了一下。孩子已經很會笑，嘴裏咿咿呀呀學講話，他雖然不認識父親，可是也和父親一樣見面熟，一點也不認生。

「我不在家妳過得怎樣？」吳添福問春梅。

「還好。」春梅回答。

「妳好像瘦了一些？」

「沒有甚麼，不過有點失眠。」

「我回來以後妳就不會失眠了。」

「你每天晚上還不是讓我等到很晚？」

「在部隊我睡得早，起得早。回家以後想辦法改變一下。」

「我真希望早睡早起，」春梅馬上附和：「那樣我的身體可能會好些。」

隨後吳添福附著春梅的耳朵竊竊私語，生怕車伕和路人聽見。

他們的車子停在門口，吳多業首先發現。他連忙跑出來和吳添福拍肩膀拉手，十分親熱。

「阿福，你胖了！」吳多業打量著吳添福，用力搖搖兒子的手。

「阿爸，我吃得飽，睡得足，自然發胖。」吳添福回答。

「那還是當阿兵哥好。」吳多業笑著說。

「阿爸，就是想家。」

「你又不是三歲、兩歲，想甚麼家？」

「阿爸，我不是三歲、兩歲，又沒有你的年紀大，所以纔想家。」吳添福望望春梅和孩子，向吳多業一笑。

車錢還沒有付，車伕討錢，吳多業連忙掏出十塊錢給車伕，車伕找回四塊。

吳滿嬌母女也趕出來熱烈歡迎吳添福，吳太太噓寒問暖，吳滿嬌左一句阿福，右一句阿福，使吳添福也有點受寵若驚，因為她們從來沒有對他這麼親熱過。

他們三人不但對吳添福特別好，對春梅也足尺加三，吳滿嬌母女過去對春梅從來沒有一張笑臉，講話是粗聲大氣，現在對她也滿臉笑容。講話的聲音壓低了很多。吳滿嬌從來沒有抱過春梅的孩子，現在突然拍拍手對春梅說：

「妳累了。我替妳抱一下。」

春梅簡直有點不敢相信，遲疑了一下，吳滿嬌卻從她手上把孩子硬接過去。

吳太太親自提著菜籃去菜市場買菜，吳添福看看時間已經很晚，笑著對她說：

「阿母，菜市場早收攤子了，何必費神？」

「今天不比尋常，陽曆年關不會收攤子。縱然收了，我也要在林屠戶身上割一塊肉。」吳太太滿臉堆笑地回答。

吳添福發現家裏情形和過去一樣，連桌椅的位置也沒有變動，他覺得格外親切。進房時他對房門看了一眼，突然問春梅：

「怎麼換了房門？」

春梅一時不知道怎樣回答？吳滿嬌連忙趕上一步，把孩子交給她，睒著眼睛說：

「過年了，替你換個新門還不好？」

「阿福，我還準備把你的房間重新油漆一下。」吳多業接著說。

「阿爸，免啦，房間還是蠻新的。」吳添福看看自己的房間，結婚時的油漆並沒有褪色。

「那就等你退役回來油漆也好，我做的事恐怕不如你的意。」吳多業順著吳添福的口氣討好。

春梅看著他們做戲，自己卻不願意揭穿，因為吳添福在家裏祇能住兩、三天，她想盡量使他快樂。

吳添福脫下軍服，要換便衣，春梅從衣櫥裏替他取出燙得筆挺的西服、襯衣。他換好之後，站在鏡前，笑著對春梅說：

「這就不是阿兵哥了。」

吳太太買了不少菜回來，本來她不作興過陽曆年，這次吳添福回家，她為了籠絡他，像過一次大拜拜。

另外她買了一聽奶粉送給孫兒，這是少有的事，過去外孫多的奶粉她也不給春梅。最難得的是，她還送了春梅一瓶面霜。

「阿母對妳比從前好多了，妳的嘴也該甜一點。」吳添福輕輕地對春梅說。

「阿福，心到神知，我不會做假。」春梅回答。

吳添福完全不知道家裏發生過甚麼事？氣氛為甚麼比從前好？他衹愛尋歡作樂，懶得深究。吃過飯後，他又拖春梅去國泰看電影，春梅自他入伍後沒有看過電影，這一向她心裏像塞了一塊大石頭，正好同他解解悶。吳滿嬌母女連半句話兒也不講。

元旦這天，吳添福又帶春梅到動物園、兒童樂園、新公園遊玩，拍了不少照片。吳添福突然想起要去看看許秋月，春梅怕許秋月教訓他，把她自殺的事掀出來，不想讓他去，衹說許秋月已經嫁了人。

「呀？她嫁了人？是誰有那麼好的豔福？」吳添福驚奇地說。

「自然是有錢的大闊佬。」

「嫁了人我們就見不到她？」

「金屋藏嬌，人家還會讓你去看？」

「可惜！以前我該多去她家玩玩。」吳添福忘形地說。

春梅望了他一眼，他纔覺得自己失言，馬上陪個笑臉說：

「其實她也沒有甚麼了不得，還比不上妳。」

春梅知道他是討好自己，心裏倒也十分受用。她對他還是那麼著迷。

吳添福要到秋蓮家去玩，春梅也不讓他去，他怕母親、姐姐代她訴苦。她自己出醫院後也一直未去。

「阿福，你這次在家沒有幾天住，我們應該單獨聚聚。」

吳添福聽她這樣說，真的甚麼地方也不去。在家時也多半留在房裏不出來。晚上去酒店看熱情豔舞也帶她一道去。

吳添福在家頭尾住了三天，久別勝新婚，春梅又百般體貼，他簡直不想回營。吳多業心裏一直惴惴不安，覺得他在家裏多住一天，就多一分危險。他真怕春梅說溜了嘴，使他下不了臺。吳滿嬌母女也有同樣的心情。所以這三天他們使的是懷柔政策，盡量客氣。

吳添福假期一滿，吳多業就名正言順地催他搭早晨的車走，吳添福卻拖拖拉拉，彷彿溫吞水，吳多業振振有辭地說：

「軍令如山，你要不準時歸營，小心把你當逃兵辦。」

「夫妻恩愛也不在一朝一夕，你數饅頭也數得差不多了，不要惹上一場官司。」吳太太附和丈夫的話。

春梅見他們小題大作，心裏又好氣又好笑。為了不讓他們撿個話柄，她也勸丈夫早點動身。

吳添福懶洋洋地換上軍服，他空手回來空手去，春梅送他到車站，他不坐慢車，買了一張柴油快車票。

「人還是不要鼻子眼睛擠在一塊好，」吳添福忽然笑著說：「這次回家連阿姐待我也格外殷勤。」

「阿福，我還是希望你在家。」這幾天春梅覺得有點倚靠，吳添福一走，她又感到孤單恐慌。在這個家庭裏，她沒有一點溫暖安全的感覺。

「再有幾個月我就可以退役，我會早點回來。」吳添福說。

分別時春梅盡量忍住眼淚，車子一開，她就蒙著臉哭泣起來，幾個月在她是很長久的時間，她不知道會不會再出事？

第三十四章　許秋月晴時帶傘

陳春梅坐井觀天

春梅發覺自己又有了孩子，真是又驚又喜。這次她沒有去檢查，完全憑自己的經驗。她寫信告訴了吳添福，不願對吳滿嬌母女講。吳添福回營後吳滿嬌母女三天的「熱情」也煙消雲散。現在看春梅又是懨懨欲睡的樣子，母女兩人自然拉長了臉。

吳多業自吳添福回營後心裏像放下了一塊大石頭。他是聰明人，看出春梅沒有吐露愛國獎券的事，覺得春梅善良可欺。她要是像他一樣懂得要手段，挾著愛國獎券和自殺這兩件事，利用許秋月的關係，他準會栽在她手裏，太太和女兒反而得向她低聲下氣。但是她輕輕地放過這兩個把柄，使他們老夫妻仍然可以擺起公婆的架子，吳多業心裏不禁暗笑：

「到底是鄉下人！」

他對女人有太多的經驗，尤其是年輕純潔的少女。他祇怕許秋月那樣久經風霜的美人，對這種既漂亮又有幾手的美人，他總存幾分戒心，絕不輕舉妄動，因此他從來沒有惹上麻煩。他的私生子劉繼吳，當時就因為他手段高明，使太太、情婦、兒子各得其所，相安無事，現在完全公開，因為劉繼吳會做生意，太太對他比對養子吳添福還好，他更樂得做老太爺。

春梅懷孕後，不但想睡，也想吃酸東西，可是沒有錢買，她絕不開口向公公、婆婆要一文錢。不得已她祇好跑到姐姐家來。

凌緞知道她有喜，不禁驚奇地問：

「阿福不在家，妳怎麼會有的？」

「陽曆年時他回來過。」

「皇帝也有草鞋親，他怎麼一點也不把我放在眼裏？」凌緞聽說吳添福回來過，不來看她一下，不免有點生氣。

「阿母，您不要錯怪他，是我不要他來的。」春梅連忙解釋。

「怎麼？妳也看不起我？」凌緞瞪著春梅說。

「阿母，我怕您把我的事情揭穿。」

「阿妹，怎麼妳沒有告訴阿福？」秋蓮奇怪地問。

「阿姐，事情已經過了，告訴他無益。我還能慫恿他和公婆作對？」春梅回答。

「妳倒是個好媳婦！」秋蓮望望妹妹同情地說：「可惜遇上了惡姑、惡婆和老不正經的公公！」

「這次不講，將來妳會背黑鍋，有苦也說不出。」凌緞說。

「阿母，祇要阿福不變心，下地獄我也去。」春梅一開始就以捧著豬頭進廟門的心情，把整個心身和自己的一生都獻給吳添福，天塌下來，她也不管。過去吳添福在家時雖然深夜遲歸，甚至在外面過夜，使她暗自傷心，但她覺得他這次回來已有悔意，對她十分恩愛，她感到已經抵消了一切的痛苦，她更全心全意愛他，如果他要她下地獄她真的會去。

「阿妹，妳真是死心眼……」秋蓮笑著搖頭，下面的話欲言又止。

「春梅，我不願責備妳，但願阿福有情有義。妳也祇有這根金枴棍了！」

秋蓮知道春梅要吃酸東西，特別弄了一些酸菜醬菜給她下飯，還買了一大包酸梅給她帶回家。

許秋月一直很掛念她，春梅許久未去，她打發下女來請，春梅不好意思不去，婆婆也不能不准。

「白牡丹雖然已經從良，到底出身不正。我們是體面人家，自己的脅毛不要掀給外人看。」婆婆悄悄地囑咐春梅。

「婆婆，牆有縫，壁有耳。只要自己行得正，坐得穩，就不怕別人歪嘴吹喇叭。」春梅回答。

「家家都有個大糞坑，不挑不臭。我對妳一片好心，妳不要會錯了意。」

「婆婆，我識得好歹，不會含血噴人，您放心。」

婆婆塞給她二十塊錢，要她坐三輪車，她本來不想接，又怕婆婆多心，懷疑她向許秋月搬弄是非，祇好收下。

她到許秋月家時，許秋月正在房裏看小說。許秋月買了很多新小說，擺得像個小租書攤，春梅一看就滿心歡喜，要借回去看。

「妳先別談書，」許秋月笑著拉她在身邊坐下。「我的書不要租錢，妳要多少拿多少。我問妳，妳最近的情形怎樣？」

「小姐，託您的福，他們對我好一點。」春梅回答。「不過我自己又有了麻煩。」

「甚麼麻煩？」許秋月關心地問。

「小姐，我又有了。」春梅輕輕地回答。

「怎麼？天上掉下來的？」許秋月嫣然一笑。

春梅也被她逗得一笑，隨後又向她解釋：

「不是，陽曆年時阿福回來了兩、三天。」

「春梅，這樣看來妳真是隻來亨雞？」許秋月打趣地說。

春梅自己也好笑，她還記得生小鳳翔時婆婆說的「做愛都不會，還想下蛋？」那兩句難堪的話。現在心裏感到一點安慰，最少婆婆再也不能說那樣的話了。

「小姐，您有沒有喜？」春梅也關心地問她。

「嗨，我還是輕舟淺載。」許秋月拍拍自己的小腹，自嘲地一笑。

春梅看她的腰還是那麼細，身材還是那麼好，臉還是那麼白嫩，不禁讚賞地說：

「小姐，您真是春不老。」

「春梅，我和妳說老實話，幸虧還剩了一點本錢，纔找到這麼個歸宿，要是真的人老珠黃，我祇好跳淡水河了。」

「小姐，您心腸好，命也好，所以才有這個好下場。聽說很多人後來都不得意？」

「我自己不賭，也沒有掉進那些吃軟飯的男人的圈套，所以纔能跳出火坑。」

「看樣子胡先生對您倒蠻好？」

「糞坑也有三天新，男人的心難摸的很。」許秋月自嘲地說。「不過我有我的打算。」

「小姐，您有甚麼打算？」

「我已經開始補習英文，學英文打字。將來他要是摔我，我也可以自謀生活。」

「小姐，您的眼光真遠！」

「春梅，我看到很多姊妹今朝有酒今朝醉，到頭來都沒有好下場。因此天晴我也帶把雨傘。我掉進過火坑，不能再翻船。」

「小姐，您的想法很對，可惜我不能學英文打字。」春梅希望有一枝之長，可是想到自己的孩子和處境，不禁抽口冷氣。

「妳既然明媒正娶結了婚，又生了孩子，還是照顧孩子要緊，不像我這個黑市夫人，又無一男半女，無葉無根。」許秋月看看春梅的兒子長得活潑可愛，扶著沙發能站，肚子裏又有一個，已經牽藤絆葛，和她不同。

春梅的母性很強，吳添福不在家，兒子是她唯一的安慰，她走到哪裏把他帶到哪裏。聽許秋月說，她馬上欣慰地一笑。

許秋月打開一盒葡萄乾，塞了一粒在春梅的孩子嘴裏，他沒有長大牙，祇有兩顆門齒，嚼得口水直流，她們兩人看了都好笑。

春梅很歡喜這種又酸又甜的葡萄乾，許秋月還有好幾盒，分了兩盒給她。

春梅挑了五、六十本新出版的厚小說，吳添福不在家，她連買書的錢都沒有，她非常羨慕許秋月能買這麼多部新書。許秋月指著一本《白雪青山》對她說：

「這本書沒有接吻，沒有擁抱，沒有哥呀妹呀的那一套，我特別喜歡，妳不妨仔細看看。」

「小姐，小說裏面哪會沒有那一套？」春梅有點奇怪，她看了幾百本小說，本本都是那樣，有幾本她看了還有點肉麻。

「這本書從頭到尾找不到一個吻字，但男女主角是真的相愛，沒有一點假，而且對別人也彼此關切。看了以後我的印象很深，可惜我沒有那女的有學問，也遇不到那樣文雅癡心的男人。妳看了以後一定也會發呆。」許秋月一面說一面替春梅把書包好。

「小姐，您也發過呆？」春梅笑問。

「我呆了很久。」許秋月笑著點頭。「妳知道我遇見的都是酒肉男人，他們祇想揩我的油，糟踏我的身體，從來沒有一個男人抓住我的心。我對他們也完是虛情假意，祇當演戲，跪倒餵豬，也不過為的是錢。」

「小姐，您對胡先生難道也是一樣？」春梅不會做假，尤其是愛情，她對吳添福是一片癡心，她不知道許秋月對胡先生怎樣？

「我對他當然不同一點，」許秋月坦率地說：「那是三分感情，七分義務。」

春梅從來沒有想到男女之間會有這麼複雜？不禁怔怔地望著許秋月。許秋月澹然一笑：

「妳不要奇怪，我不是沒有感情。要是我遇上了那樣的男人，跟他討飯我也樂意。妳相不相信？」

「小姐，我相信。」春梅連忙點頭。「不知道世上有沒有那種男人？」

「世上怎麼會有妳這樣癡心的女人和我這樣靈肉分家的女人？」許秋月反問春梅。

春梅啞然失笑，她也不知道自己為甚麼要對吳添福那麼死心塌地？

她們兩人談談笑笑，彼此都很愉快。許秋月留春梅吃過晚飯，又開電視給她看。電視在臺灣還是剛興起的玩藝，沒有幾家有，春梅是第一次看，可是節目十分差勁，春梅看了一會兒就不想看，許秋月把電視機一關，笑著說：

「就是這麼回事！大家都愛時髦，學時髦，學來學去祇是皮毛。」

「胡先生看不看？」春梅問。

「他不到十二點不會回來，很少看。這架電視機就祇有我和阿巴桑兩人享受，妳有空，隨時來。」

「小姐，我手上抱一個，肚子裏懷一個，還要看公婆、大姑娘的臉色，來一次真不容易。」

許秋月怕春梅回去遲了婆婆會講閒話，要下女去叫三輪車，送春梅回去。

春梅回到家裏不到九點，婆婆出去打牌了，吳滿嬌一人在家，她聽春梅回來從房裏探頭望了一眼，又縮了進去，沒有講一句話，雖然臉色不大好看，春梅認為已經夠優待了。

她把孩子安置好之後，再料理自己的事，她懷著將信將疑的心情，打開那包借來的書，取出《白雪青山》，和衣躺在床上閱讀。一開始她就被那對男女主角和雪景吸引住，她一口氣看下去。那些是她沒有到過的地方，那麼好的風景，那麼心心相印口頭不講一個愛字的一對戀人，他們的每一句話都像那清潺的溪流一樣流過她的內心，一舉一動都是那麼溫文，對人是那麼友好，沒有絲毫惡意，別人對他們也是那麼關切。想想自己所遇到的狗仔、菊妹、鄭桃、公公、婆婆、大姑娘這些人都不懷好意，使她吃盡了苦頭，祇有許秋月一個人例外。

她自然十分喜愛尊敬那對男女主角，可惜有情人不能成為眷屬。她悄悄地流了眼淚自己還不知道。

「我要是遇上這些有情有義的人。阿福要是像這男的這麼癡心就好！」她輕輕地合上書，幽幽地歎口氣。

她久久沒有入睡，神遊於那名山勝水，彷彿她就是那女主角，吳添福就是那男主角。但一想到吳添福在蜜月中連日月潭、關子嶺都不願多玩一天，婚後每天深夜不歸，她忽然淚如湧泉，十分擔心。

第三十五章　浪蕩子喜新厭舊
　　　　　　癡情女落淚吞聲

吳添福退役回家時，兒子鳳翔已經會走會跑；春梅也像兜著個屏東大西瓜，走路像個大番鴨。

吳添福看春梅那麼大個肚子，不再像以前那麼窈窕，心裏悵然若有所失，同時興起一股厭惡。

頭兩天，他還在晚上十二點以前回家，春梅很高興，三天以後，又故態復萌，深夜三、四點纔回來。春梅很傷心。

「阿福，你說了不再夜遊，十二點以前回家，怎麼又要我熬夜等你？」春梅想起他信中那些甜蜜抱歉的話，以及上次回來親口講的誓言，委婉地提醒他。

「生意太忙。」他抓抓後腦殼，做出一副愁眉苦臉的樣子。「妳不要等我，妳自己睡好了。」

「阿福，你不回來我睡不著。」春梅苦笑地回答。

「和我不在家時一樣，吃點安眠藥不就睡著了？」吳添福輕鬆地說。

春梅一聽說安眠藥就傷心，安眠藥差點送了她的命。她紅著眼睛對吳添福說：

「阿福，你在家裏我何必吃安眠藥？那又不是甚麼好東西？我一聞到你的氣味就會睡著，比安眠藥有效得多。」

吳添福得意地笑了起來，望了春梅一眼。看到她挺著個大肚皮，馬上想到剛纔在酒店看到的那幾位歌星、舞女，她們的腰還沒有男人的腿粗，扭來扭去像水蛇；站在麥克風前就像隻大黃蜂，上下大，中間小，十分好看。還有他看上的那些綠燈戶、咖啡室的女人，沒有一個不是楊柳腰。尤其是今天纔認識的青絲理髮店的那位王美姿小姐，人家叫她「剃刀西施」的，更是小巧玲瓏。不像春梅這麼個大水桶，他甚至覺得她的面孔都比春梅漂亮。

「阿福，不要笑，我說的是真心話，我不願再吃安眠藥。」春梅望著吳添福說：「我說不定哪天生？現在更希望你回早一點，不要像上次生鳳翔一樣，你在外邊過夜，差點送掉我一條命。」

「我又不會接生，看著妳反而彆扭。」吳添福雙手撫摸他光亮的頭髮。

「阿福，你在家裏我膽子大些。」

「好，妳生的時候我一定在家。」吳添福哄她說。

春梅相信他的話，彷彿吃了顆定心丸，減輕了生產的恐懼，睡得也格外安神。

吳添福夢著「剃刀西施」，夢著她在替自己修面，她的手是那麼輕，那麼柔軟，他伸手把她的手腕捉住。

春梅一驚而醒，發現吳添福抓住自己的手腕，一陣欣慰，向他靠攏，吳添福醒來發現是春梅，手一鬆，偽裝迷糊地翻過身去。

婆婆看春梅快要生產，覺得自己那兩句「做愛都不會，還想下蛋？」的話也快要破產，心裏越來越不安。當她一發覺春梅再度懷孕，心裏就不是味兒。她曾經悄悄地告訴女兒吳滿嬌，吳滿嬌起初不相信，後來看春梅嘔吐，她又撇撇嘴對母親說：

「看樣子倒像那麼回事，不知道是哪來的野種？」

「阿福回來過，日期差不多。」吳太太推測地說。

「阿母，您說了她不會下蛋，哪有那麼巧的事？」

「說不定我看走了眼？」

吳滿嬌想想自己的兒子已經蠻大，比春梅早生很久，原先她就以此邀寵自傲，現在自己再沒有喜訊，反而被春梅搶先一步，心裏更是酸溜溜的。她希望春梅不再生男孩，爬到自己的頭上。因此誠惶誠恐地問母親：

「阿母，您看她是男的還是女的？」

「她肚子是尖的，看樣子像男的？」

「阿母，那她會爬到我頭上來了？」

「山高遮不住太陽，妳放心。」吳太太安慰女兒：「我不會讓她爬到妳頭上來。」

母女倆一直暗中注意春梅。吳滿嬌希望春梅摔跤小產，可是春梅非常小心，又很少出去，平安無事。眼看快要瓜熟蒂落，她怕春梅真會在家裏生個男的，那她面子上就很不好看。

春梅因為第一胎難產，越是接近生產期間，心裏越是害怕，她對吳添福說要先住醫院，吳添福正想自由活動，求之不得。吳多業怕出人命，吳滿嬌母女不願管她的事，吳添福便順利地把春梅送進醫院待產。

春梅一個人住進醫院，心裏十分寂寞。她想念兒子，一刻不見他，她就放心不下。她本來要吳添福每天帶他來一次，吳添福滿口答應，可是，他來的時間不一定，有時是白天，有時在夜晚，而且來去匆匆，彷彿大火燒著屁股，總沒有帶孩子來。

春梅雖然每次都問到孩子，可是不忍責備他。

「妳不要擔心他，他跟下女過得很好。」吳添福每次都這樣回答她。

「阿福，你是男人，不瞭解我們女人的心。不管他跟下女過得怎樣好？我時刻都在擔心。」春梅說：「我怕他跌跤，怕他同外甥打架，你不知道阿姐不大喜歡他？」

「妳放心，他的小嘴甜得很！」吳添福得意地說：「外甥是個笨蛋，被他哄得團團轉。」

「這點倒很像你。」春梅不禁欣慰地一笑。

「屋檐水，點滴不差，他處處像我。」

「嗯，有了下女，他把母親也忘了。」春梅又歡喜又傷心地說。

春梅住院以後，吳滿嬌母女一直沒有來看她。吳多業不好意思來。她彷彿被遺棄了一樣。

護士小姐告訴她可能生產的這天，她又害怕起來，她打了一個電話給姐夫林添財，要他請母親來陪她。

凌緞聽了女婿的話，連忙同秋蓮來看春梅。

春梅見了母親彷彿見了守護神似的，一顆忐忑的心馬上安定下來，也不再感到寂寞。

「妳住醫院幾天，怎麼不早告訴我？」凌緞問她。

「阿母，本來我不想驚動您。護士小姐說今天會生，我有點怕，纔請您來。」春梅回答。

「妳公公、婆婆來看過妳沒有？」凌緞悄悄地問她。

春梅不忍再瞞母親，祇好搖搖頭。

凌緞聽了有氣，又有點傷心，望著女兒說。

「怎麼？妳不是他們家的媳婦？就是鄰居也不應該這樣寡情寡義！」

「阿母，不要再提他們的事。」春梅反勸母親。

「誰送妳到醫院來的？」秋蓮問。

「阿福。」春梅說。

「怎麼？阿福回來了？」凌緞不知道吳添福已經退役，這對她還是個新聞。

「回來快一個月了。」

「他真的不把我看在眼裏？」凌緞又生起氣來。

「阿母，他事情忙您不要怪他。」春梅替丈夫解釋。

「他是甚麼大頭家？忙得一點時間都沒有？」

「阿母，你不要生氣，我行動不便，不能陪他。」

「他沒有去過？還要妳陪？當初他是怎麼找去的？我又沒有下帖子請他？把妳弄到了手，就過河拆橋？」

春梅被母親說得啼笑皆非，最後祇好往母親身上一推：

「阿母，說實在話，我怕你向他提起那件傷心的事。」

「妳傷心他未必傷心！」

「阿母，不管怎樣？不必再提那件事。今天一定碰得到他。」

「他甚麼時候來看妳？」

「不一定。」

「是不是每天都來？」

「每天一次。」

凌緞聽春梅這樣說，纔消了氣。把話題轉到春梅身上，問她胎位怎樣？春梅把醫生的話告訴她，說這次胎位正常，她和秋蓮都鬆了一口氣。

秋蓮坐了一會兒回去，她有兩個孩子要照顧。凌緞來照顧春梅，她就少了一個幫手了。

傍晚時分，春梅開始陣痛。她又害怕起來，希望吳添福在她身邊。左等右盼，卻不見吳添福的影子。她心裏焦急，嘴裏不敢講。凌緞一直沒有看見吳添福，很不高興，喃喃地說：

「公婆不成公婆，丈夫不像丈夫，把妳送進醫院，就像丟掉一個包袱。」

春梅眼淚往肚裏流，咬著牙，忍住哭，忍住痛。母親的話使她心酸，但她不怪母親，她自己心裏也有這種感覺。

九點鐘，她被護士小姐推進產房，她覺得像被推進屠宰場，聽見別人哭叫，她也哭了起來。吳添福不在身邊，母親被擋在產房門外，她覺得孤孤單單，心裏更加害怕。她不知道吳添福今天有甚麼事？過去幾天夜晚九點以前，他一定來晃一下，今天生產，他怎麼反而不來？

吳添福不知道她是今天生產，他約了「剃刀西施」王美姿看「遠東」的最後一場電影，還是第一次約會，他認為比甚麼都重要。春梅推進產房時，他正挽著「剃刀西施」入場。

春梅在產房受了兩個鐘頭的煎熬，生下了一個女兒，吳添福在電影院裏和王美姿看了兩個鐘頭的愛情片子，講了兩個鐘頭的情話。散場後，他匆匆忙忙地趕到幾家大飯店、酒家去取菜單，來不及到醫院了。

經過幾個小時的緊張、恐懼、痛苦的掙扎，春梅生產之後，一身軟棉無力，在一種虛脫狀態中沉沉睡去。凌緞看她安然無恙，看她睡得很甜，也就不再擔心，伏在她的床頭睡了一會兒。天亮以前她自然醒了，坐在春梅床邊，不想再睡。

早晨七點多鐘，太陽已經透過長窗，照進房裏，照在春梅的鐵床上，照在她蒼白的臉上，臉上染著一層旭日的紅暈。看來像豔陽中的花朵一樣漂亮，一樣柔和平靜。

她被走廊上的談話聲、腳步聲吵醒，緩緩睜開眼睛，看見母親坐在身邊，抱歉地說：

「阿母，您辛苦了！」

「誰叫我是妳的母親？妳是我的女兒？」凌緞又感傷又欣慰地說。

「阿母，我想看看孩子？」春梅笑著請求。

「真是水向下流。」凌緞慢慢站起來，走進育嬰室。

凌緞把外孫女兒抱來，春梅覺得她很像自己，心裏有一種掩飾不住的喜悅。她用手摸摸女兒的嫩臉，笑問凌緞：

「阿母，她像不像我？」

「一模一樣！」凌緞笑著點頭：「恐怕將來也和妳一樣吃虧上當。」

「阿母，惟願她的命比我好。」

「女人的命再好，也是花花草草。」

「阿母，說不定她能替我爭口氣。」

「妳別做夢娶媳婦，專想好事！她不使妳傷心淘氣就是好的。」

春梅聽了母親的話，心裏暗叫慚愧。她沒有挨過母親的打，她倒情願挨母親一耳括子。本來她想親親女兒，現在祇好保留。

凌緞嘴裏雖然那麼說，心裏還是很喜歡外孫女兒。她把外孫女兒送進育嬰室的小床上，禁不住在她的小臉上親了一下。

凌緞回到春梅房裏，春梅突然問她：

「阿母，阿福來過沒有？」

「恐怕他早把妳忘了！」凌緞生氣地回答。

春梅一陣心酸，眼角滾出兩顆淚珠。她覺得母親辛苦了一天一夜，應該休息，不管吳添福來不來，都應該讓她回去。

「阿母，現在我的包袱已經卸掉，您回去休息好了。」春梅抹掉眼角的淚珠說。

「不，我要等阿福來。」凌緞回答。

「阿母，您何必等他？說不定他昨天晚上熬了夜？不知道甚麼時候來？」

「他甚麼時候來，我甚麼時候走。他可以把妳丟在醫院不管，我不能把妳一個人丟在醫院。」

「阿母，要是他來了，您不必責備他。」春梅委婉地說。「男人都是花腳貓，說不定他真有事？」

「我再窮也不要拍他的馬屁，問問他總可以！」凌緞微慍地說。

春梅不好再說甚麼。她想到兩次生孩子吳添福都不在她身邊，她有心原諒他，也找不出理由。

吳添福直到十一點多鐘纔姍姍而來，西裝筆挺，頭髮捲成波浪，像個黑人。他眼明腳快，一發現凌緞，立刻趕上前，滿臉堆笑，親熱地叫了一聲：「阿母！」

凌緞本來有三分氣，這一聲「阿母」叫掉了兩分。她用一分氣問吳添福：

「阿福，春梅昨天正在刀口上，不見你的人影，你到哪裏去了？」

「阿母，昨天晚上定菜太多，我忙了一個通宵。」吳添福把早就準備好了對春梅說的謊話，對岳母說了。隨後他又望望春梅，走過去摸摸她的手：「妳生了？」

春梅沒有作聲，滾出兩行眼淚。

「男的，女的？」他又問。

「女的。」凌緞回答：「你這個父親作得倒輕鬆自在！」

「阿母，我沒有想到她昨天生。偏偏這麼不湊巧！她生孩子我正忙！」

「阿福，你騙春梅可不要騙我？」凌緞望著他說。

吳添福怔了一下，以為她抓到甚麼把柄？隨後一想，她住在廈門街那邊，絕不會到「遠東」去看電影，他膽子一壯，賭咒發誓地說：

「阿母，我騙您就是烏龜忘八！」

「阿福，你不要賭咒發誓，我也不要忘八女婿。」凌緞望著他說：「不管你怎麼忙？在這種刀口上，你應該多照顧春梅。再說，你父親、母親也應該來看看她纔對！她是你們吳家的人，怎麼還要我這個老娘來當下女？」

凌緞的話，說得義正詞嚴。吳添福做賊心虛，答不上話來，春梅連忙替他打圓場：

「阿母這麼大的年紀，辛苦了一天一夜，你快點送她回去休息。」

「好！阿母，我叫計程車送您！」吳添福見機地說。

「我不要你送。」凌綴搖搖手：「你好好地照顧春梅。她是死心眼，你不要作兩頭蛇！」

吳添福面不改色，親親熱熱地把凌綴送到醫院門口，叫了一部三輪車，凌綴不要他陪，單獨走了。

吳添福回到春梅房裏，卻在春梅面前嘀咕起來：

「阿母真囉嗦！好像我做了賊？要不是看在妳的面上，我纔不吃她這一套！」

「阿福，你說良心話，昨天真在刀口上，我手腳都駭冷了。你怎麼沒有來？」春梅問他。

「妳就有這麼巧！偏偏在我忙得團團轉的時候生孩子！」吳添福反而理直氣壯地責怪春梅。

「阿福，這樣說來倒怪我不該生孩子了？」春梅含淚欲滴。

「不能怪妳也不能怪我，妳要是現在生不正好？」吳添福逗著她說：「那小鬼真不聽話！」

春梅被他逗得噗的一笑，眼淚滾了下來。

第三十六章 吳添福新歡在抱 陳春梅美夢成空

吳滿嬌母女始終沒有去醫院。春梅帶著女兒回家時反應很冷淡，連一掛小鞭砲也沒有放，吳滿嬌知道春梅生的是女兒以後，一點也不放在心上，反而在母親面前幸災樂禍地說：

「又是一個掃帚星，賠錢貨！」

吳添福和「剃刀西施」王美姿的感情一天天好起來。晚上回家更晚，甚至三天、兩天不回來。春梅一問他，他就不耐煩地說：

「兩個小鬼哭哭啼啼，我在家裏怎麼睡覺？」

「孩子不懂事，哭哭鬧鬧有甚麼辦法？」春梅以為真是孩子哭鬧，他纔不回來。

「妳自己不會帶，害得我睡不著覺，我怎麼能天天回家失眠？」

「他們也不是天天晚上哭，偶然哭一兩次自然難免。我還不是忍耐了？」

「我不比妳，我要在外面交際做生意，晚上睡不好覺，白天沒有精神怎麼行？」

「阿福，孩子是我們生的，你一點也不原諒他們？」

「不是我不原諒，我要賺錢養他們，要是我的身體拖垮了，他們還想活命？妳又靠誰？」

這一下正擊中春梅的要害，她就是覺得自己太孤立，纔特別需要他，他是他們母子三人的靠山，靠山一倒，他們真的無法在這個家庭待下去。她愛他，更不能不重視他的身體。她祇好默許他一星期在外面休養三兩天，晚上失眠時祇好暗彈珠淚，孩子哭時她也跟著哭。

吳滿嬌母女發現吳添福晚上經常不回家，不但不問，吳滿嬌甚至有意無意地鼓勵吳添福。諷刺春梅不會帶孩子，使春梅有口難辯，使吳添福更理直氣壯。

吳添福為了用錢更方便，行動更自由，同時配合吳多業擴大事業的企圖，由他單獨開了一個糧食行，兼作飼料生意，糧食行在迪化街，離家不算遠，可是晚上他更少回家了。除了生意上的應酬之外，多半帶「剃刀西施」王美姿看電影，去酒店看表演、聽歌。酒店、飯店他熟人多，不必花大錢，作冤大頭。

春梅看他開糧食行後回來更少，吳滿嬌又幸災樂禍，冷言冷語諷刺她，她更傷心難過。有天晚上吳添福回來，她乘他和兒子、女兒玩得高興時委婉地對他說：

「現在他們兩人很乖，晚上不哭，你不必在外面休養了。」

「現在行裏的事更多，更難抽身。」吳添福的臉上立刻罩上一團烏雲。

「那我搬過去幫你的忙好不好？」春梅說。

「兩個孩子妳都照顧不來，還能幫我的忙？」

「我幫你照顧生意，請個下女照顧孩子怎樣？」

「行裏的生意還沒有做開，不能增加開支。」吳添福搖搖頭。

「阿福，你以前不是答應過我搬出去住嗎？」春梅想起那次他請假回家時講的話。「現在你自己開了糧食行不正好？」

「行裏人多嘴雜，不是住家的地方。」

「阿福，你不讓我搬過去住，自己又不大回家，阿姐會說我的笑話。」

「我的生意忙，還有甚麼好笑？」吳添福輕鬆地聳聳肩膀。

「阿福，你生意忙，回家少，我並不怪你。不過阿姐的嘴厲害，我受不了她的諷刺。你多回來幾次，給我一點面子好不好？」

「妳們女人的心眼真小，」吳添福調侃地一笑：「我根本沒有想到這些事。」

「阿福，你是男人，不用像我這樣受罪。」春梅傷心地靠在他胸前啜泣。

可是吳添福不但不難過，反而好笑。

第二天他藉到中南部接洽生意的名義，用摩托車載著王美姿在日月潭、關子嶺、大貝湖、四重溪、鵝鑾鼻去玩了。

春梅看他一連許多天沒有回家，以為出了甚麼事？特地趕到行裏去看他，卻不見他的人影。

「頭家哪去了？」她問夥計。

「早幾天就到中南部接洽生意了。」夥計回答：「太太妳不知道？」

春梅完全不知道這件事，聽夥計這樣說，相當尷尬。但她為了顧全自己的面子，祇好說：

「他對我說昨天回來，今天我還沒有看見他，我怕他出了甚麼事，所以來看看他，想不到他還沒有回來。」

「太太，妳放心，頭家精明的很，不會出事。」夥計說。

「惟愿他不會惹麻煩。」春梅說：「他回來了請你轉告他先回家一趟。」

「太太，妳放心，他一定會先回家的。」

春梅聽夥計說得這麼清脆。心裏也得到一點安慰。

吳添福和王美姿，在中南部名勝地區玩了整整一個禮拜，拍了不少照片，比和春梅度蜜月的時間更長，也更甜蜜。然後雙雙回到臺北。

春梅蒙在鼓裏，完全不知道有這回事，吳添福回家時，她天真地對他說：

「阿福，你出門接洽生意也不對我講一聲？害得我日夜擔心呢。」

「我就是怕妳擔心，所以纔不講。」吳添福貓哭老鼠地回答：「你是怎麼知道的？」

「夥計告訴我的。」春梅說：「生意怎樣？」

「中南部豐收，糧食生意好做。」吳添福胡謅，面不改色。

吳添福的話甜，從嘉義帶回來的大芒果更甜，春梅信以為真。

一天晚上吳添福帶王美姿在遠東看最後一場電影，兩人手牽著手，卿卿我我，不巧碰上了許秋月。許秋月的眼睛厲害，吳添福的臉皮也厚，他仍然面不改色，反而上前向許秋月打招呼：

「阿姐，好久不見妳，妳也來看電影？」

「怎麼？你能來我不能來？」她掃了王美姿一眼，調侃地說：「怎麼你也不去看看我？」

「阿姐，聽說侯門深似海，我怎麼敢去？」吳添福討好賣乖地說。

「你別胡說八道，你分明是過河拆橋。」許秋月罵他。

他連忙陪個笑臉，匆匆離開，又突然回過頭來指指王美姿對許秋月說：

「阿姐，妳不要多心……」

許秋月看著他們雙雙向圓環走去，立刻想到當初他和春梅熱戀的情形，不過王美姿比春梅膽大，不像春梅那樣害羞。吳添福叫她不要多心，她可不像春梅那樣單純，把他的謊話也當聖經。她看了這種情形越想越不對勁，暗自替春梅擔心。當初她就覺得吳添福不是一個可靠的男人，曾經有意無意地暗示過春梅，春梅像喝了酒，沖昏了頭，現在吳添福已經露出尾巴了。

她又好久沒有看見春梅，也不知道春梅生男生女？她很關心。第二天她就打發下女接春梅來玩。

春梅的女兒已經半歲，她抱一個牽一個走進許秋月的院子，許秋月從客廳裏出來歡迎。春梅指著她輕輕地對兒子說：「叫阿姨，叫阿姨！」

兒子馬上跑上前去對許秋月大聲地叫：「阿姨！」許秋月打量了他一眼，笑著說：

「眞像吳添福，小白臉，嘴甜！」

春梅也覺得兒子越來越像父親，她高興地一笑。

「春梅，怎麼我不請妳就不來？我們都沒有甚麼親人，妳應該走勤一點。」

「小姐，這兩個小淘氣，絆住了我的腳，我連姐姐家裏都沒去。」春梅回答。「成天關在房子裏，不知道天南地北。」

許秋月打量春梅一眼，覺得她比以前更白，衹是臉上缺少血色，人也瘦了不少，顯出幾分虛弱。

「春梅，你現在真像個瘦西施！是不是吃不飽飯？」許秋月打趣地說：

「小姐，不瞞您說，我真的睡不好，吃不飽，還常常鬧點小毛病。」

「那妳應該看看醫生？」

「小姐，婆婆和大姑娘總說我是掃帚星，再要花錢看病，那更會罵人。」

「妳可以告訴吳添福，要他陪妳去檢查一下。」

「他忙得很，也不是甚麼大不了的毛病，何必要他操心？」

「妳真是個好太太！」許秋月一半同情一半調侃地說。

春梅望著她無可奈何地一笑。小鳳翔抓了一把餅乾，高興得蹦蹦跳跳，對著許秋月和下女大叫「阿姨」。下女受寵若驚，許秋月抱著他說：

「長大了可不能像你父親一樣獻殷勤？」

「這小傢伙很會討好，婆婆、姑姑他都巴結得上。」春梅望著兒子說。

許秋月望望春梅的女兒，看她漂漂亮亮，文文靜靜，有點害羞認生，說她和哥哥不一樣。

「要是像她哥哥就好！」春梅親親她：「外婆說她像我一樣，將來也會吃虧上當。小姐，您看怎樣？」

「幸虧像妳！她要是遇著一個好男人，夫唱婦隨，那纔幸福。要是像她父親，那真是禍水！」

春梅被許秋月說得一笑。

許秋月為了讓春梅快樂一下，和她談些野話，帶她到院子裏走走，曬曬太陽，春梅的兒子高興得像狗一樣，在韓國草上打滾。他在家裏看不見一棵樹木一根草，這裏是另一片天地。春梅想買一盆花都辦不到，因為婆婆、大姑娘並不需要，吳添福、吳多業父子兩人不大在家，也沒有這個興趣。

許秋月還養了一對畫眉，叫的聲音很好聽，春梅非常喜歡。

「小姐，您過的真是神仙日子。」春梅羨慕地說。

「我和牠一樣。」許秋月指著籠裏的畫眉自嘲地一笑。「不過我的籠子比牠大。」

「小姐，怎麼說您都比我好。」

「彼此彼此。」

「最少您不必受氣。」

「可是我上不了臺面，頭上有天。」

「小姐，我這個小媳婦更是陰溝裏的老鼠！」

許秋月笑著把話題岔開，逗著春梅兩個孩子玩，大人、小孩都高興起來。

許秋月特別弄了幾樣菜款待春梅。冬瓜盅肉、清蒸雞，可口而不油膩。她現在不上酒家，家裏的菜也好得多，平時每天五十塊錢小菜，禮拜天先生在家，另外再加。先生每月給她三千塊錢的生活費，足夠她用。

春梅家裏的伙食並不好，婆婆常常出去打牌或是跟公公一道應酬。大姑娘白天另吃零食，晚上另吃宵夜，她和下女兩人粗茶淡飯，青石板上甩烏龜，硬碰碰，所以這頓飯她吃得很痛快。

她告辭時許秋月纔輕描淡寫地問她：

「吳添福最近對妳怎樣？」

「開了糧食行以後，他更少回家。」春梅回答：「他事情忙我也不好勉強他，免得婆婆和大姑娘罵我生得賤。」

「妳也不能一根腸子到底，不妨暗中注意注意。」

「小姐，我有兩個絆腳石，他是隻花腳貓，我長四隻眼睛也是空的。黑處作揖，各憑良心。他怎麼說我怎麼聽。」

「春梅，這樣妳真會吃虧！」許秋月望著她說。

「小姐，您話中有話，莫非阿福——？」春梅臉色慘白，眼睛發呆。

許秋月悄悄地把在「遠東」看見吳添福和王美姿的事告訴春梅，春梅眼圈一紅，滾出兩顆眼淚：

「我全心全意對他，想不到他存心騙我？」

許秋月看她傷心落淚，又安慰她說：

「但願是我多心，不過妳要注意，那女的也是個美人胎子。」

春梅心裏七上八下地回到家裏。本來她想去糧食行找吳添福，但那裏人多嘴雜，不便講話，她不希望鬧開，祇想私自問問他，因此還是耐心地等他回來。

但是這天吳添福沒有回來，她哭了一夜。

第二天，吳滿嬌看她兩眼紅腫，十分開心，居然哼哼唧唧地唱起花旦腔來了。

春梅又羞又惱，整天失魂落魄。等到晚上三點多鐘，吳添福纔帶著幾分酒意回來。她不敢劈頭問他，小心地服侍他一陣，等他上了床，纔輕輕地問：

「阿福，聽說你在外面有了姘頭，你怎麼把我蒙在鼓裏？」

「誰說的？」吳添福反問她，不肯承認。

「若要人不知，除非己莫為。你何必問是誰說的？」

「一定是白牡丹那個狐狸精造的謠！」他突然想起許秋月，破口罵她。

「你何必罵別人？我祇問你有沒有這回事？」

「要是有這回事，我何必回來？」

春梅聽他這樣說，將信將疑，不敢確定。過了半天，她含著淚說：

「阿福，你不要騙我，我經不起這個打擊。」

「我騙妳幹甚麼？」

「阿福，說真的，你三朋四友在外面玩玩，我都不怪你，就是不能有姘頭。」

「妳就是犯了疑心病，所以睡覺也不安神，這完全是自尋苦惱，怪不得別人。」

春梅被他搶白一頓，反而無話可說。

一天，她替吳添福送西裝去洗，突然在吳添福的西裝貼胸口袋的派司套裏，發現她和王美姿在日月潭的合照，背後寫了日期，她略一推算，正是他說的去中南部接洽生意的那幾天，她差點暈了過去。

「他騙我！他真的騙了我！……」她喃喃哭泣。彷彿天在面前突然塌下來，她的心片片碎了！

第三十七章　為子女進退維谷　吐心聲生死難憑

她趕到糧食行去找吳添福，吳添福不在。

她想到母親，想伏在母親懷裏痛哭一頓。

她忘了時間，也不知道飢餓，她匆匆趕到秋蓮家時，一進門就發現他們正在吃飯，而且李課長坐在首席，李太太雖然不怎麼漂亮，看樣子很賢惠。她本來想放聲大哭，突然咬住嘴唇，硬把悲哀壓住。

大家發現她不期而至，都站起來歡迎，林添財打著哈哈說：

「姨妹，好久不見，甚麼大颱風把妳吹來的？」

她強作歡笑，沒有回答，秋蓮把她拉到母親旁邊坐下。林添財介紹她和李太太認識，李太太驚奇地打量了她一眼，她向李太太欠欠身子點點頭。

滿桌子菜，剛剛開動，別人吃得津津有味，她像吃藥。林添財抱歉地說：

「姨妹，我知道我家做拜拜也比不上府上的家常菜，妳包涵一點，多吃兩碗飯，我臉上也有光彩。」

「姐夫，我吃過飯來。」林添財說的是真話，春梅聽來像字字有刺，刺得心痛，她也實在吃不下飯，祇好扯謊。

「阿妹，今天是李課長公子滿月，我們意思一下。」秋蓮說：「本來我應該請妳作陪，又怕妳沒有空，想不到妳自己來了。」

「阿姐，真抱歉，我事先不知道，不然我應該帶個紅包。」春梅順著秋蓮的話說，望了李課長夫婦一眼。

李太太不知底細，連忙向春梅道謝，李課長也跟著點頭。

凌緞看春梅來得蹊蹺，心裏一直在捉摸，沒有心和春梅講話，現在纔找了一個機會輕輕地問春梅：

「妳匆匆趕來，是不是有甚麼事？」

春梅好勝，不願意在李課長面前露底，故作輕鬆地說：

「阿母，我好久沒有看您，趁孩子睡覺特地趕來，想不到遇上姐夫請客？」

「姨妹，李課長不是外人，這不算是請客。他們兩位請我們吃紅蛋，我們請他們吃頓便飯，熱鬧一下。」林添財說。

凌緞覺得春梅和李課長碰在一塊，是件相當尷尬的事。她不想大家再說這類的話，輕輕地問春梅：

「外孫女兒長得怎樣？」

「很好。」春梅回答。

「鳳翔呢？」凌緞心裏高興，笑眯眯地問。

「調皮搗蛋。」

「阿福還是幹老本行？」

「不，他單獨開了一家糧食行。」春梅看李課長和太太輕言細語地講話，樣子很親熱，她覺得他是向自己示威，也故意提高聲音。

「他走馬換將，未必出色當行？」

「他八面玲瓏，生意作的好得很。」春梅加強語氣說。她不但說給李課長聽，也幾乎騙住自己。

凌緞聽了自然高興，秋蓮有點羨慕，林添財打趣地說：

「真是財趕大伴！我沒有錢做生意，祇好買愛國獎券。」

「你生窮了命，別想發橫財，留五塊錢給我買菜好了。」秋蓮笑著罵丈夫。

春梅想乘這個機會溜走，她喝了一點湯就站起來告辭。林添財望著她說：

「姨妹，妳來去匆匆，不多坐一會兒，讓我叨點光？」

「姐夫，對不起，我怕靜子醒了會哭。下次我帶他們兩人來。」

「下次大拜拜，我下帖子請妳和妹夫，這次請妳代我向他告個罪。」林添財滿臉堆笑地說。

李課長夫婦看春梅要走，雙雙站起來。春梅看他們十分恩愛，李課長像公雞帶著母雞，她連說「再見」的勇氣都沒有，匆匆地走出來。

凌綴想和她講幾句話，她連忙跳上巷口的三輪車，高跟鞋一蹬，車伕像踏著風火輪，急馳而去。

她雙手蒙著臉哭泣起來。車伕莫名其妙，街上的人也莫名其妙。

回到家裏，她躲在房中飲泣，不敢哭出聲音。她一看到那張兩人偎在一塊的照片就悔恨交集，他對她講的那些甜言蜜語，原來都是美麗的謊言？她一片癡心，卻換來這樣的捉弄，她覺得自己真的太傻了！

吳添福兩天沒有回來，她哭了兩天。吳添福深夜歸來，看她兩眼紅腫，反而調侃她說：

「妳又自尋煩惱？」

她沒有見到吳添福時，真想咬他一口。一見了他，她的氣又消了一大半。

「阿福，你騙得我好苦！」她沒有罵他，祇是哀怨地說。

「我甚麼事騙過妳？」他掏出一支菸，笑嘻嘻地說。

「還有甚麼關係？」

她從枕頭底下拿出那張照片，遞給吳添福。吳添福起初一怔，隨後又哈哈一笑：

「阿福，別的事我都不計較，祇有這件事關係太大。」春梅哭著說：「我對你死心塌地，你對我這樣不誠實，真太使我傷心！」

「妳何必大驚小怪，哪個大爺沒有三兩個姘頭？」

「阿福，你也有這種思想？」春梅倒退兩步：「那你是存心騙我了！」

「妳既然看到了照片，那就隨妳怎麼說了？」吳添福悠然地吐著煙圈。

春梅倒在床上哭了起來，哭了幾聲又一躍而起，站在吳添福的面前：

「阿福，那你以前深夜不歸，都是騙我的了？」

「妳何必說得那麼難聽？妳明白是怎麼回事就行了。」吳添福把半截菸蒂往地上一拋，用腳一踏。

春梅傷心已極，又倒在床上痛哭。吳添福悄悄地溜了出來。春梅發覺趕出時，他已經走出大門了。

春梅突然一陣暈眩，四肢一軟，癱了下去。

以後吳添福回來得更少，他另外租了一間房子和王美姿姘居。

吳多業和吳滿嬌母女看出吳添福把春梅打入冷宮，更在她頭上踩一腳。她不再哭泣，她的感情已經麻木，她祇是後悔，後悔當初自己被愛情沖昏了頭，沒有聽母親的話。

她沒有再去見母親，更不敢讓母親知道這件事，怕母親憂傷成病，母親已經六十多了。

她也不敢去看許秋月，因為許秋月當初也不怎麼贊成她嫁給吳添福。

她看到別人的好丈夫，想到李課長，她自己罵自己，自己打自己的耳光，扯自己的頭髮。

她沒有發現吳添福騙她時，為了愛情，一切她都能忍受。現在吳滿嬌母女對她更壞，她再也忍受不了。

想來想去，她想到離婚。

吳添福十天半月不回家，即使白天偶然回來一下，也不進她房間看看孩子，和吳滿嬌母女打幾句交道就走。

她到糧食行找他。吳添福起初怕她哭鬧，很想溜走。後來看她平靜得很，沒有一滴眼淚，他纔放心。

「阿福，請你出去一下，我想和你談幾句話。」她十分客氣地對他說。

吳添福是聰明人，他不願意她挺在行裏，立刻和她一道出來。

他們走進一家冰果店。上午，冰果店裏沒有甚麼客人，他們選擇了一個偏僻的角落坐下。

吳添福掏出一支菸，自顧自地抽著，悠悠地吐出一串煙圈，春梅嗆咳了幾聲。

「我的生意正忙，妳找我出來有甚麼事？」他望望春梅，覺得她臉色蒼白，兩眼失神，沒有當年那種嬌豔，更抵不上現在正春花怒放的王美姿。

「阿福，既然你變了心，喜新厭舊，我也不想拖累你，率性讓你稱心如意——我們離婚好了。」

「好！妳要多少錢？」吳添福馬上回答。

「放心，我不要你一個錢。」春梅說。

春梅的話出乎吳添福的意料之外，他不相信地望望她，他原以為她會敲他一竹槓。

「妳這麼說我反而不相信了。」他敲敲菸灰說。

「你以為一定要錢就算離婚?」

「很多女人為了錢纔打離婚官司。」

「結婚時我要了你的聘金沒有?我連人連心交給你，又要了你甚麼?」

吳添福望望她，吸口菸，然後輕鬆地說：

「既然不要錢，那更好辦!妳走就得了。」

「孩子是我生的，我捨不得孩子。」提到孩子，春梅有點傷心。

「他們是吳家的人。既然打算離婚，妳捨不得也要捨。而且妳也養不活他們。」

吳添福一下擊中了春梅的要害。她自己也知道養不活兩個孩子，可是又捨不得離開他們，她半天作不得聲。

吳添福大模大樣地站了起來，輕鬆地說：

「離不離婚我無所謂。妳自己再考慮。要錢可以，要孩子辦不到。」

他掏出十塊錢向臺子上一丟，逕自離開。

春梅茫然地望著吳添福的背影，彷彿望著一個從來不認識的生人。他的背影一消失，她突然「啊」的一聲，伏在臺子上哭了起來。

她被趕進了死巷子，無路可走。最近又患了腎結石，還不敢講，她又想死。

她含著淚走出冰果店，走向臺北橋。她想自己從五歲開始，就交上厄運，受盡了折磨。認識吳添福以後，她以為自己的生命開了花，脫了魔星，想不到又遇上下流的公公，遇上「英國」和「虎姑婆」！最後吳添福也變了心，翻臉無情，兒女問題又不能解決，活下去還有甚麼意義？活到養父那種年紀，還不是要死？不如現在死掉，免得再受活罪！她決心走到臺北橋中間投水。

經過一個書攤時，她突然發現《白雪青山》這本書，她馬上想到它的作者。她早就從一家大報副刊編者那裏探問出他的地址，幾次想寫信給他，傾訴自己的身世，但是素昧平生，始終鼓不起勇氣。不過這樣不明不白地死她又有點不甘心，人死無對證，那就隨便丈夫、公婆怎樣向新聞記者亂講了。說不定大姑娘還會說她偷了人，露了底，沒有臉再見她們。與其這樣不清不白含冤死去，不如寫封信給那位作家，讓他知道自己的不幸遭遇，瞭解世上的男人不都是那麼忠於愛情，壞心腸的女人更多！

她在書攤上買了一本西式信紙，一個大信封，塞進黑皮包，走向附近的悅賓旅社。

尾語

第三天下午，她接到那位作家的一封限時信，最後特別強調：

好死不如惡活！天公疼好人！勇敢地活下去！上帝、媽祖會保佑妳！

民國庚辰（二〇〇〇）四月二十五日最後校正

墨人博士著作書目（校正版）

書目	類別	出版者	出版時間
一、自由的火焰 ｝與《山之禮讚》合併易名《墨人新詩集》	詩集	自印（左營）	民國三十九年（一九五〇）
二、哀祖國	詩集	大江出版社（臺北）	民國四十一年（一九五二）
三、最後的選擇	短篇小說	百成書店（高雄）	民國四十二年（一九五三）
四、閃爍的星辰	長篇小說	大業書店（高雄）	民國四十二年（一九五三）
五、黑森林	長篇小說	香港亞洲社	民國四十四年（一九五五）
六、魔障	長篇小說	暢流半月刊（臺北）	民國四十七年（一九五八）
七、孤島長虹（全集中易名爲萬國島）	長篇小說	文壇社（臺北）	民國四十八年（一九五九）
八、古樹春藤	中篇小說	九龍東方社	民國五十一年（一九六二）
九、花嫁	短篇小說	九龍東方社	民國五十三年（一九六四）
一〇、水仙花	短篇小說	長城出版社（高雄）	民國五十三年（一九六四）
一一、白夢蘭	短篇小說	長城出版社（高雄）	民國五十三年（一九六四）
一二、颱風之夜	短篇小說	長城出版社（高雄）	民國五十三年（一九六四）

一三、白雲青山	長篇小說	長城出版社（高雄）	民國五十四年（一九六五）
一四、春梅小史	長篇小說	長城出版社（高雄）	民國五十四年（一九六五）
一五、洛陽花似錦	長篇小說	長城出版社（高雄）	民國五十四年（一九六五）
一六、東風無力百花殘	長篇小說	長城出版社（高雄）	民國五十四年（一九六五）
一七、合家歡	長篇小說	臺灣省新聞處（臺中）	民國五十四年（一九六五）
一八、紅樓夢的寫作技巧	文學理論	臺灣商務印書館（臺北）	民國五十五年（一九六六）
一九、塞外	短篇小說	臺灣商務印書館（臺北）	民國五十五年（一九六六）
二〇、碎心記	長篇小說	小說創作社（臺北）	民國五十六年（一九六七）
二一、蠶姑	長篇小說	小說創作社（臺北）	民國五十七年（一九六八）
二二、鱗爪集	散　　文	水牛出版社（臺北）	民國五十七年（一九六八）
二三、青雲路	短篇小說	臺灣商務印書館（臺北）	民國五十八年（一九六九）
二四、變性記	短篇小說	臺灣商務印書館（臺北）	民國五十八年（一九六九）
二五、龍鳳傳	長篇小說	幼獅書店（臺北）	民國五十九年（一九七〇）
二六、火樹銀花	長篇小說	立志出版社（臺北）	民國五十九年（一九七〇）
二七、浮生集	散　　文	聞道出版社（臺南）	民國六十一年（一九七二）
二八、墨人詩選	詩　　集	臺灣中華書局（臺北）	民國六十一年（一九七二）
二九、鳳凰谷	長篇小說	臺灣中華書局（臺北）	民國六十一年（一九七二）

三〇、墨人短篇小說選	短篇小說	臺灣中華書局（臺北）	民國六十一年（一九七二）
三一、斷腸人	短篇小說	臺灣學生書局（臺北）	民國六十一年（一九七二）
三二、詩人革命家胡漢民傳	傳記小說	近代中國社（臺北）	民國六十七年（一九七八）
三三、心猿	長篇小說	學人文化公司（臺北）	民國六十八年（一九七九）
三四、山之禮讚	詩　　集	秋水詩刊（臺北）	民國六十九年（一九八〇）
三五、心在山林	散　　文	中華日報社（臺北）	民國六十九年（一九八〇）
三六、墨人散文集	散　　文	學人文化公司（臺中）	民國六十九年（一九八〇）
三七、山中人語	散　　文	臺灣商務印書館（臺北）	民國七十二年（一九八三）
三八、花市	散　　文	江山出版社（臺北）	民國七十四年（一九八五）
三九、三更燈火五更雞	散　　文	江山出版社（臺北）	民國七十四年（一九八五）
四〇、墨人絕律詩集	詩　　集	臺灣商務印書館（臺北）	民國七十六年（一九八七）
四一、全唐詩尋幽探微	文學理論	臺灣商務印書館（臺北）	民國七十六年（一九八七）
四二、第二春	短篇小說	采風出版社（臺北）	民國七十七年（一九八八）
四三、全唐宋詞尋幽探微	文學理論	臺灣商務印書館（臺北）	民國七十八年（一九八九）
四四、小園昨夜又東風	散　　文	黎明文化公司（臺北）	民國八　十年（一九九一）
四五、紅塵（上、中、下三卷）	長篇小說	臺灣新生報社（臺北）	民國八　十年（一九九一）
四六、大陸文學之旅	散　　文	文史哲出版社（臺北）	民國八十二年（一九九三）

四七、紅塵續集	長篇小說	臺灣新生報社（臺北）	民國八十二年（一九九三）
四八、墨人半世紀詩選	詩　選	文史哲出版社（臺北）	民國八十四年（一九九五）
四九、張本紅樓夢（上下兩巨冊）	修訂批註	湖南出版社（長沙）	民國八十五年（一九九六）
五〇、紅塵心語	散　文	圓明出版社（臺北）	民國八十五年（一九九六）
五一、年年作客伴寒窗	散　文	中天出版社（臺北）	民國八十六年（一九九七）
五二、全宋詩尋幽探微	文學理論	文史哲出版社（臺北）	民國八十九年（二〇〇〇）
五三、墨人詩詞詩話	詩詞・理論	詩藝文出版社（臺北）	民國八十九年（二〇〇〇）
五四、娑婆世界（定本）	長篇小說	昭明出版社（臺北）	民國八十八年（一九九九）
五五、白雪青山（定本）	長篇小說	昭明出版社（臺北）	民國八十九年（二〇〇〇）
五六、滾滾長江（定本）	長篇小說	昭明出版社（臺北）	民國八十九年（二〇〇〇）
五七、春梅小史（定本）	長篇小說	昭明出版社（臺北）	民國八十九年（二〇〇〇）
五八、紫燕（定本）	長篇小說	昭明出版社（臺北）	民國九　十年（二〇〇一）
五九、紅樓夢的寫作技巧（定本）	文學理論	昭明出版社（臺北）	民國九　十年（二〇〇一）
六〇、紅塵六卷（定本）	長篇小說	昭明出版社（臺北）	民國九　十年（二〇〇一）
六一、紅塵法文本	巴黎友豐（you fong）書局出版		二〇〇四年初版

附　註：

▲北京中國文聯出版社二〇〇三年出版　大陸教授羅龍炎・王雅清合著《紅塵》論專書

▲臺北市昭明出版社出版墨人一系列代表作，長篇小說《娑婆世界》、一百九十多萬字的空前大長篇《紅塵》（中法文本共出五版）暨《白雪青山》（兩岸共出六版）、《滾滾長紅》、《春梅小史》、《紫燕》、短篇小說集、文學理論《紅樓夢的寫作技巧》（兩岸共出十四版）等書。臺灣中華書局出版的《墨人自選集》共五大冊，收入長篇小說《白雪青山》、《蠶姑》、《鳳凰谷》、《江水悠悠》（為《東風無力百花殘》易名）、《短篇小說‧詩選》合集。《哀祖國》及《合家歡》皆由高雄大業書店再版。臺北詩藝文出版社出版的《墨人詩詞詩話》創作理論兼備，為「五四」以來詩人、作家所未有者。

▲臺灣商務印書館於民國七十三年七月出版先留英後留美哲學博士程石泉、宋瑞等數十人的評論專集《論墨人及其作品》上、下兩冊。

▲《白雪青山》於民國七十八年（一九八九）由臺北大地出版社第三版。

▲▲臺北中國詩歌藝術學會於一九九五年五月出版《十三家論文》論《墨人半世紀詩選》。

《紅塵》於民國七十九年（一九九〇）五月由大陸黃河文化出版社出版前五十四章（香港登記、深圳市印行）。大陸因未有書號未公開發行僅供墨人「大陸文學之旅」時與會作家座談時參考。

▲北京中國文聯出版公司於一九九二年十二月出版長篇小說《春梅小史》（易名《也無風雨也無晴》）；一九九三年四月出版《紅樓夢的寫作技巧》。

▲北京中國社會科學出版社於一九九四年出版散文集《浮生小趣》。

▲北京群眾出版社於一九九五年一月出版散文集《小園昨夜又東風》；一九九五年十月京華出版社出

版長篇小說《白雪青山》大陸版、第一版三千冊、一九九七年八月再版一萬冊。

▲長沙湖南出版社於一九九六年一月初出版墨人費時十多年精心修訂批註的《張本紅樓夢》、分上下兩大冊精裝一萬一千套。立即銷完、因未經墨人親校、難免疏失、墨人未同意再版。

Mo Jen's Works

1950 *The Flames of Freedom*（poems）《自由的火焰》

1952 *Lament for My Mother Country*（poems）《哀祖國》

1953 *Glittering Stars*（novel）《閃爍的星辰》

The Last Choice（short stories）《最後的選擇》

1955 *Black Forest*（novel）《黑森林》

The Hindrance（novel）《魔障》

The Rainbow and An Isolated Island（novel）《孤島長虹》（全集中易名爲富國島）

1963 *The spring Ivy and Old Tree*（novelette）《古樹春藤》

1964 *Narcissus*（novelette）《水仙花》

A Typhonic Night（novelette）《颱風之夜》

Ms.Pei Mong-lan（novelette）《白夢蘭》

The Joy of the Whole Family（novel）《合家歡》

Flower Marriage（novelette）《花嫁》

1965 *White Snow and Green Mountain*（novel）《白雪青山》

The Short Story of Miss Chung Mei（novel）《春梅小史》

The Powerless Spring Breeze and Faded Flowers（novel）《東風無力百花殘》(《江水悠悠》)

Flower Blossom in Loyang（novel）《洛陽花似錦》

1966 *The Writing Technique of the Dream of Red Chamber*（literature theory）《紅樓夢的寫作技巧》

Out of The Wild Frontier（novelette）《塞外》

1967 *A Heart-broken Story*（novel）《碎心記》

1968 *Miss Clever*（novel）《靈姑》

Trifle（prose）《鱗爪集》

1969 *The Road to Promotion*（novelette）《青雲路》

1970 *A Sex-change Story*（novelette）《變性記》

The Biography of the Dragon and the Phoenix（novel）《龍鳳傳》

1971 *A Brilliantly lighted Garden*（novel）《火樹銀花》

1972 *My Floating Life*（prose）《浮生記》

Selection of Mo Jen's Poems《墨人詩選》

A Heart-broken Woman（novelette）《斷腸人》

Phoenix Valley（novel）《鳳凰谷》

Mo Jen's Works（five volumes）《墨人自選集》

Selection of Mo Jen's short stores《墨人短篇小說選》

1978 *Hu Han-ming, the Poet and Revolutionist*（novel）《詩人革命家胡漢民》

1979 *The Mokey in the Heart*（i.e. The Purple Swallow renamed）《心猿》

1980 *The Hermit*（prose）《心在山林》

A Collection of Mo Jen's Prose（prose）《墨人散文集》

A Praise to Mountains（poems）《山之禮讚》

1983 *Mountaineer's Remarks*（prose）《山中人語》

1985 *My Candle Burns at Both Ends*（prose）《三更燈火五更雞》

Flower Market（prose）《花市》

1986 *A Mundane World*（novel, four volumes, over 1.9 million words）《紅塵》

1987 *Remarks on All Poems of the Tang Dynasty*（theory）《全唐詩尋幽探微》

1988 *Remarks On All Tsyr*（prose poem）*of the Tang and Sung Dynasties*（theory）《全唐宋詞尋幽探微》

1991 *The Breeze That Came From The East Last Night in My Little garden Again*（prose）《小園昨夜又東風》

1992 *Travel for Literature in Mainland China*（prose）《大陸文學之旅》

1995 *Selection of Mo Jen's Poems, 1992-1994*《墨人半世紀詩選》

1996 *I'll look upon the World*《紅塵心語》

Chang Edition of the Dream of Red Chamber《張本紅樓夢》（修訂批註）

1997 *Cherish thy guests and the Muses*《年年作伴寒窗》

1999 *Saha Shih Gai*《婆娑世界》

1999 *Remarks on All Poems of the sung Dynasties*《全宋詩尋幽探尋》

1999 *Mo Jen's Classical Poems and Prose Poems*《墨人詩詞詩話》

2004 *Poussiere Rouge*《紅塵》法文譯本

墨人博士創作年表（二〇〇五年增訂）

年度	年齡	發表出版作品及重要文學紀錄摘要
民國二十八年己卯（一九三九）	十九歲	在東南戰區《前線日報》發表〈臨川新貌〉。淪陷區著名的上海《大美晚報》隨即轉載。
民國二十九年庚辰（一九四〇）	二十歲	在《前線日報》發表〈希望〉、〈路〉等新詩作品。
民國三十年辛巳（一九四一）	二十一歲	在《前線日報》發表〈評夏伯陽〉書評等文。
民國三十一年壬午（一九四二）	二十二歲	在各大報發表〈苦難的行列〉、〈贛州禮讚〉（長詩）、〈老船夫〉、〈盲歌者〉、〈自己的輓歌〉、〈抹去那怯弱的眼淚吧〉、〈生命之歌〉、〈快활鳥〉、〈鵓鷹與雲雀〉等詩及散文多篇。
民國三十二年癸未（一九四三）	二十三歲	在各大報發表長詩〈鋤奸隊長〉、〈搜索連長〉、〈遙寄〉、〈寫在第七個七七〉、〈父親〉、〈受難的女神〉、〈城市的夜〉及〈火把〉、〈擊柝者〉、〈橋〉、〈古鐘〉、〈汽笛〉、〈山居〉、〈沙灘〉、〈夜行者〉、〈孤芳〉、〈蚊蟲〉、〈蒼蠅〉、〈躑躅〉、〈陽光〉、〈深秋〉、〈贈某詩人兼寫自己〉、〈哀亡命詩人〉、〈自供〉、〈自壓詩抄〉、〈哀歌〉、〈生活〉、〈給偶像崇拜者〉、〈戰書〉、〈燈下獨白〉、〈夜歸〉、〈失眠之夜〉、〈悼〉、〈殘英〉、〈黃昏曲〉、〈補綴〉、〈復活的季節〉、〈擬戀歌〉、〈晨雀〉、〈春耕〉、〈天空的搏鬥〉等長短抒情詩。另發表散文及短篇小說多篇。

民國三十三年甲申（一九三九）	二十四歲	發表〈山城草〉五首及〈沒有褲子穿的女人〉、〈襤褸的孩子〉、〈駝鈴〉、〈無聲的哭泣〉、〈長夜草〉、〈春夜〉、〈擬某女演員〉、〈蛙聲〉、〈麥笛〉等詩及散文多篇。
民國三十四年乙酉（一九四五）	二十五歲	發表〈最後的勝利〉及〈煉獄裏的聲音〉、〈神女〉、〈鬪〉等長詩與散文多篇。
民國三十五年丙戌（一九四六）	二十六歲	發表〈夢〉、〈春天不在這裡〉等詩及散文多篇。
民國三十六年丁亥（一九四七）	二十七歲	發表〈冬天的歌〉、〈流浪者之歌〉、〈手杖、煙斗〉及長詩〈上海抒情〉等與散文多篇。
民國三十七年戊子（一九四八）	二十八歲	主編軍中雜誌、撰寫時論、均不署名。
民國三十八年己丑（一九四九）	二十九歲	七月渡海抵臺、發表〈呈獻〉、〈滿妹〉，及長詩〈自由的火燄〉、〈人類的宣言〉等及散文多篇。
民國三十九年庚寅（一九五〇）	三十歲	發表〈站起來、捏死他！〉、〈滾出去、馬立克！〉、〈英國人〉、〈海洋頌〉等詩。出版《自由的火燄》詩集。
民國四十年辛卯（一九五一）	三十一歲	發表〈春晨獨步〉、〈炫與殉〉、〈悼三閭大夫屈原〉、〈詩聯隊〉、〈心靈之歌〉、〈子夜獨唱〉、〈真理、愛情〉、〈友情的花朵〉、〈啊、西風啊！〉、〈歲暮吟〉、〈師生〉、〈往事〉、〈天書〉、〈歷程〉、〈雨天〉、〈火車飛馳在海岸線上〉、〈帶路者〉、〈送第一艦隊出征〉等詩、及〈哀祖國〉長詩。
民國四十一年壬辰（一九五二）	三十二歲	發表〈未完成的想像〉、〈鄺上吟〉、〈窗下吟〉、〈白髮吟〉、〈秋夜輕吟〉、〈秋訊〉、〈渴念、追求〉、〈寂寞、孤獨〉、〈冬眠〉、〈我想把你忘記〉、〈想念〉、〈成人的悲歌〉、〈訴〉、〈詩人〉、〈詩〉、〈貝絲〉、「春天的懷念」五首、〈利風〉、〈夜雨〉、〈臺灣海峽的霧〉等及散文、短篇小說多篇。　出版《哀祖國》詩集。

民國四十二年癸巳（一九五三）	三十三歲	發表〈寄台北詩人〉等詩及散文短篇小說多篇。高雄百成書店出版短篇小說集《最後的選擇》，收入〈華玲〉、〈生死戀〉、〈梅蘭馨〉、〈敵人的故事〉、〈最後的選擇〉、〈蔣復成〉、〈姚醫生〉等七篇。大業書店出版長篇小說《閃爍的星晨》一、二兩冊。
民國四十三年甲午（一九五四）	三十四歲	發表〈雪萊〉、〈海鷗〉、〈鳳凰木〉、〈流螢〉、〈鵝鑾鼻〉、〈海邊的城〉、〈長夏小唱〉及散文、短篇小說多篇。
民國四十四年乙未（一九五五）	三十五歲	發表〈雲〉、〈F-86〉、〈題GK〉等詩及散文、短篇小說多篇。香港亞洲出版社出版長篇小說《黑森林》，並獲中華文獎會國父誕辰長篇小說第二獎（第一獎從缺）。
民國四十五年丙申（一九五六）	三十六歲	發表〈四月〉等詩及散文、短篇小說多篇。
民國四十六年丁酉（一九五七）	三十七歲	發表〈月亮〉、〈九月之旅〉、〈雨和花〉等詩及長篇小說《魔障》。
民國四十七年戊戌（一九五八）	三十八歲	暢流半月刊雜誌社出版長篇連載小說《魔障》。
民國四十八年己亥（一九五九）	三十九歲	發表短篇小說、散文多篇。文壇雜誌社出版長篇小說《孤島長虹》（全集中易名為《富國島》）。
民國四十九年庚子（一九六〇）	四十歲	發表〈橫貫小唱〉等詩及散文、短篇小說多篇。
民國五十年辛丑（一九六一）	四十一歲	發表〈熱帶魚〉、〈豎琴〉、〈水仙〉等詩及短篇小說甚多。奧國維也納納當出版公司編選的《世界最佳小說選》選入短篇說〈馬騮〉，同時入選者有諾貝爾文學獎得主威廉福克納、拉革克菲斯特等世界各國名作家作品。

民國五十一年壬寅（一九六二）	四十二歲	發表〈青鳥〉、〈兩腳獸〉、〈晚會〉、〈祈禱〉等詩及短篇小說甚多。奧國維也納納書出版公司又將短篇小說《小黃》（以江州司馬筆名撰寫者）選入《世界最佳小說選》，同時入選者有諾貝爾獎得主蕭洛霍夫、郭沫若及世界各國名作家作品。
民國五十二年癸卯（一九六三）	四十三歲	香港九龍東方文學社出版中篇小說《古樹春藤》。發表短篇小說、散文甚多。
民國五十三年甲辰（一九六四）	四十四歲	香港九龍東方文學社出版短篇小說集《花嫁》，收入〈教師節〉、〈劉二爹〉、〈二媽〉、〈異鄉人〉、〈花嫁〉、〈扶桑花〉、〈南海屠鮫〉、〈高山曲〉、〈古寺心聲〉、〈誘惑〉、〈隱情〉、〈美珠〉、〈新苗〉、〈心聲淚影〉等十四篇。 高雄長城出版社出版中短篇小說集《水仙花》，收入〈水仙花〉、〈銀杏隻嫂〉、〈圓房記〉、〈江湖兒女〉、〈天鵝〉、〈賭徒〉、〈搶親〉、〈黃龍〉、〈風雪歸人〉、〈花子老爺〉、〈靈豐寺的居士〉、〈人與樹〉、〈過客〉、〈阿婆〉、〈馬騮〉、〈小黃〉等十六篇。 高雄長城出版社出版中短篇小說集《白夢蘭》，收入〈情敵〉、〈空手〉、〈師生〉、〈斷夢〉、〈黃昏曲〉、〈白夢蘭〉、〈平安夜〉、〈凱塞琳・萊蒙托夫與我〉、〈陽春白雪〉、〈亂世佳人〉、〈傷心之旅〉、〈白衣清淚〉、〈護士與病人〉、〈如夢記〉、〈除夕〉等十五篇。 高雄長城出版社出版《中華日報》連載的二十五萬字長篇小說《白雲青山》。 發表短篇小說、散文甚多。
民國五十四年乙巳（一九六五）	四十五歲	高雄長城出版社出版連載長篇小說《洛陽花似錦》、《春梅小史》、《東風無力百花殘》三部。 發表短篇小說、散文甚多。省政府新聞處出版長篇小說《合家歡》。
民國五十五年丙午（一九六六）	四十六歲	是年五月赴馬尼拉華僑文教講習會講授「紅樓夢的寫作技巧」及新詩課程一個月。 商務印書館出版文學理論專著《紅樓夢的寫作技巧》，全書共十五萬字。 商務印書館出版中短篇小說集《塞外》，收入〈塞外〉、〈騾子〉、〈百合花〉、〈天山風雲〉、〈白金龍〉、〈白狼〉、〈秋爾紫鵑〉、〈齊萬秋的衣缽〉、〈半路夫妻〉、〈百鳥聲喧〉、〈風竹與野馬〉、〈美人計〉、〈夜襲〉、〈花爛劫〉等十四篇。

民國五十六年丁未（一九六七）	四十七歲	發表短篇小說、散文甚多。小說創作社出版連載長篇小說《碎心記》。
民國五十七年戊申（一九六八）	四十八歲	小說創作社出版《中華日報》連載長篇小說《鹽姑》。水牛出版社出版散文集《鱗爪集》，收入〈家鄉的魚〉、〈家鄉的鳥〉、〈雪天的懷念〉、〈秋山紅葉〉、〈學問與創作之間〉等散文七十六篇、舊詩三首。。
民國五十八年己酉（一九六九）	四十九歲	商務印書館出版中短篇小說集《青雲路》。收入〈世家子弟〉、〈青雲路〉、〈空槍記〉、〈久香〉等四篇。
民國五十九年庚戌（一九七〇）	五十歲	商務印書館出版中短篇小說集《變性記》。收入〈變性記〉、〈嬌客〉、〈歲寒圖〉、〈泥龍〉、〈祖孫父子〉、〈秋風落葉〉、〈老夫老妻〉、〈恩愛夫妻〉、〈布販與偷雞賊〉、〈芳鄰〉、〈沙漠王子〉、〈沙漠之狼〉、〈世界通先生〉、〈寶珠的祕密〉、〈奇緣〉等十五篇。幼獅文化事業公司出版長篇小說《龍鳳傳》。臺北立志出版社出版長篇《火樹銀花》出版全集時易名《同是天涯淪落人》。
民國六十年辛亥（一九七一）	五十一歲	立志出版社出版長篇小說《火樹銀花》。發表散文多篇及在高雄《新聞報》連載長篇小說《紫燕》。
民國六十一年壬子（一九七二）	五十二歲	聞道出版社出版散文集《浮生集》。收入〈文藝的危機〉、〈貝克特高風〉、〈五十年華〉等散文十三篇、舊詩六首。學生書局出版短篇小說散文合集《斷腸人》。收入短篇小說〈斷腸人〉、〈薇薇〉、〈相見歡〉、〈滄桑記〉、〈恩怨〉、〈夜宴〉等七篇及散文〈文學系與文學創作〉、〈大學國文教學我見〉、〈作家之死〉等十五篇。中華書局出版《墨人自選集》五大冊。包括長篇小說《白雪青山》、《鹽姑》、《鳳凰谷》、《江水悠悠》（《東風無力百花殘》易名）及《短篇小說．詩選》（精選短篇小說二十八篇、抒情詩一〇六首）、共一百五十萬字。
民國六十二年癸丑（一九七三）	五十三歲	發表散文多篇。列入英國劍橋國際傳記中心（International Biographical Centre Cambridge England）出版的《國際詩人名錄》（*International Who's Who in Poetry, 1973*）。

民國六十三年甲寅（一九七四）	五十四歲	出席第二屆世界詩人大會。發表散文多篇。
民國六十四年乙卯（一九七五）	五十五歲	列入正中書局出版的《中華民國文藝史》（1975）。發表〈臺北的黃昏〉新詩一首及散文多篇。
民國六十五年丙辰（一九七六）	五十六歲	列入英國劍橋國際傳記中心出版的 *Men of Achievement 1976* 發表〈歷史的會晤〉新詩及散文、短篇小說多篇。
民國六十六年丁巳（一九七七）	五十七歲	應 I.B.C 邀請於三月間赴義大利翡冷翠出席國際文藝交流大會（The 3rd I.B.C. International Congress on Arts and Communications）。會後環遊世界。發表〈羅馬之戀〉、〈羅馬之松〉、〈翡冷翠的女郎〉、〈翡冷翠之柳〉、〈塞納河〉等詩及羅馬掠影」、〈單城記〉、〈威尼斯之旅〉、〈藝術之都翡冷翠〉、〈西雅奈與比薩斜塔〉、〈美國行〉、〈江戶、皇宮、御苑〉、〈環球心影〉等遊記。在《中國時報》發表有關中國文化論文〈中國文化的三條根〉、在《新生報》發表〈文藝界的『洋』瘋癲〉等多篇。
民國六十七年戊午（一九七八）	五十八歲	近代中國社出版長篇傳記小說《詩人革命胡漢民傳》。列入英國劍橋國際傳記中心出版的《國際名人辭典》（*Dictionary of International Biography.1978*）、《國際知識分子名錄》（*International Who's Who of Intellectual.1978*、《國際人名剪影》 *International Register of Profiles*）、《國際社會名人錄》（*International Who's Who in Community Service*）。發表〈六月之荷〉詩一首。在各報發表〈中國文化的宇宙觀〉、〈中國文化的真面目〉、〈文化、社會形態與當代文學創作（為亞洲文學會議而作）〉、〈人與宇宙自然法則〉等。出席亞洲文學會議。列入中華書局出版的《中華民國當代名人錄》（*Who's Who of R.O.C. 1978*） 列入行政院新聞局編印的一九七八年英文《中華民國年鑑名人錄》（*China Yearbook Who's Who*）。

民國六十八年己未（一九七九）	五十九歲	學人文化事業有限公司出版長篇小說《心猿》（《紫燕》易名）。發表短篇小說〈春〉、〈杏林之春〉、長詩〈葛吉米・卡特〉及〈山之禮讚〉五首。短篇〈客從故鄉來〉、〈人瑞〉。理論〈中國古典小說戲劇〉、〈抗戰文學的整理與再創作〉（《中央日報》）等多篇。
民國六十九年庚申（一九八〇）	六十歲	秋水詩刊社出版詩集《山之禮讚》、收集六十四年以後新詩四十四首及七言絕律詩十首。中華日報社出版散文集《心在山林》、收集〈花甲豐中過〉、〈老當益壯〉、及抒情寫景散文數十篇。嘉中學人文化事業出版有限公司出版《學人散文集》收集〈文化、社會形態與當代文學創作〉、〈人與宇宙自然法則〉、〈中國文化的三條根〉、〈宇宙為心人為本〉、〈文藝界的『洋』癲瘋〉等理論性散文數十篇。在《中央日報・副刊》發表〈紅樓夢研究的正確方向〉、《中華日報・副刊》發表〈人生六十樹常青〉、《青年戰士報・新文藝副刊》發表〈山中人語〉專欄文章〈山水之間〉、〈生命長短價值觀〉、〈寶刀未老〉、〈七進七出鬼門關〉、〈報人甘苦〉、〈杏壇生涯〉等。接受《大華晚報》採訪組副主任程榕寧兩次訪問、一為談胡漢民生平、一為談《易經》、《道德經》、命學、並發表〈醫學命學與人生〉專文。繼續撰寫《山中人語》專欄。
民國七十年辛酉（一九八一）	六十一歲	應嘉中市《自由日報》特約撰寫《浮生小記》專欄。應行政院新聞局邀請參觀本省農漁畜牧事業單位、並在《中央日報》發表〈人在畫中〉散文。接受臺灣廣播公司《成功之路》節目訪問，於四月廿七日晚八時半播出。在高雄《新聞報》發表〈撥亂反正說紅樓〉（六月十七、十八日）論文。
民國七十一年壬戌（一九八二）	六十二歲	九月赴漢城出席第二屆中韓作家會議、並在東京參加中日作家會議，曾暢遊南韓、北海道、大阪至東京名勝地區、歸後撰寫〈韓國掠影〉、〈秋遊北海道〉、發表於《中央日報》。列入中華民國名人傳記中心出版的《中華民國現代名人錄》。

		列入英國劍橋國際傳記中心出版的《傑出男女傳記》（*Men and Women of Distinction*）並附照片。列入美國 MarQuis 公司出版的《世界名人錄》（*Who's Who in the World*）第六版。接受義大利藝術大學授予的文學功績證書。
民國七十二年癸亥（一九八三）	六十三歲	商務印書館出版散文集《山中人語》，收集散文七十篇。
民國七十三年甲子（一九八四）	六十四歲	商務印書館出版《論鍾人及其作品》上、下兩冊，包括評論文章六十餘篇。列入義大利 Accademia Itlia 出版英、法、德、義四種文字的《國際文學史》（*The History of International Literature*）及《百科全書：當代人物》（*The Encyclopadeia: Contemporary Personalities*）。端午節（六月四日）開筆撰寫已構思準備十餘年的一百餘萬字的大長篇小說《紅塵》，年底完成初稿四十餘萬字。十月在韓國漢城舉行的第四屆中韓作家會議，事忙未能出席，但提出一萬餘字的論文〈古典與現代〉一篇。
民國七十四年乙丑（一九八五）	六十五歲	由江山出版社出版《三更燈火五更雞》、《花雨》散文集等兩本，前者收入散文、理論二十四篇，後者收入散文遊記二十七篇。八月一日退休，專心寫作《紅塵》，於十二月底完成九十二章，告一段落，共一百二十萬字，超出《紅樓夢》十餘萬字，內有絕律詩（聯）三十一首。
民國七十五年丙寅（一九八六）	六十六歲	年初開始研讀《全唐詩》，撰寫《全唐詩尋幽探微》，十一月完成，共十二萬餘字，一面在《新聞報‧西子灣》發表，並連同歷年所作絕律詩三十七首，定名為《鍾人絕律詩集》，一併交與臺灣商務印書館簽約出版。列入美國 A.B.I.出版的 5000 Personalities of the World，英國 I.B.C.出版的 *The International Authors and Writers Who's Who.*

民國七十六年丁卯（一九八七）	六十七歲	訪問考察東南亞地區，國家馬來西亞、新加坡、泰國、菲律賓、香港十七天，並出席多次座談會。 商務印書館出版《全唐詩尋幽探微》（附《驪人絕律詩集》）。 《紅塵》長篇小說於三月五日開始在《臺灣新生報》連載。 七月四、五日出席在臺北市召開的抗戰文學研討會。 八月一日出席在高雄市召開的第七屆中韓作家會議。
民國七十七年戊辰（一九八八）	六十八歲	元月二日完成《全唐宋詞尋幽探微》（附《驪人詩餘》）全書十六萬字。設於美國深受世界尊重的「國際大學基金會」（The Marquis Giuseppe Scicluna 1855-1907 International University Foundation）（Founded 1973）授予榮譽文學博士學位。
民國七十八年己巳（一九八九）	六十九歲	臺灣商務印書館出版《全唐宋詞尋幽探微》。 臺北大地出版社三版長篇小說《白雪青山》。 世界大學（World University）授予榮譽文學博士學位。
民國七十九年庚午（一九九〇）	七十歲	五月應大陸黃河文化實業公司邀請，作四十天文學之旅，與北京、上海、杭州、九江、武漢、西安、蘭州等地作家座談中華文化、文學創作，坦誠交換意見，獲得一致共識，真摯友情與尊敬，廣州電視臺並全程錄影，製作專輯播出，六月底返臺後即撰寫《大陸文學之旅》專著。 艾因斯坦國際學院基金會（Albert Einstein 1879-1955 International Academy Foundation）授予榮譽人文學博士學位。 榮列英國劍橋國際傳記中心出版的 IBC Book of Dedications，占全書篇幅五頁，刊登照片五張，介紹五十年創作生涯，十分翔實，篇幅之大，為全書冠，並禮聘為 IBC 副總裁。
民國八十年辛未（一九九一）	七十一歲	二月底新生報出版《紅塵》，二十五開本，上、中、下三鉅冊。黎明文化事業公司出版《小園昨夜又東風》散文集。 應香港廣大學院禮聘為中國文學研究所客座指導教授。 《紅塵》榮獲新聞局著作金鼎獎及嘉新優良著作獎。

年代	年齡	事蹟
民國八十一年壬申（一九九二）	七十二歲	文史哲出版社出版《大陸文學之旅》。 應聘香港廣大學院中研所客座指導教授。 一月五日開筆寫《紅塵續集》，自九十三章起至一百二十章止，共四十萬字，六月十日完稿。《紅塵》全書共一百九十萬字。續集自十二月一日開始在《臺灣新生報・副刊》連載近年，雙破長篇鉅著及連載紀錄。中國廣播公司《中廣小說選播》節目，亦於十二月一日十四時三十分，在AM657千赫第一廣播網開始播出長篇鉅著《紅塵》上、中、下三冊，由鄭愛華小姐導播，集該公司播音精英，通力合作，龍老夫人一角由播音元老白銀飾演，其餘人物均為一時之選，效果奇佳，前所未有。　北京「中國文聯出版公司」出版《也無風雨也無晴》。 墨人故鄉九江《師專學報》，於本年起開闢《墨人研究》專欄，與《陶淵明研究》、《黃山谷研究》，並稱三大專欄，甚受教育、學術界重視。
民國八十二年癸酉（一九九三）	七十三歲	十月下旬，偕《秋水》詩刊同仁涂靜怡、雪柔、麥穗、汪洋萍、風信子、林蔚穎等為慶祝《秋水》創刊二十周年，訪問哈爾濱、北京、西安三大都市，與當地詩人座談交流，水乳交融，兩岸詩人因而建立深厚友誼。十二月初，隻身訪問昆明、探親，昆明作協主席曉雪、八十多歲老作家李喬、小說家張昆華、《春城晚報》副總編輯熊廷武、副刊主編原因、理論家教授余斌、作家湯世傑、李錦華等集會歡迎，其中多為白族、彝族等少數民族作家，乃以雲南少數民族文化資源努力創作相勉，深獲共鳴。資深作家彭荊風，晚間並來下榻處暢談。 繼續應聘香港廣大學院中研所客座指導教授三年。 十二月新生報社出版《紅塵續集》，全書共四大冊，其實前後一貫，為一整體，該報為方便，乃以《續集》名之。一生心願心血得以完成，在輕、薄、短、小及商品文學獨占市場情況下，亦一大異數。北京「中國文聯出版公司」出版《紅樓夢的寫作技巧》。

民國八十三年甲戌（一九九四）	七十四歲	一月開始研讀自北京購回的《全宋詩》、擬續寫《全宋詩尋幽探微》。 四月十一日接受臺北復興廣播電臺《名人專訪》節目主持人裴雯小姐訪問：談一生寫作歷程及大長篇《紅塵》寫作經過。 臺北《世界論壇報》副社長兼副刊主編詩人評論家周伯乃先生、特自五月三十一日起一連三天出版特刊、慶祝七十晉五誕辰暨創作五十五周年，除刊出〈小傳〉、〈七五人生一首詩〉、〈中國新詩與傳統詩詞的整合〉、〈叩開生命之門〉三篇新作外、並刊出蒙古族女詩人作家薩仁圖婭的〈墨人：屈原風骨中華魂〉、及馬來西亞霹靂州立女子中學校長、詩詞家、散文作家彭士麟女士論《紅塵》與大陸作家作品比較的書信、墨人著作校長、詩詞家、散文作家彭士麟女士論《紅塵》與大陸作家作品比較的書信、墨人著作目錄、美國兩個榮譽文學博士、一個人文學博士照片三張、《紅塵》獲獎照片一張，及周伯乃〈無限的祝禱〉文等。 八月七日、中國時報系的《工商日報・讀書版・大書坊》刊出蓓齡的《紅塵》墨人專訪文章、並配合攝影記者何日昌拍攝的墨人及《紅塵》四冊照片。 大陸廣州暨南大學中文系教授兼臺港暨海外華文文學研究中心主任、評論家潘亞暾、費時月餘撰寫《紅塵續集》論文達一萬餘字的〈偉大史詩的歸結〉、於九月二十一至二十五日在臺北市《世界論壇報・副刊》全文刊出、見解不凡、對《續集》的成功更使他大吃一驚、因此、更肯定《紅塵》的史詩價值、地位。 八月二十八日第十五屆世界詩人大會在臺北召開、僅提出〈中國新詩與傳統詩詞的整合〉論文一篇、並未出席、論文則由《中國詩刊》主編曾美霞女士代讀。
民國八十四年乙亥（一九九五）	七十五歲	一月、臺北文史哲出版社出版《墨人半世紀詩選》（一九四二—一九九四）。 一月十日應臺北廣播電臺《藝文夜話》主持人宋英小姐訪問、許導播秀玲決定十日開播《紅塵》全書四冊、每日廣播兩次。 中國詩歌藝術學會主辦、中國文藝協會協辦、於五月二十二日在臺北市中國文藝協會舉行《墨人世半紀詩選》學術研討會，與會詩人、評論家六十餘人、討論情況熱烈、並印發海峽兩岸評論家王常新、古繼堂、古遠清、李春生、楊允達、周伯乃等十三家論文專集。各家均推崇、肯定新舊詩兩方面的成就與半個多世紀的貢獻。

		英國劍橋國際傳記中心頒贈二十世紀文學傑出成就獎。 榮列一九九五年英國劍橋國際傳記中心出版的 The Definitive Book of the Deputy Directors General of the IBC.佔全書篇幅五頁，刊登照片五張，爲全書之冠。
民國八十五年丙子（一九九六）	七十六歲	臺北圓明出版社出版涵蓋儒、釋、道三家思想的散文集《紅塵心語》。卷首有珍貴的文學照片十餘張。 臺北中國詩歌藝術學會出版《十三家論文》論《墨人半世紀詩選》。
民國八十六年丁丑（一九九七）	七十七歲	臺北中天出版社出版與《紅塵心語》爲姊妹集的散文集《年年作客伴寒窗》，各篇亦均以五、七言詩作題，內中作者詩詞亦多，並附錄珍貴文學資料訪問記，特寫，著作目錄等十餘篇。出任「乾坤」詩刊顧問，並主編該刊古典詩詞。 完成《墨人詩詞詩話》、《全宋詩尋幽探微》兩書全文。
民國八十七年戊寅（一九九八）	七十八歲	構思六年的以佛學精義結合修行心得化爲文學創作的長篇小說《娑婆世界》，於三月二十八日開筆，十二月脫稿。共三十八章，五十多萬字。 英國劍橋國際傳記中心（IBC）出版《二十世紀傑出人物》以照片配合文字將墨人傳記刊卷首重要位置，並頒發獎狀。大陸中國國際經濟文化交流促進會、燕京國際文化藝術研究會等七大單位編纂出版的《世界華人文學藝術界名人錄》、中國國際交流出版社出版的《世界名人錄》，均爲十六開巨型中文本。
民國八十八年己卯（一九九九）	七十九歲	本年爲來臺五十周年、創作六十周年、中國習俗八十歲，昭明出版社出版長篇小說《娑婆世界》。 美國傳記學會（ABI）出版二十世紀《五百位有影響力的領袖》，以照片配合文字將墨人傳記刊於卷首重要位置並頒發獎狀。照片及詩詞五首編入中國《當代吟壇》巨著。　美國「世界智庫」與艾因斯坦國際學會基金會」聯合頒贈墨人傑出成就榮譽獎，以紀念千禧年，並榮列中國出版的《中華精英大全》。 美國傳記學會頒贈墨人「二十世紀成就獎」。

民國八十九年庚辰（二〇〇〇）	八十歲	臺北昭明出版社陸續出版定本長篇小說《白雲青山》、《滾滾長江》、《春梅小史》；文學理論《紅樓夢的寫作技巧》、連同民國八十八年出版的長篇小說《婆娑世界》，並列為墨人一系列代表作品，以慶祝墨人八十整壽。臺北詩藝文出版社出版《墨人詩詞詩話》。臺北文史哲出版社出版《全宋詩尋幽探微》。
民國九十年辛巳（二〇〇一）	八十一歲	臺北昭明出版社出版長篇小說定本《紅塵》全書六冊及長篇小說《紫燕》定本。
民國九十一年壬午（二〇〇二）	八十二歲	五月三日偕長子選翰赴上海訪友小住。英國劍橋國際傳記中心授予「終身成就獎」。
民國九十二年癸未（二〇〇三）	八十三歲	八月底偕夫人及在臺子女四人經上海轉往故鄉九江市掃墓探親並遊廬山。
民國九十三年甲申（二〇〇四）	八十四歲	準備出版全集（經臺北榮民總醫院檢查無任何疾病。）巴黎 you-Feng 書局出版豪華典雅法文本《紅塵》。
民國九十四年乙酉（二〇〇五）	八十五歲	此後五年不遠行，以防交通意外，準備資料。計劃百歲前開筆撰寫新長篇小說。北京「中央出版社」出版《強國丰碑》，以著名文學家張萬熙為題刊出墨人傳略，為臺灣及海外華人作家唯一入選者。並先後接到北京電話、書函邀請寄送資料編入《一代名家》、《中華文化藝術名家名作世界傳播錄》。
民國九十五年丙戌（二〇〇六）至民國一百年（二〇一一）——	八十六歲至九十二歲——	重讀重校全集，已與臺北市文史哲出版社簽訂出版《墨人博士作品全集》合約，民國一百年年內可以出版。此為「五四」以來中國大陸與臺灣所未有者。